创新高地

深圳创新启示录

宋志平
刘 科
沈清华 著

中信出版集团｜北京　深圳报业集团出版社

图书在版编目（CIP）数据

创新高地：深圳创新启示录 / 宋志平，刘科，沈清华著 . -- 北京：中信出版社，2024.5
ISBN 978-7-5217-6554-0

Ⅰ.①创… Ⅱ.①宋… ②刘… ③沈… Ⅲ.①区域经济发展—研究—深圳 Ⅳ.① F127.653

中国国家版本馆 CIP 数据核字 (2024) 第 090557 号

创新高地——深圳创新启示录
著者： 宋志平 刘科 沈清华
出版发行：中信出版集团股份有限公司
（北京市朝阳区东三环北路 27 号嘉铭中心　邮编　100020）
承印者： 北京联兴盛业印刷股份有限公司

开本：787mm×1092mm 1/16　　印张：22.75　　字数：318 千字
版次：2024 年 5 月第 1 版　　印次：2024 年 5 月第 1 次印刷
书号：ISBN 978-7-5217-6554-0
定价：88.00 元

版权所有·侵权必究
如有印刷、装订问题，本公司负责调换。
服务热线：400-600-8099
投稿邮箱：author@citicpub.com

目 录

序 言 / 李子彬　V

第一章　创新高地"高"在哪儿　001
世界级企业的"孵化器"　002
高新技术产业的一面旗帜　009
专利生产能力最强的城市　013
创造了经济增长的世界奇迹　017

第二章　改革打造一片创新沃土　023
以市场化为导向的改革　025
政府：有事服务，无事不扰　038
企业：在创新战场冲锋陷阵　048

第三章　最具企业家精神的城市　057
移民文化自带创新基因　059
改革成就深圳文化特质　073
独特的创新文化优势　080
一座生机勃勃的创业城　088

第四章 抓住科技这个核心要素　107
政府"做对了"的产业政策　109
拼抢"第一资源"　122
大企业创新"顶天立地"　132
中小企业创新"铺天盖地"　183

第五章 建立完备的产业链和创新链　205
深圳的电子信息产业链有多强　207
完备的产业链是怎么形成的　213
融入全球创新网络　221
影响全球的华强北　230

第六章 创投为创新插上"金翅膀"　237
国内创投重镇　239
金融杠杆的撬动作用　258

第七章 发挥毗邻港莞的地理优势　267
学习香港，服务香港　269
大湾区里深圳的区位优势　281

第八章 创新载体的能级不断跃升　291

办大学，跑出"加速度"　293

大手笔打造"科研重器"　309

第九章 深圳创新的启示　319

启示一：文化是灵魂，创新要有创新的文化　320

启示二：有效市场与有为政府相结合　323

启示三：尊重企业家，弘扬企业家精神　325

启示四：民企创新活力强，要精心呵护　327

启示五：用好资本杠杆，撬动创新创业　329

启示六：引才重要，用才更重要　331

启示七：完备产业链条，带动创新繁荣　333

启示八：办好教育，要重视"结构"　335

启示九：拓宽视野，在全球组织创新资源　337

启示十：建立共享机制，实现多方共赢　339

后　记 / 宋志平　342

附　录　345

参考文献　351

序　言

一个国家强盛繁荣的根本持久动力，一是制度和体制的不断进步与完善，二是对外开放水平的不断提高，三是强大持续的科技创新能力。深圳在改革开放以前是一个农业小县，辖区约1997平方千米，总人口约30万，其中县城人口只有3万，基本没有工业。1980年经中央批准，深圳成为四个经济特区城市（其他三个为珠海、汕头、厦门）之一。中央要求这些经济特区城市发挥经济体制改革的"试验田"和对外开放的"窗口"作用。20世纪90年代中后期，深圳市在全国率先大力发展高新技术产业，实现产业结构升级、经济发展转型。三四十年时间，当年的边陲小县如今已经建设成为现代化国际大都市。这在全世界城市化、工业化、现代化的发展史上没有先例，是中国特色社会主义道路的成功范例。

2023年，深圳GDP（国内生产总值）达3.46万亿元，在全国大城市中排名第三，亚洲各大城市中排名前五；GDP增速达6%，居全国四大一线城市之首，先进制造业产值居全国各大城市第一。深圳市拥有华为、腾讯、中国平安、大疆、比亚迪等数十个在本土成长起来的世界500强和中国各类500强企业。截至2024年3月，深圳市拥有563家上市公司、2.3万家国家高新技术企业、1.2万家专精特新企业、742家国家级专精特新"小巨人"企业。40多年来，深圳市建成各类大学16所，与国内外知名大学合作成立各类研究院近百所，这些研究院肩负培养硕士研究生、博士研究生及研发出科研成果的任务。深圳有最好的营商环境、最好的融资环境、一流的城市基础设施和一流的产业链配套能力。

本书讲述深圳从边陲小县建成现代化大都市的故事，总结研究它的成功经验，具有十分重大的意义。这也是一件十分困难的工作，需要从不同的历史方位、多维的视角，进行大量的调查研究，总结升华。《创新高地》的这几位作者，用三年时间做了大量的调查研究，从科技创新的视角讲述深圳的成功实践：通过有效市场、有为政府的经济体制，讲述了深圳市的移民文化和深圳经济特区精神；通过草根创业的实例，讲述了企业家精神，其中既有大名鼎鼎的《财富》世界500强企业华为、腾讯、中国平安、比亚迪等的创业历程，也有铺天盖地的中小企业创新成长的成功案例，还从科技成果产业化讲到资本市场的配合支持；最后在本书第九章，总结了深圳创新的十条启示。

这本书对于政府工作人员、企业家都有重要的参考意义。特别是书中提出的深圳创新的十条启示，对于政府和企业具有重要的启发意义。

2019年8月，中共中央、国务院发布《关于支持深圳建设中国特色社会主义先行示范区的意见》，意义重大。中华儿女多奇志，敢教日月换新天。让我们在以习近平同志为核心的党中央领导下，为建设社会主义现代化强国、实现中华民族伟大复兴做出更大贡献。

李子彬

中国中小企业协会会长、深圳市原市长

2024年4月

第一章

创新高地"高"在哪儿

判断一个地方创新能力如何、是不是创新高地，最简单和直接的办法是看它取得的创新成果。比如，有没有孕育出一批世界级的创新型企业，科技产业实力如何，发明创造的专利数量有多少，经济是否繁荣，居民生活怎么样，等等。用这些指标来衡量世界公认的创新高地，比如硅谷、东京、瑞士、以色列等，它们的表现都异常出色。

只要是对深圳有所了解的人，都知道它在上述方面同样出色，这也是深圳被誉为"创新之城"的最重要原因。再看这些年国内外一些权威机构用大量科学细致的指标分析研究得出的各种创新能力排行榜，我们会发现深圳名列前茅，甚至在有些排名中连续多年位居榜首，这些都进一步证明深圳是实力不凡的创新高地。

世界级企业的"孵化器"

企业的高原巨峰耸立

因为有直上云端的珠穆朗玛峰，青藏高原才倍增夺人魂魄的巨大魅力。珠峰塑造了青藏高原异乎寻常的奇特风景和气质。因为诞生了英特尔、甲骨文、思科、苹果、特斯拉、谷歌、吉利德这样一批顶尖公司，美国硅谷才被公认为世界级的创新高地。企业是创新的主体，也是创新的成果。这些珠峰式的企业是持续不断伟大创新的产物，代表了一个地区创新的成果和"高度"。

深圳创新高地如同一片高原，群山连绵，巨峰耸立。这里孕育了一批珠峰式的企业，如华为、中兴、腾讯、比亚迪、中国平安、大疆、迈瑞医疗、中集集团、中广核集团、顺丰、华大基因、招商银行等。这些企业有卓越的产品、卓著的品牌、领先的创新和现代的治理，不仅体量巨大，而且是所在行业的领先者，有的甚至处于全球行业领跑者地位。

先说如雷贯耳的华为，这是全球最大的通信设备制造商，在市场份额上很早就把思科、爱立信这些大名鼎鼎的跨国公司抛在了后面。公司业务遍及170多个国家和地区，服务全球30多亿人口，截至2022年底有员工20.7万名，2021年营收6368亿元、利润1137亿元。华为已成为全球ICT（信息与通信技术）行业的领导者：拥有的5G标准必要专利排名世界第一，是全球5G规则的重要制定者；自主研发的鸿蒙系统成为继安卓、苹果iOS系统之后，第三大智能设备操作系统；2023年推出使用自主研发芯片的Mate 60系列手机引起全国乃至全球的关注。华为是中国企业科技创新的一座高峰。中兴通讯虽然体量没有华为那么大，但同样是世界上举足轻重的通信设备制造商，这两家公司让中国在世界信息通信领域拥有了举足轻重的话语权。

腾讯是全球最大的互联网公司之一。在国内，几乎每位成年人每天都要使用腾讯的产品，根据腾讯2023年第三季度财报，微信月活跃用户超过13亿，《英雄联盟》《王者荣耀》等游戏产品用户数以亿计。2020年，腾讯是全球市值排名前十的公司。根据知名专业排名公司福布斯发布的2022年全球科技公司榜单，在上榜的2000家科技公司中，腾讯排名第五，大名鼎鼎的Meta、IBM、英特尔都位居其后。

说起世界知名的新能源汽车，很多人可能首先想到的是特斯拉，但在2022年，总部位于深圳的比亚迪以186.85万辆的年销量超过了它，稳坐全球销量第一把交椅。在电池、电控系统、智能安全系统等新能源车的核心技术方面，比亚迪都处于行业领先地位。

在所处行业位居全球领先地位的深圳知名企业还有很多，比如：中集集团拥有24个世界冠军产品，是集装箱行业公认的全球第一，目前在120多个国家和地区做生意；大疆目前是全球消费级无人机最大供应商和最知名品牌，其自主研发的无人机悬停和云台技术，均领先其他同类公司。

以上都是科技类公司、创新型企业，在传统产业领域，中国平安、招商银行、顺丰等也是全球翘楚。根据《财富》2021年度世界500强企业排名，中国平安在全球企业中排名第16位，在金融企业中排名第二位，年营收总额超过万亿元；2023年，顺丰控股实现营业收入2584亿元，是中国及亚洲最大的综合物流服务提供商，在全球排名第四。这两家企业对国内保险和物流行业的发展，在很多方面曾发挥探路先锋的作用。

深圳的大企业经常进入世界各知名机构的排行榜，说明其在国际竞争力上表现不凡。2021年4月，美国《时代》周刊首次推出"最有影响力的100家企业"榜单，聚焦那些"塑造人类未来"的企业，中国共有8家企业入选，深圳有腾讯、华为、比亚迪、大疆4家上榜，占了中国上榜企业总数的一半。

一个区域创新力的真正强大，一座城市经济的真正繁荣，一个国家国力的真正雄厚，归根到底要靠一批批强大的企业来支撑。深圳这片土地培育出这么多有世界性影响的大企业，驰骋国内外市场，是深圳也是国家的骄傲。

在深圳"土生土长"

分析一下深圳这些知名大企业的"出身",我们会发现它们基本上都是由那些怀揣梦想的企业家在深圳从零开始创业,摸爬滚打,历尽艰辛,一步步拼命干出来的。深圳这片沃土不仅孕育了这些世界级企业,根据深圳官方数据,这里的所有创新型企业中有90%以上都是本土企业。

1995年,29岁的王传福发现市面上流行的"大哥大"(一种手提电话)价格十分昂贵,了解到里面一小块镍镉电池就要上千元钱,就敏锐地意识到这里面蕴藏着商机。他在硕士研究生期间学的是冶金物理化学专业,求学经历与电池制造有关,毕业后进入北京有色金属研究总院工作。发现电池制造的商机之后,这位性格内敛、温厚的年轻人果断放弃"铁饭碗",下海创立比亚迪公司,在深圳布吉街道的一个旧车间里开始艰难的创业。

"天将降大任于是人也,必先苦其心志,劳其筋骨……"这是大家耳熟能详的孟子名言。王传福就是从小在苦难中泡大的。他出生在安徽无为农村,家里有8个兄弟姐妹,上高中前父母均已不幸离世,家境极端贫困,是在兄嫂倾力支持下才完成了学业。他刚下海创业时口袋里空空如也,幸亏有先富起来的表哥慷慨地借给他一笔钱。企业起步时步履维艰,请不起太多人,他就自己去搞研发、跑销售,有时候还要亲自下车间当工人忙生产。研发和生产电池需要购买设备,借来的钱不久就花完了,向银行借钱要有固定资产做抵押,而比亚迪没什么资产。正当王传福焦急万分、夜不能寐时,龙岗区国有担保公司向他伸出援手,给比亚迪做担保贷款使其渡过了难关。王传福后来多次在公开场合谈起此事,总是心存感激地说这对比亚迪来说是个转折点,没有那笔贷款,也许公司就要关门了。

2002年,比亚迪在镍镉电池领域已经做到了全球排名第一,锂电池领域全球排名第三，并成功登陆香港主板市场。上市后第二年，王传福果断进入汽车制造领域，比亚迪成为中国最早研发新能源汽车的企业。

深圳很多大企业的成长史跟比亚迪类似。迈瑞医疗是李西廷1991年在深圳创立的，当时他在中国科学院下属的深圳安科公司做医疗器械，发现国内中高档市场全被国外产品垄断，价格高得惊人。他了解这一情况后，一方面内心十分难受，中国一般医院根本买不起这些医疗器械，这就意味着普通老百姓无法享受其带来的服务，一方面看到了其中蕴藏的巨大机会。李西廷是中国科学技术大学低温物理专业本科毕业，又在法国的科研中心当了3年访问学者，他相信外国人能造出来的东西咱们中国人也可以造出来。于是，当年40岁的他找到好友徐航、成明和（他们三人被称为"迈瑞三剑客"）一起开始创业。

"迈瑞三剑客"都没有钱，只能从代理销售开始做起。他们第一次去北京参加展览，由于没有钱只租了半个展台。后来拿到第一个订单，李西廷签字时激动得手都在颤抖。做代理挣了一点钱之后，他们立即开始研发市场需求最大的血氧饱和度监护仪，在资金上得到了深圳市科技创新局的支持。1992年，他们成功推出国内第一台血氧饱和度监护仪，由于成本很低，销售价格也很低，这款产品在农村医疗市场深受欢迎。此后，他们在医疗设备自主研发的道路上越走越远，如今产品远销190多个国家和地区，多个产品市场份额位居全球前三。迈瑞2006年登陆纽交所，成为中国首家医疗设备领域海外上市公司，之后又回归A股，市值最高时超过4000亿元。

华为是任正非东拉西凑2.1万元在蛇口南油新村一个两居室里创办的，腾讯是马化腾和几位年轻人在华强北一间逼仄的办公室里创办的，大疆是汪滔在福田车公庙一间小仓库里创办的，中国平安是马明哲带领12名员工从无到有、从小到大干出来的。这些企业和企业家都是在深圳发展起来的,他们创业的故事曲折艰辛、精彩纷呈、给人启迪。

人们总是无比敬仰那些"从0到1"的科技创新,对那些"从0到1"创建企业并把企业带到珠峰高度的优秀企业家,我们同样应当充满敬意。对深圳产生这些现象的土壤环境,我们应当去深入分析研究。一粒种子从发芽到长成参天大树,离不开所在的生长环境。

民企数量遥遥领先

深圳知名大企业还有一个显著特点:从所有制构成来看,绝大多数是民营企业或股份制大众公司,真正意义上的国企或国有控股的企业很少。像华为、腾讯、比亚迪、大疆、迈瑞医疗、顺丰、华大基因等都是民营企业家创立发展起来的,是地地道道的民企,它们代表了深圳民间创新创业的丰硕成果。

不仅是知名的大企业,深圳的商事主体基本上都不是国有控股。截至2022年底,深圳市共有商事主体394万户,除个体工商户之外,剩下的246万户企业中,95%以上是民营企业。民营经济极其发达,这是深圳经济的基本特点和金色名片,也是促成深圳成为创新高地的一支重要力量。

但民营企业并不意味其只是老板一个人的企业,这些大的民营企业都是股份制,有良好的利益共享机制,在股权设计上有很多创新,这方面最典型的例子就是华为。从2022年的工商资料来看,任正非在华为投资控股有限公司中只占0.65%的股份,其余股份均为公司工会委员会持有,实际上是华为内部十余万员工持有。持有股份的员工参与分红,极大地增强了他们的主人翁意识,是华为高速发展的动力来源。腾讯是上市公司,根据公开资料,马化腾在其中持有的股份占比不到8%。当然,这类公司通过特殊的股权设计,四两拨千斤,完全能够保证创始人对公司经营管理的掌控。

深圳企业所有制结构形成目前的格局有客观历史原因。一方面是深圳市场经济环境好,民营经济在政府支持鼓励下蓬勃发展,另一方面也与深圳特殊的发展历程有关。深圳建立经济特区时,整个国家都很穷,中央明确表示口袋里没有钱,只是给些政策,让深圳自己去闯。特区建立之初,深圳一切从零开始,大量城市基础设施建设都缺钱,哪里还有钱去办企业?后来,虽然税收和土地收入逐渐增多,但外来人口大量涌入,城市基础设施建设、教育医疗公共服务等需要投入的钱也越来越多,而且政府面对巨大的社会管理压力,同样没有多少钱和精力自己办企业。当年建深圳大学,时任市委领导说了一句至今仍让人津津乐道的话:"当掉裤子也要把深大建起来。"从这句掷地有声的表态中,我们看到了政府办大学的决心,也看到了当时深圳在经济上捉襟见肘的窘境。这样的情况反而给民营企业腾挪出更大的发展空间。

深圳企业这种所有制结构对科技创新是极大的利好,民营企业产权清晰、权责明确、激励机制灵活、决策程序高效,有较好的风险承担机制,非常适合发展以高科技为代表的新经济。20世纪90年代以来,中国在互联网、IT、芯片、大数据、人工智能等领域诞生的一批大科技公司,多数都是民营企业,比如腾讯、百度、阿里巴巴、网易、华大基因、深兰科技、商汤科技等。高科技是面向未来的,市场瞬息万变,做起来不确定性高,风险比传统经济大,民营企业对它的适应性更强。

深圳也有不少发展得很不错的地方国有企业,这些企业集中在城市公共服务领域,比如水务集团、燃气集团、公交集团、地铁集团、机场集团、能源集团、深农集团等。它们保障了城市的正常运营,也为民企发展提供了一个好的城市生活环境。

高新技术产业的一面旗帜

科技企业遍地开花

科技是创新的核心要素，科技企业尤其是国家高新技术企业的多少，是衡量一个地区创新水平的重要指标，某种程度也反映一个地区发展新质生产力的水平。国家高新技术企业有较高的含金量，要根据全国统一的标准进行严格认定，并颁发证书，不是企业自己就能随便认定的。这个标准就是2016年科技部、财政部、国家税务总局修订印发的《高新技术企业认定管理办法》，涉及企业研发投入、科技人员比例等8个方面的硬性条件。

截至2022年底，深圳共有国家高新技术企业达2.3万家，比前一年增加2043家，总数排名全国第二。深圳陆地面积小，国家高新技术企业每平方千米11.5家，密度排名全国第一，远超其他城市。

深圳科技企业已形成一个非常好的生态系统，既有像华为、腾讯、比亚迪这类"巨无霸"企业，也有不少专精特新"小巨人"企业，还有更多铺天盖地的中小微科技型企业。专精特新企业是具有专业化、精细化、特色化、新颖化特征的中小企业，它们科技含量高、市场竞争力强、成长性好，主要集中在新一代信息技术、新能源、新材料、高端装备制造、生物医药等中高端领域，属于未来产业。专精特新企业需要各级政府认定，深圳是其生长的沃土。截至2022年底，深圳共有国家级专精特新企业445家，市级专精特新企业3800多家，国家级专精特新企业总数位居全国大中城市第三。深圳现在有科技型中小企业超过5万家，位居全国大中型城市前列。在这约5万家中小科技企业背后，是深圳近400万户商事主体。

深圳有大量中小微科技型企业，它们的存在具有重要意义。中小微科技企业为大中型企业提供服务，很多也自己做创新研发，还解决了大量社会人员就业。另外，大企业都是从中小微企业逐步发展起来的，中小微企业基数越大、基础越厚，将来大企业也就可能越多。现在，在深圳很多企业孵化器、创客中心里，有些小企业就只有一两名员工，甚至只租几个桌位用来办公。但千万不要小瞧它们，说不定里面就藏着几年后的专精特新企业、独角兽。比如黄志强在 2016 年底成立深圳市中科蓝讯科技股份有限公司开始研发音频芯片，原始团队只有 10 余人，可是不到 6 年公司就成功在科创板上市，市值近百亿元。

深圳科技企业整体上多而强，表现在对经济的贡献上是增加值占 GDP 比重高。2021 年，深圳高新技术产业增加值 1.06 万亿元，占 GDP 比重超过 35%。深圳有四大支柱产业，高新技术产业牢牢占据第一的位置，其占 GDP 比重远超第二支柱金融业的 15.4%。GDP 的高科技含量高，体现的是创新在深圳经济发展中的巨大作用。高科技公司聚集的粤海街道，辖区面积只有 14.24 平方千米，却有 110 多家上市公司，2021 年 GDP 超过 4300 亿元，比很多二、三线城市全市的 GDP 都高。

深圳很多细分行业产值位居国内甚至全球前列，比如无人机。2022 年第六届世界无人机大会公布了一组数据：2021 年中国共有 1.2 万多家无人机企业，行业总产值达 870 亿元，其中深圳贡献产值近 600 亿元，占了 69%。此外，深圳领先的产业还有信息通信、新能源车、手机等，比如 5G 基站和终端出货量排名全球第一。

深圳重点发展的战略性新兴产业，包括新一代信息技术、数字经济、高端装备制造、绿色低碳、新材料和生物医药等产业，2022 年增加值约 1.3 万亿元，占 GDP 的比重超过 40%。

2018 年全国两会期间，习近平总书记参加广东代表团审议，讲话中对深圳高新技术产业发展给予高度评价："这些年，深圳高新技术产业发展成为全国的一面旗帜，要发挥示范带动作用。"①

空气中弥漫"科技味"

深圳成为国内外知名的"科技之都"，不仅因为这里有世界级的科技公司和GDP科技含量很高，有繁若星辰的各种创新载体和数以百万计的科技人才，还在于整座城市科技感十足、科技气息浓郁，空气中都弥漫着高科技的味道。这里的人深知高科技的价值，对高科技抱着特殊的感情，企业家热衷用科技创新产品，市民喜欢追逐先进的高科技用品，提升工作效率和生活品质。

这几年机器人很潮，在深圳很多场所，人们早就能享受它的服务了。在一些大点的餐馆里吃饭，外观可爱的机器人穿梭在餐桌与厨房之间，点完菜之后，它会代替服务员给你送菜。在公园里散步，迎面而来的可能是一个扫地机器人，如果你想往它随身携带的垃圾桶里扔垃圾，它还会停下来等你。机场航站楼里，遇到问题可以咨询智能机器人，它能听懂全国各地的方言，还能听懂几十种外语。

市场上科技新产品一推出，深圳人用起来总是那么积极。这几年新能源汽车很火，深圳大街上川流不息的汽车中，比亚迪、特斯拉、蔚来等绿牌新能源车越来越多。尤其是一些年轻人，已经把驾驶智能化程度高、绿色环保的新能源汽车视作一种时髦。截至2022年底，深圳新能源汽车保有量为76.6万辆，位居世界城市的前列。5G手机推出后，深圳人马上掀起换手机热潮。早在2020年6月，深圳5G手机用户数就已突破290万，在全国大中城市排名第一，两个月后成为全球首个5G独立组网全覆盖的城市。2022年，深圳已累计建成5G基站6.5万个，基站密度、用户和流量占

---

① 《创造新时代中国特色社会主义的更大奇迹——以习近平同志为核心的党中央关心经济特区发展纪实》，参见：http://news.cyol.com/yuanchuang/2020/10/14/content_18812819.htm。
——编者注

比在全国主要城市中排名第一。

深圳人多年以前就过上了一部手机搞定一切的现代化生活。出门坐车、购物、吃饭等不用带现金，手机里有钱就行，到处可以移动支付。有人开玩笑说，深圳人现在只有过年发红包时能够见到纸币，因为要用它表达仪式感。政府提供的城市公共服务，能够搬到线上的早就搬到了线上，比如提取住房公积金、换领驾驶证等，在相关的App上填写资料，很快就能办妥，无须跑来跑去，办事像网购一样方便。商业服务更是智能便捷，比如车辆保险，从购买到理赔，拿着手机在线上都能搞定。

深圳多年来一直积极推进智慧城市建设，在公共服务、交通、安全、教育、医疗和环境保护等重点领域下功夫，成效卓著。在中国社科院信息化研究中心、国脉互联智慧城市研究中心发布的《第十届（2020）中国智慧城市发展水平评估报告》中，深圳多项指标连续多年位居全国榜首，成为报告中首推的典型案例。在2020年全球智慧城市大会上，深圳从全球48个国家和地区、350座申报城市中脱颖而出，荣获"全球使能技术"大奖。国家信息中心发布的报告显示，深圳信息社会指数连续多年位居全国第一，从2015年开始已进入信息社会中级阶段，是全国城市中唯一的一个。

生活中，重庆人酷爱火锅，成都人喜欢茶馆，西安人爱吃羊肉泡馍，这是他们生活中的最爱，也构成了城市的烟火味。深圳是座年轻的城市，是使用高科技的先锋城市，这里的人最喜欢生活中的科技味，高科技成为这里的"城市符号"。科技服务生活，这是科技创新的目的所在；在生活中酷爱高科技，也是在为科技创新助力。发展高科技，使用高科技，使用高科技又反过来促进高科技发展，这就是一个良性的闭环。

专利生产能力最强的城市

去国际专利市场拼高下

深圳市朗科科技股份有限公司（简称"朗科"）1999年成立后不久，就研发出全球第一款闪存U盘。邓国顺等三位公司创始人是留学归国人员，知识产权保护意识很强，他们不仅及时向中国国家知识产权局申请闪存技术专利并获得授权，还于2004年获得了美国专利商标局的专利授权。此后，他们便密切关注国内外市场有无侵权者。

2005年，朗科发现美国PNY（必恩威）公司未经授权就大量使用该技术，于是经过精心准备，在2006年2月委托美国一家著名律师事务所向得克萨斯州东区联邦地区法院递交了一纸诉状，状告对方侵权。经过漫长的司法程序，2008年2月双方展开庭外调解，达成专利授权许可协议，朗科因此获得了一笔不菲的专利使用费。此案成为"中国企业海外专利索赔第一案"，在国内企业界引起巨大反响。朗科2010年上市，从其财务报告中人们发现，专利收入带来的利润最多时竟占了公司总利润的一半，其中U盘专利总计给公司带来收入超过5亿元。朗科的案例让更多人认识到了专利的价值。

专利是创新成果的权威体现和证明。"专利"是个外来词，据说最早来源于拉丁语litterae patente，意指公开的信件或公共文献，是中世纪的君主用来颁布某种特权的证明。在现代，专利一般指由官方根据申请而颁发的一种文件，文件记载发明创造的内容，凡是获得专利的发明创造在一般情况下只有经专利权人许可他人才能予以实施。在中国，专利申请的受理、审查和授权由国务院直属的国家知识产权局负责，分为发明专利、实用新型专利和外观设计专利三种类型。

那什么是 PCT 专利呢？这要从专利保护说起。发明创造要想受到某国保护，必须先在这个国家申请专利，否则不受保护。这样申请人的一项专利要想在全球每个地方都获得保护，就要向世界超过 200 个的国家和地区办理申请，十分烦琐。1970 年 6 月 19 日，美、英、法等国签订《专利合作条约》(英文简称 PCT)，向加入该条约的任何成员申请专利，视同获得所有入约成员的专利保护。中国 1994 年 1 月成为该条约入约成员，因此在中国专利局（1998 年更名为国家知识产权局）即可申请 PCT 专利。PCT 专利是全球化背景下对创新成果保护的一种有力手段。

每年国家专利数据公布，都让深圳人特别兴奋。一组组国内领先的数据，代表了这座城市创新的脚步是多么坚定有力。2021 年，深圳专利授权量 27.92 万件，同比增长 25.52%，连续 4 年位居全国第一；PCT 专利申请量 1.74 万件，连续 18 年领跑全国；商标注册量 46.44 万件，蝉联全国城市首位，每万户商事主体拥有商标 5693.5 件。据深圳市知识产权局分析，深圳每万人发明专利拥有量 112 件，约为全国平均水平的 5.7 倍。其中，每万人高价值发明专利达 68.8 件，约为全国平均水平的 9.1 倍。此外，深圳发明专利稳定性不断增强，具有较强的对抗无效申请的能力。截至 2021 年底，维持年限超过 10 年的有效发明专利接近 6 万件，占其总量的 29.44%，高出全国平均水平 17.5 个百分点。深圳无疑是国内生产专利能力最强的城市。

深圳专利生产能力如此之强，与高强度投入有关。2021 年深圳市全社会研究与试验发展经费支出约 1682 亿元，占 GDP 的比重为 5.49%，位居全国大城市第二，当年全国平均数是 2.44%。深圳全社会研发投入中企业研发投入约占 94%，每亿元研发投入产出专利 167 件，其中 20% 为发明专利，这些指标均全国领先。

深圳是首批国家知识产权强市建设示范市，在对知识产权实施最严保护的同时，积极促进其转化运用。知识产权证券化产品是一项金融创新，深圳在这方面一直走在全国前列，截至2021年，已经累计发行该项产品37单，规模近85亿元。证券化产品为知识产权持有人增加了融资渠道，降低了融资成本，同时也为投资人带来新的投资机遇。

"绝对主力"是企业

世界知识产权组织（WIPO）每年均发布全球PCT专利申请情况，2021年的数据显示，申请PCT专利数量排名中，中国共有6家企业进入前20名，其中深圳有华为、中国平安、中兴和大疆4家企业，占比66.7%，华为以6952件第七次登顶榜首。

截至2022年底，华为在全球共持有有效授权专利超过12万件，其中90%以上为发明专利，华为是全球最大的专利权人之一。多年以来，华为在PCT专利申请量方面把全球那么多"巨无霸"科技公司抛在身后，让世界见证了深圳企业强大的专利生产能力。在这些奇迹的背后，是华为对人才的持续重视和研发的持续投入。根据华为公布的2022年数据：公司从事研究与开发的人员约11.4万名，约占总人数的55.4%。华为坚持每年将10%以上的销售收入投入研究与开发，近十年累计投入的研发费用超过9773亿元，2022年研发投入1615亿元，在全球大公司中名列前茅，这是十分惊人的数字。

比亚迪在新能源车、中国平安在金融科技、大疆在无人机领域的专利数，均多年位居国内第一，遥遥领先于第二名。

在专利生产上，深圳不仅有华为、中国平安这样的"巨无霸"企业，也有数以万计的中小企业。截至2021年底，全市拥有发明专利的企业有2.6万多家，比"十三五"末增加4266家，平均每家企业拥有发明专利10.7件，比全国企业平均水平多4.3件。

深圳市在总结科技创新方面的特点时，有著名的"6个90%"，从中可见企业在创新中的巨大作用：90%以上的创新型企业是本土企业，90%以上的研发机构设立在企业，90%以上的研发人员集中在企业，90%以上的研发资金来源于企业，90%以上的职务发明专利出自企业，90%以上的重大科技项目发明专利来源于龙头企业。

深圳企业为何这么专注于专利研发？背后起关键作用的因素是市场经济。在市场经济环境下，企业有动力去创新，因为创新做得好就会带来利润，甚至还可以靠专利吃饭；同样，企业也面临巨大压力必须创新，而且要持续不断创新，不能躺在过去的功劳簿上睡觉，否则就意味着在市场竞争中被淘汰。深圳企业知道市场逻辑说白了就这么简单，它会给你巨大的动力，同时也会给你巨大的压力。

深圳企业是专利生产的绝对主力，它们做研发就是为了实际应用，这使得深圳专利成果转化率非常高，这与高校和科研院所的研发专利有很大不同。奋达科技1993年成立，2012年在A股上市，在智能电子领域的多个细分市场处于国内领先水平。公司董事长肖奋告诉笔者，在企业30余年的发展历程中，他深刻领悟到对企业来说只有那些满足了市场需求，为企业带来收入和利润的创新才是好的创新。比如之前奋达研发部门曾推出一款小天鹅音箱，单从技术上来说并没有多大突破，但设计新颖、小巧玲珑，客户一看就喜欢，7年卖了700万台，这就是好创新。他说，公司几百项专利都是在产品研发过程中产生的，专利转化率为100%。企业不可能为了申请专利而去搞研发，花钱去玩虚的。

奋达科技与国内高校和科研院所有不少合作，他们明显感受到对方对科研成果的评价标准与企业有较大不同。在高校和科研院所，一项科研有没有价值，衡量的标准往往看有没有发表论文、出版著作和申请专利；但在企业，衡量的标准就是看市场反应、经济效益。

深圳企业强于生产专利,也善于专利维权和运营。目前,深圳企业的专利布局遍布全球 30 多个国家和地区,在美国、欧洲、日本等发达地区的专利公开量均排名全国大中城市首位,特别是在 5G 通信、8K 高清视频及区块链等重点技术领域,发明专利公开量稳居全国第一。这几年,每年都有一些深圳企业出海维权。比如,2019 年 5 月,深圳华大智造向美国特拉华州地方法院提起诉讼,状告美纳公司的双通道 DNA 测序系统侵犯了其专利权。经过 3 年的审理,当地法院判决美纳公司侵权成立,需向华大智造支付高达 3.34 亿美元的赔偿费。

为了帮助深圳企业出海维权,2020 年,以中国(深圳)知识产权保护中心为依托,国家海外知识产权纠纷应对指导中心深圳分中心成立,目前已为数百家企业提供了"一对一"的应对指导。

创造了经济增长的世界奇迹

从 2.7 亿元到 3.46 万亿元

一个地区创新成果的最终体现是经济发展,经济发展是创新的目的所在。2023 年,深圳 GDP 达到 3.46 万亿元,总量在全国城市中排名第三。如果计算每平方千米创造的 GDP,深圳更是以 17.33 亿元位居国内大中城市第一。

深圳发展速度究竟有多快,跟毗邻的香港做个对比可以有更深刻的感受。1980 年,深圳 GDP 只有区区 2.7 亿元人民币,香港是 289 亿美元,当年整个广东省的 GDP 也只有 249.7 亿元人民币,深圳与香港是天壤之别。但令人难以置信的是,2017 年深圳 GDP 就已经超越了香港,2021 年更是超过香港 6000 多亿元人民币。40 余年间,深圳 GDP 增长了 1 万多倍,速度令人震撼。

当年中央决定建立深圳经济特区时，对其赋予的使命是为全国改革开放探路，并没有期待这么小的一块地方创造出多少GDP、给国家上缴多少利税。现在，深圳不仅贡献了大量宝贵经验，还成为中央财政的重要来源。2022年，来源于深圳辖区的一般公共预算收入11074.8亿元，其中中央级收入7062.5亿元、地方级收入4012.3亿元。

深圳创造了经济增长的世界奇迹，奇迹是改革开放带来的，也是创新带来的。习近平总书记指出："创新是引领发展的第一动力，是建设现代化经济体系的战略支撑。"[①] 深圳奇迹很好地证明了这个硬道理。

从世界范围来看，一些国家和地区或城市具有先天的资源优势，只要不折腾，靠资源就能躺赢。它们有的石油、天然气资源丰富，有的历史古迹价值无法估量，有的自然风光令人流连忘返。这些地方只要处于和平安定的环境，靠资源就会生出源源不断的财富。

就连地区发展最基本的土地资源，深圳也只有1997平方千米，在四大一线城市中不仅最少，而且与其他几个城市不在一个量级上。深圳人早就明白，靠祖上留下来的宝贝吃饭，靠大自然赐给的资源发展，根本不可能，想都不要想。20世纪90年代，深圳提出要大力发展高科技，人们办公司创业多选择科技方向，这是环境逼迫出来的，他们明白发展必须靠科技、靠创新。2005年，深圳面临土地、资源、人口和环境的"四个难以为继"制约，政府提出的解决办法依然是强化创新。以创新和智慧在有限的资源上精耕细作，并做到极致。

40多年来，深圳走出了一条创新驱动的发展路径，这有点像

[①]《习近平：决胜全面建成小康社会 夺取新时代中国特色社会主义伟大胜利——在中国共产党第十九次全国代表大会上的报告》，参见：https://www.gov.cn/zhuanti/2017-10/27/content_5234876.htm。——编者注

瑞士和以色列。瑞士人口870多万，国土面积4.1万平方千米，四分之一是山地，山地一年大部分时间被冰雪覆盖，不适合农业生产，而且没有直接的出海通道；地下没有石油、煤炭，也没有贵金属。历史上，瑞士是欧洲雇佣军的重要来源地，很多年轻人靠"卖命"维持生计。最近两百年来，瑞士人靠创新弥补了先天不足，在钟表、银行、医药、食品等行业发展迅猛，诞生了一批世界级大公司，如雀巢、罗氏、苏黎世保险、瑞银集团等。现在，瑞士人均专利数量、人均诺奖数量、人均500强企业数量、研发经费占GDP比率、人均GDP等，均领先世界其他国家和地区。瑞士人非常有创意，著名的达沃斯论坛（即世界经济论坛）就是日内瓦大学经济学教授克劳斯·施瓦布1971年发起的，最初只是他以个人名义邀请欧洲的经济学家和政治家一起，到达沃斯小镇围坐在壁炉旁聊聊天下大事。

以色列人口只有约980万，国土面积也很小，而且95%的土地属于半干旱、干旱或者过度干旱地区，沙漠占了国土面积的一大半。就是这样连水都严重缺乏的地方，却产生了世界上最发达的农业，还向欧洲出口大量蔬菜水果，被誉为"欧洲菜篮"。全球很多大型科技公司都在以色列设立研发中心，这里还是世界上重要的技术输出国。

创新具有点石成金，甚至化腐朽为神奇的力量。比如，石油这种黏稠的黑乎乎的东西，在古代被视作自然界的垃圾。直到1853年科学家阿格纳斯·卢卡西维奇发明了石油蒸馏技术，它才成为宝贵资源。还有锂、锗等珍贵的稀有矿产，也是在近现代提炼技术之下，才不被当成石头扔掉。深圳人也通过创新为资源增值，在缺少资源的情况下赢得了立足之地，赢得了持续不断的大发展。

从18世纪中叶第一次工业革命以来，人类依靠不断涌现的科技创新大幅提升劳动生产效率，创造财富的能力惊人增强。人类最近两百多年创造的财富，是之前数千年创造的财富之和的不知多少倍。在工业革命之前,世界经济长期处于不增长或微弱增长的状态,这从人类消费品的种类多少就能看出来。有人统计工业革命之前,人类消费品的种类为100~1000种,如今仅亚马逊网站2017年10月统计的销售商品种类就有5.98亿种。我们日常生活中使用的手机、电脑、冰箱、汽车、打印机、洗衣机等等,都是近现代以来科技创新带来的成果。科技创新极大地促进了经济发展,改变了人类生活。

创新成为深圳经济发展的最大动力,经济发展又反过来促进创新,深圳在这方面已经走上了良性循环。经济发展有钱了,研发可以投入更多经费和资源,城市环境可以打造得更宜居,人才可以拥有更好的工作和生活条件,这些都可以直接推动创新。

现在,很多人一谈起深圳,就说深圳太有钱,比不了。他们只看到了"有钱好办事"的一面,却没有仔细想想深圳的钱不是国家给的,也不是天上掉下来的,而是深圳人靠创新奋斗出来的。学习深圳,首先必须从加大创新做起。

创新型城市建设的标杆

深圳经济特区建立前,是南国边陲的一个小县(宝安县),县城深圳镇仅3平方千米,房屋建筑面积总共29万平方米,最高楼房只有5层。如今,深圳已是繁华无比的国际化大都市,到处高楼林立,200米以上超高层建筑170多座,在中国城市中排名第一,远超第二名香港。深圳摩天大楼的高度,是这座城市的物理高度,是其经济发展高度,也代表了这座城市创新的高度。

联合国世界知识产权组织自2007年以来,每年综合评估世界各国和地区与创新相关的一系列指标,推出了"全球创新指数",在其公布的《2023年全球创新指数》中专门列出了百强科技集群,中国是上榜集群数量最多的国家,百强榜前6名的集群依次是：东京—横滨、深圳—香港—广州、北京、首尔、上海—苏州、圣何塞—旧金山。这次科技集群排名涉及2017年至2021年期间所在区域PCT专利数量、科学引文索引扩展版网站（SCIE）公布的科学出版物中列出的作者数量等因素，深圳—香港—广州集群已经连续四年霸占全球榜眼的位置。其中，深圳又是被国家定位为粤港澳大湾区核心引擎的城市，由此可见其在世界创新版图上的地位。

在国内外一些权威机构推出的创新力、竞争力的排行榜中，经常能够看到深圳位居榜首。最近几年，科技部直属的中国科学技术信息研究所每年综合评估全国近百个地级和副省级国家创新型城市的创新治理力、原始创新力、技术创新力、成果转化力、创新驱动力，然后公布《国家创新型城市创新能力评价报告》。在2022年的报告中，深圳得分最高，连续四年位居全国第一。中国发展研究基金会与普华永道联合发布报告《机遇之城2022》，在细分领域的"技术与创新"排名中，深圳位列全国第一。福布斯中国发布"2018中国创新力最强的30个城市"榜单，深圳排名榜首。

深圳创新的综合能力之所以如此之强，与这座城市特别重视创新型城市建设有关。创新型城市主要依靠科技、知识、人力、文化、体制等创新要素驱动发展，是要建设一个完善的创新生态。2005年，深圳在全国最早提出创建创新型城市，2006年将自主创新作为未来城市发展的主导战略，随后成为全国首个创建国家创新型城市试点。通过持续不断努力，深圳在国家创新型城市建设中成了领跑者，2020年10月14日，科技部一位领导在国新办的新闻发布会上说"深圳国家创新型城市建设为全国城市创新树立了新标杆"，对深圳的努力和成绩给予充分肯定。

在国内外很多人眼中，深圳是最像硅谷的地方。2017年，英国《经济学人》杂志发表特别报道《深圳已成为创新温室》，认为深圳已成为世界创新和发明的"皇冠上的明珠"，还给深圳起了一个"硅洲"（Silicon Delta）的名字。英国《金融时报》也认为，深圳已是"硬件硅谷"。2016 年 10 月，著名经济学家张五常在复旦大学的一个论坛上甚至预言："10 年后，深圳会超越美国的硅谷。"

深圳特区诞生于一个伟大的创新实践，现在它已经成为国内外知名的创新高地。这个创新高地的特点，可以用"一二三四"来概括。牢牢抓住一个主题：科技创新。政府与民间在创新角色扮演上有两个关键：政府营造环境，企业冲锋陷阵。创新有三个重要力量：科技、金融和文化。创新在这里取得了四大成果：孵化了一批世界级大公司，生产了全国最多的 PCT 专利，诞生了密度全国第一的高新技术企业，创造了经济发展的世界奇迹。改革开放、市场化改革、民营经济和企业家精神等，是催生深圳创新高地的底层逻辑。

在本书后面几章，我们会详细探讨深圳是如何成为举世瞩目的创新高地的，这里有哪些值得学习和借鉴的做法、经验。

第二章

改革打造一片创新沃土

翻开改革开放之前中国历史的浩瀚长卷，深圳根本微不足道，以至于你几乎找不到它的名字。而现在，它早已成为举足轻重的国际化大都市。独一无二的深圳，与其他城市的最大不同，是它因改革而生，并因改革而兴。深圳经济特区是在一张白纸上绘制宏图，这幅宏图的主题就是改革与创新。

因为改革，才造就了中国最适宜创新的市场化环境，才形成了世所罕见的创新"热带雨林"，创造出了令人惊艳的创新成果。因此要深入了解深圳的创新，就必须了解深圳特区究竟是怎么来的，了解这片土地上发生的波澜壮阔的改革。

德鲁克说，企业家创新的本质是将资源从低生产率和低产出效率的领域，转移到高生产率和高产出效率的领域。熊彼特认为，创新是生产要素和生产条件的新组合。从两位理论大家对创新的释义中，我们可以看出生产要素的自由流动对创新是多么重要。自由流动的要素才有利于重新组合，而这只有在市场经济的环境中才能更好地做到。在计划经济时代，要素的自由流动非常之难。

从创新的角度来观察深圳的市场化改革，它最重要的作用是释放了人的活力，让包括人在内的各种生产要素自由流动起来。在市场与政府的关系上，实现了有效市场与有为政府的最佳结合，逐渐形成了市场在资源配置中起决定性作用和更好发挥政府作用的良性局面。在市场经济的环境中，政府创造环境，企业在创新的战场上冲锋陷阵。深圳创新的底层逻辑之一，就是坚持改革开放和用好市场化机制。

以市场化为导向的改革

改革是被"逼"出来的

"经济特区"破茧而出

英国《经济学人》曾经评价说："全世界超过4000个经济特区，头号成功典范莫过于'深圳奇迹'。"那么，深圳经济特区是怎么诞生的呢？

1976年中国国内生产总值仅为1542亿美元，只占世界的2.37%。无论是城市还是农村，百姓生活水平都不高。这样的状况让中国领导人心急如焚，他们为改变现状而殚精竭虑。深圳经济特区就是在这样的大背景下，被倒逼出来的伟大创新。

1978年4月，国家计委和外贸部组织考察团去香港和澳门考察，回京后向国务院提交《港澳经济贸易考察报告》，建议把靠近港澳的宝安县和珠海县划为出口基地，力争经过三五年努力，建设成具有相当水平的对外生产基地、加工基地和吸引港澳同胞的游览区。同年10月，广东省也向国务院递交了《关于宝安、珠海两县外贸基地和市政建设规划设想的报告》。国务院采纳了建议，1979年2月下文明确提出在宝安建立出口基地和新型的边防城市。一个月后，中央和广东省决定撤销宝安县成立深圳市，深圳市属于省地共管的副地级市，当年年底再次升级为省辖地级市。

1979年4月，中央经济工作会议召开。这是一个洋溢着春天气息的大会，大家畅所欲言、建言献策。广东省委领导在会上公开向中央提出，希望中央能在深圳、珠海、汕头划出一部分区域给些特殊政策，实行特别管理。邓小平对广东省的想法非常支持，得知大家对划出来的一块地方叫什么名字拿不准时，他以改革开放总设计师的胆识一锤定音："还是叫特区好，陕甘宁开始就叫特区嘛！中央没有钱，可以给些政策，你们自己去搞，杀出一条血路来。"[①]

从此，"杀出一条血路来"成为改革开放最为雄壮激越的冲锋号角，一直激励着千千万万特区人披荆斩棘、奋勇向前。

在广东省向中央提出要政策建试验区的同时，福建省也提出了类似的想法。1979年7月，中央决定在深圳、珠海、汕头、厦门试办出口特区。第二年的8月26日，全国人民代表大会常委会正式通过由国务院提出的《广东省经济特区条例》，批准在深圳设置经济特区。这一天，被视为深圳经济特区的诞生日。

深圳经济特区确定的范围是靠近香港一侧东西长约49千米、南北宽约6.5千米的区域，总面积327.5平方千米，约占深圳市总面积的六分之一。

成为经济特区后的第二年，深圳市再次升格为副省级城市，1988年又被国务院批准为计划单列市，拥有相当于省一级的经济管理权限。城市级别不断提升，说明中央对深圳经济特区高度重视并充满期待，期待在这片试验田里拉开大幕的改革，能够改变国家民族的命运。

蛇口吹响改革冲锋号

谈深圳的改革，就必须说蛇口和蛇口的袁庚。深圳的改革开始于蛇口，既是企业家又是改革家的袁庚是蛇口改革的领军

[①]《共产党人的斗争 | 兴办经济特区："杀出一条血路"》，参见：https://www.ccdi.gov.cn/special/jdybzn/gcdwddz_jdybn/202107/t20210705_245546.html。——编者注

人物。

袁庚1917年4月23日出生于宝安县大鹏镇，年轻时就投身革命。1949年秋天，任解放军两广纵队炮兵团团长的袁庚带领部队回到深圳，解放了大铲岛、蛇口一带。1978年10月，这位61岁的老革命出任招商局常务副董事长，全面主持工作，迎来了他人生又一个辉煌的时期。

袁庚上任后做了很多调研。他发现深圳人工比香港便宜很多，于是在1979年元旦后向时任中共中央副主席、国务院副总理李先念递交了一份报告，建议在与香港元朗隔海相望的南头半岛划一块地方，给招商局用于发展工业。李先念对建议很重视，1月31日约见了袁庚。听完汇报，李先念拿起铅笔在地图上豪爽地一画，跟袁庚说："就给你这个半岛吧！"[①]那时招商局家底薄实力弱，袁庚心中有多方面顾虑，不敢要那么大的土地，只要了最南端蛇口这一小块地方，面积2.14平方千米，后来袁庚一直后悔自己"胆子太小"。

1979年春天，在深圳经济特区还未成立时，招商局蛇口工业区已经挂牌，袁庚出任蛇口工业区建设指挥部总指挥，这是中国第一个对外开放的工业园区。7月8日，蛇口填海建港的开山炮在荒山野岭响起，这声震天响被称为中国改革开放"第一炮"。1984年，蛇口成立地方行政组织蛇口区管理局，主要领导由工业区产生，赋予了蛇口更大的改革权力。

袁庚在蛇口的改革可不像当初要地那样"胆小"，他像当年带兵打仗一样，瞄准了主攻方向就一往无前地冲上去，一定要攻下来，很多改革措施可谓石破天惊。比如，工业区率先在全国推行干部聘用制，每位干部"不论其原来级别、职务如何，都一律冻结在本人

---

① 《袁庚：经济特区改革开放的先行者》，参见：https://www.gddsw.com.cn/gdggkfrwyj/4163。——编者注

档案中，只作为基本工资参考"。受聘干部能上能下，职务随时可以调整，而且每年由群众投一次信任票，接受群众监督。这实际上动了干部们的切身利益，阻力之大可想而知。他们早在1981年就在媒体上刊登招聘广告，面向全国招聘人才，打破了过去全部局限在组织内部选人用人的模式。

1981年，袁庚向中央提议，将南山赤湾建成一个深水港。得到批准后中国南山开发公司于1982年成立，他本人出任董事长兼总经理。该公司由六家中外企业合资组成，是中国改革开放以来第一家真正意义上的股份制企业。它仅用3年时间，便在荒僻海滩上建成了赤湾港。

从1979年到1984年，蛇口在改革上创造了24项全国第一。比如：在全国最早实行工程招标，让参与招标的单位自由竞争，工程建设实现了质优、价平、建设速度快的目标；在全国率先实行住房制度改革，职工住房商品化；在全国率先打破工资分配上吃"大锅饭"的平均主义。

袁庚在蛇口推行的一系列全国率先的改革，被誉为"蛇口模式"，很多做法从蛇口走向全国并开花结果，对中国改革开放影响深远。此外，蛇口还向全国贡献了"时间就是金钱，效率就是生命"等领先观念。蛇口改革的本质是走向市场化，改革让招商局再次迎来了创建以来的"黄金时代"，从蛇口走出了中国平安、招商银行、中集集团等多个在世界上有影响的大企业。

因此，袁庚也被称为"近代招商之遗脉，当代深商之肇始"，在他的身上，同时闪耀着企业家和改革家的耀眼光芒，他身上的企业家精神深刻影响了马明哲、麦伯良、马蔚华等一代企业家。

激活人的活力

几分钱奖金引发风波

1979年7月,蛇口工业区第一个工程项目顺岸码头正式破土动工。码头依山傍海,施工要炸山填海,土石方运量非常大。一开始吃惯"大锅饭"的工人们积极性不高,出工不出力,迟到早退经常发生。虽然工地上用的多是进口机械,但每辆车每天只能拉20~30车土石。这是施工方签订的第一个有奖惩条件的施工项目,规定工期内完不成要罚款。眼看着进度缓慢工期赶不上,施工方心急如焚。这时在袁庚的授意下,工业区当年10月推出了一项新的管理措施,每天给工人定额拉40车,定额内的每车给2分钱,每超出一车,就奖励4分钱。

超产奖励制度一出,工人精神为之一振,整个工地都沸腾活跃起来。不用管理人员监督,"磨洋工"现象都不见了,工人们还主动加班加点,竭尽全力多干活。平均每人每天运送土石80~90车,最多的一天运了131车,人均效率比之前增加了两倍多,有人拿的奖金比工资还高。

今天看来,这种多劳多得的管理方式很平常,现在很多公司中实行的KPI(关键绩效指标)管理比这精致多了。但在平均主义"大锅饭"时代,工作是要比奉献,怎么能比谁挣的钱多呢?这些被视为"物质刺激"和"奖金挂帅"的做法,是要被严肃批判的。于是有人向上级告状,1980年4月,超额奖励制度被上级紧急叫停。袁庚对此十分不解,请来新华社记者写了一篇内参。这份内参被送进中南海,中央领导阅后做了批示,明确表示支持工业区的改革。当年8月,超额奖励制度稍作修改后又恢复了,随之工地上热火朝天的干劲又回来了。

从超额奖励制度出发,蛇口工业区逐步完善收入分配制度改革,1983年正式推出《工资改革方案》,方案中明确了"基本工资+岗位职务工资＋浮动工资"的工资构成。这项改革根据贡献不同而给予不同待遇，调动了人的积极性，加快了蛇口工业区建设速度，成为"蛇口模式"的一部分而被全国很多地方借鉴。

同样的一个人，使用同样的劳动工具，管理和激励制度改变了，生产效率就马上大幅提升。多挣钱过上好日子是人性的基本诉求，尊重人性，实事求是，建立合适的体制机制，就能把人的能量激发出来。创新活动要靠人去做，最重要的是激发人的积极性。

围绕"人"的改革

人是生产要素中最活跃也最主要的因素。在计划经济时代，人像螺丝钉一样被固定在一个个地方，没有组织上安排，个人不可能从这个单位跑到另一个单位工作，农民更是一辈子别想到城市工作生活。改革开放要发展经济，要搞科技创新，首先必须让"人"这个要素流动起来，从"单位人"变成"社会人"。深圳围绕着释放人的活力，率先在全国推出了一系列改革。

位于罗湖区的竹园宾馆，是深圳第一家中外合资宾馆。开业不久，港方老板刘天就发现，虽然岭南庭院式的宾馆环境优美、设施一流，但员工们服务不到位，影响了客人入住体验，背后原因是当时内地普遍实行的固定用工模式。在劳动部门召开的外商座谈会上，他直言不讳地提出建议：外商在深圳投资，用工要能够自己定；企业与员工签订劳动合同，双方可以互相"炒鱿鱼"。在到处是"铁饭碗"的用工背景下，他的建议虽然非常大胆，但还是得到了市主要领导的支持。1980年11月，新中国第一份劳动合同在竹园宾馆诞生。此后，深圳开始在全国率先试点企业与员工签订劳动合同。经过不断完善，1983年，《深圳市实行劳动合同制暂行办法》正式出台。三年后，这一制度被国务院采纳推广到全国企业。

劳动合同制破除了过去人与企业相互捆绑"一辈子"的做法，

企业有了选择员工的自由，员工也有了选择企业的自由，对双方都是一种解放。正是在这种自由环境中，深圳诞生了全国最早的劳动力市场。企业找员工再也不用去劳动部门要人要指标，而是直接到市场上去找。因为有了劳动力市场，深圳吸引了大批年轻人来深圳求职。1984年成立的深圳人才大市场，春节后最多时每天有数万人进场求职。

1984年，深圳对粮食、猪肉、棉布、食油等商品敞开供应，实行了近40年的票证制度就此终结，比全国提前了近10年。这项举措对每个人尤其是进城农民工意义非常之大。就拿粮票来说，当时如果没有那张纸，你有钱也买不到食品，吃饭都成问题，谁还敢背井离乡去城里谋生？当时农民吃的不是国家商品粮，手中是没有粮票的，得把家里的粮食挑到国家粮站找关系才能换得粮票。

类似的改革还有很多。比如，1983年11月，深圳就率先颁布了《深圳市实行社会劳动保险暂行规定》，在全市各种所有制单位推行合同工养老保险。之前的1980年，蛇口工业区就做过这方面的探索，让企业按员工工资的一定比例缴纳费用，用于员工的养老金及其他费用。这项改革实现了员工养老由企业化向社会化的转变。1980年深圳东湖丽苑开工，这是中国改革开放后的第一个商品房小区。过去房子都是国家单位的，市场上没有房子买卖。有了自由买卖的商品房之后，那些闯深圳的人不靠单位分房，也能从市场上买房居住。

激活要素市场

一槌敲开一扇财富之门

在农业社会，土地无疑是财富之母；到了如今的信息社会、智能时代，土地仍然是至关重要的生产要素。在改革开放前，宪法规定土地不能在市场上有偿流转。特区成立后，由于大规模城市建设，政府急需资金，市场主体发展生产需要土地资源，而土地却不能买卖，这让深圳的改革者十分苦恼。

1987年12月1日下午，深圳会堂座无虚席，一场国有土地使用权公开拍卖在这里举行，吸引了40余家企业参与。经过20多轮紧张角逐，随着拍卖师一声重重的槌响，深圳经济特区房地产公司以525万元胜出，获得罗湖区东晓路一块8588平方米土地的使用权。这是新中国第一场土地使用权拍卖。当时现场除了深圳市的领导，竟然还坐着几位中央领导和国内17个市的市长，如此隆重的仪式感，无疑是要给这个大胆的改革壮声威。第二年，宪法相关条文由全国人大依法修正，规定土地使用权可以依照法律规定转让，土地流转的禁锢从此打破。

"第一槌"敲开了中国土地改革新时代，敲开了一扇财富之门。全国国有土地使用权出让收入2008年首次突破万亿元，到了2020年竟然高达84142亿元，而当年全国一般公共预算收入是182895亿元。这还仅仅是出让土地本身的直接收入，如果加上因此产生的房地产市场税费，是一个更大的数字。深圳第一块土地拍出后，第二年盖出来的东晓花园公开出售，一小时就被抢光，由此商品房市场从深圳走向全国。"第一槌"盘活了土地及其相关市场，所带来的巨大财富成为国家基础建设的重要资金来源，为中国的快速发展做出了巨大贡献。

硅谷的诞生与发展，也有一个与土地有关的精彩故事。20世纪50年代，斯坦福大学没有现在这种声誉和地位，学校发展很缺钱，唯一可利用的资源是多达几千英亩的空地，这片空地交通便利、位置极佳。但根据学校创办人利兰·斯坦福先生的遗嘱，这块地不能变卖。正在大家愁眉不展之时，工学院院长弗雷德里克·特曼教授找到了变通的办法。他仔细研究遗嘱，发现里面并没有说这块地不能对外出租。于是在他的力主下，1951年斯坦福大学拿出 700 英亩（4200 多亩）建立了硅谷——美国第一个科技园。为了让企业能够在园区有长期打算，规定其租期可以长达 99 年。园区的建立让那些创业的科技公司有了极佳的场所，从而奠定了硅谷电子产业的基础。斯坦福大学因此获得了一大笔收入，学校用这笔钱成立了专门基金，提升人才和科研水平。特曼教授本身是著名的电机专家，基于其对硅谷发展的贡献，被媒体誉为"硅谷之父"。

深圳对土地领域的改革后来一直持续推进：1992 年，将原特区内全部农村土地一次性征为国有；2001 年，在全国率先建立了土地有形交易市场；2004 年，在原特区外实现所有土地国有化；2012 年之后，又大力推行"城市更新"，寻求土地的高效利用。

从 2023 年开始，为了缓解制造业对土地扩张的需求与深圳土地资源异常稀缺的矛盾，深圳大规模推进"工业上楼"，让厂房变高，向空中发展。按照计划，连续 5 年每年提供高质量、低成本、定制化的厂房空间不少于 2000 万平方米，租金每月每平方米平均只要 35 元。

让商品自由流通起来

商品要想在市场上自由流通，定价自由是关键因素之一。而计划经济环境下，生产出来的东西以什么价格销售，都是计划好的，不能变动。价格改革十分敏感，尤其是事关柴米油盐的生活资料价格，老百姓很在意，弄不好就会影响社会稳定。

让深圳改革者下决心去改的直接原因，是随着深圳外来流动人口越来越多，国家按常住人口分配商品的计划体制根本满足不了深圳的需求。供需失衡造成国有渠道供应严重不足，自由市场物价飙升，价格体系混乱，老百姓意见很大。而且在低工资时代，国家定的物价整体上也偏低，深圳又毗邻香港，一些商品就通过各种渠道流到价格高的香港去了,这更加剧了深圳的供应短缺。于是,深圳开始进行分类分批放开物价的改革,比如先容许某些商品可以在国家规定价格的基础上以浮动价销售。在价格逐步放开的同时,给干部职工发放物价补贴。特区创办初期,由市物价部门管理的农副产品有110多种,而到了改革之后的1983年,只剩下了9种。

到了1984年8月,深圳改革力度进一步加大,根据政府、企业、个人各承受一点的原则,推出了与物价改革相配套的工资改革方案,较大幅度地提高干部职工的工资,同时取消物价补贴,从根本上改变过去"低工资、高补贴"的状况,使物价与工资直接挂钩。这年11月,深圳对与老百姓生活密切相关的粮、油、猪肉、煤气等产品价格大幅放开,经营者可以随行就市,同时宣布取消粮票、油票等票证,只要付钱,不用票证就能购买。放开价格、取消票证,促进了全国各地粮、油、猪肉等产品运往深圳。市场上商品充裕了,大量流动人口的生活就更有保障了。

深圳的物价改革和取消相关票证改革,比全国早了大约十年。探路者提前尝到了改革的甜头,也冒了很多风险。比如,1982年深圳财贸办为了多收点荔枝卖到香港,赚外汇补贴其他农产品,就以高于国家规定的价格去果农那儿收购。这事被深圳周边的果农知道了,他们纷纷把荔枝运到深圳出售。这样一来,深圳财贸办虽然多赚了钱,但周边地区收购的荔枝就少了,因此被广东省有关部门严厉批评,认为它扰乱了国家统购统销政策,要对其进行调查处理,后来深圳一位副市长出面才化解了此事。那时候,全国各地向中央"告状"的很多,有的告深圳抢了他们的大蒜,有的告深圳抢了他们的干辣椒,有的告深圳抢了他们的雪花梨。这些在计划经济和商品短缺时代特有的现象,今天听起来让人觉得不可思议。

"青山遮不住,毕竟东流去",市场化的闸门一旦打开,洪流奔涌而出，闸门就再也关不上了。价格不仅反映商品价值，也反映市场供求关系，对企业家来说是非常重要的市场信号，可以据此调节生产。商品价格一放开，既促进商品流通，也带动商品生产，老百姓从此逐步告别卖方市场，迎来了商品极大丰富的时代。

完善市场经济体制

改革细流终成大海

深圳的改革从一开始方向是市场化，而且力度和影响都非常大，以至于那些计划经济的支持者受不了了，不时出来质疑甚至攻击。但深圳不为所动，坚持市场化改革不动摇，成果丰硕。

从敲响土地拍卖第一槌到建设第一个商品房小区，从"四分钱奖金"到建立多劳多得的分配制度，从物价放开到取消粮油凭票供应，从推行劳动合同制到系统化人事制度改革，从成立第一家股份公司到发行第一张股票，据深圳官方统计，改革开放以来深圳创造了一千多个这样的全国第一。涓涓细流汇成江河，深圳就是用一项项敢为天下先的改革，一点点冲破计划经济旧体制的藩篱，在此基础上不断总结完善，形成制度化、法制化成果，从而逐步建立起市场经济的体制机制。

深圳市场经济体制探索在早期主要是冲破计划经济体制的束缚，到了20世纪90年代初，基本搭建起市场经济的框架体系，90年代后期基本建立起比较完善的市场经济体制机制，这比全国其他地方早了很多年。

建立市场经济体制的探索经验，一直被认为是深圳作为改革试验田做出的最重要贡献。1997年，深圳市主要领导在有关改革的一次全国性会议上介绍深圳探索市场经济的做法时，系统性地总结出"十大体系"，包括以公有制为主体、多种经济成分平等竞争的所有制体系，以市场为基础的价格体系，以中介组织为主体的社会服务监督体系，以按劳分配为主、效率优先、兼顾公平的分配体系，适应特区社会主义市场经济要求的法规体系，等等，涉及市场经济运行的方方面面。"十大体系"在会上引起巨大反响，会后全国很多地方派人来深圳学习。

率先探索并形成市场经济体制机制，这些"做对了"的政府行为，极大地增强了深圳在创新和经济发展上的优势。比如：物价放开后，全国的商品开始不断运向深圳；劳动力市场形成后，全国的人力资源开始大量汇聚深圳；资本市场形成后，全国资金开始持续流向深圳。市场经济相对于旧的计划经济体制，优势体现在各个方面。

深圳为什么能够在市场经济探索中始终走在全国前列？这与这座城市强烈的使命感、敢为天下先的勇气有关。中央赋予经济特区的使命是做中国改革开放的排头兵和试验场，深圳当然要在市场经济方面先行先试，其实很多探索也是在改革实践中被"逼"出来的。

市场化推动创新

深圳创新活动和经济发展一马当先，在体制机制层面上得益于对市场经济的率先探索。市场化改革解决了创新主体的动力、活力问题，解决了创新资源配置的效率问题，成为创新和经济发展的原动力，给这座城市带来巨大的红利。

按照熊彼特所说，创新是生产要素和生产条件的新组合，那生产要素的自由流动就是创新的前提，这里面既包括"物"也包括"人"的流动。在计划经济时代，一切生产要素都是按计划分配，无法在市场中自由交易，因此很难出现什么繁荣的创新活动，企业即使有创新产品也无法在市场上获得应有的回报。著名经济学家张维迎曾说："创新说到底就是自由。"人可以自由流动、自由择业、自由创造，土地、厂房、机器等各种生产资料可以在市场上自由买卖，这就为大批创业者、企业家的诞生创造了条件，创新活动才有了基础。现在，很多人认为深圳很适宜创业，有了一个好主意或一项好技术，没有钱，可以拿着规划找创投机构融资，没有人，在网上发个广告立马就有很多人应聘，很容易找到创新创业的资源，这正是市场经济环境带来的结果。

市场经济不仅给创新提供了基本条件，还为创新活动带来了强大的动力和压力。在市场经济环境中，敢于创新、善于创新的企业会获得丰厚的利润，会活得很滋润；不去创新或不善创新的企业会被市场淘汰，无立足之地。市场经济形成的优胜劣汰机制，是创新和经济发展的内在推动力。在一个良好的市场经济环境中，企业家和企业在创新上"不待扬鞭自奋蹄"。

有人可能会说，咱们在计划经济时代不是搞出了原子弹、氢弹吗？这确实是极其伟大的科技创新和贡献，但它与企业家的创新有所不同。原子弹、氢弹是真正的国之重器，研制过程需要的人力、物力全由国家调配，搞出来之后更不会拿到市场上去买卖。而企业家创新要考虑投入成本、经济效益，考虑研发出来的新产品能不能在市场上销售，销售后不仅要收回成本，还要有一定的利润，这样企业才能维持运营、获得发展，创新活动才能继续进行下去。企业家是在市场的闭环中进行创新，这种闭环检验创新效果，为好的创新持续不断地提供资源和动力。

市场经济是通过市场配置社会资源的一种经济形式，从世界历史来看，科技创新和市场经济像是一对"孪生儿"。第一次工业革命是伴随着市场经济的孕育发展而逐渐扩展到全世界的，第二次工业革命和第三次工业革命也源起于市场经济国家。创新搞得好的地方，无一不是市场经济比较完善和发达的地区。

从1992年确立建立社会主义市场经济体制目标以来，我国一直矢志不渝坚持和发展市场经济，发挥出市场经济的巨大魅力。党的二十大报告中提出"充分发挥市场在资源配置中的决定性作用，更好发挥政府作用"，为进一步完善市场经济、推动未来创新发展取得更大成就提供了坚强保证。

政府：有事服务，无事不扰

小政府，大服务

改革开放的历程，是政府不断调整和完善自身定位、职能和机构设置的过程。深圳特区建立至今，政府进行的机构和审批制度改革大大小小有十几次。虽然每次改革的侧重点和采取措施不同，但从经济发展和创新的角度看，这些改革始终有一个不变的主题：构建与市场经济相适应的服务型政府，做到有效市场与有为政府相结合。

1981年经济特区正式成立刚刚一年，一场深刻的改革就在深圳市政府中展开。

从改革结果来看，首先是改变了政府包揽一切的职能定位，初步按照新的经济运行模式确定政府权力边界，总体上向市场让渡了很多权力，在一些领域还实行了官商分离、政企分开。比如，把计划经济中存在了几十年的粮食局、物资局、商业局、供销社等专业经济主管部门，全部变成自负盈亏的经济实体，让它们成为市场主体。对过去兼有行政管理职能的一些国有公司，剔除附加在它们身上的行政权力让其回归企业属性。此外，政府还减少了一些审批事项和审批环节。

其次是大幅精简了行政机构和机关人员。通过重新确定政府职能定位，市政府撤销合并了10多个专业主管局和20多个行政单位，局级行政职能机构由原来的65个减少到18个，机关行政人员由改革前的2237人减少为867人，改革和精简力度都特别大。"小政府，大服务"是这次改革期待实现的目标。

接下来几年的改革，除了精简机构，在服务经济发展上也不断推出一系列新举措。比如1987年、1988年的改革，就适应深圳外向型经济特点，新组建了贸易发展局、引进外资办公室、经济协助办公室等机构，在国有企业中进一步推进政企分开，对企业的管理从直接管理逐步改为间接管理。其间深圳还成立了市投资管理公司，这是全国第一家国有资产专门管理机构，把分散在各个部门政企不分的公司全部集中管理起来，由此逐步建立起以资本为纽带的国有资产监督管理和营运体系。

20世纪90年代初，深圳明确提出了"政府培育市场、市场解放政府、市场解放企业、企业解放生产力"的改革思路，以适应市场经济发展，市场能解决的尽量让市场去解决。深圳于1999年至2001年在全国率先进行审批制度改革，审批事项从原来的1091项减少为351项，数量大幅减少，流程大幅简化，向市场释放发展空间和活力。这次改革后不久，全国就有17个省、市、自治区派人到深圳学习。在管理上，深圳在1993年就提出"依法治市"，把市场经济纳入法治化轨道，之后利用特区立法权出台了一系列有关市场经济的法律法规。为了确保行政人员依法行政，2001年出台《深圳市行政机关工作人员行政过错责任追究暂行办法》，规定63种行为将被追究过错责任。

2013年3月全国两会期间，深圳市领导在北京接受媒体采访时表示，深圳的政府机构改革以"市场、服务、效率"为方向，坚决不干预市场机制能自行调节的事项，凡是能通过培育市场、扶持社会组织来发展的事项，政府也主动放手，为国家的改革探索路径。这些话道出了深圳机构改革的出发点，也揭示了改革成功的深层原因。

经过持续不断的深化改革，作为实际管理人口近2000万的超大城市，如今深圳市政府的机构数量和人员数量都显得比较精简，所以这里很多部门人员很忙，加班加点干活是常态。比如，深圳是个金融大市，但现在市地方金融管理局编制只有 40 余人，而其他地方同样职能和业务量的部门，编制可能会翻倍。还有粤海街道，辖区目前有 110 多家上市公司，而负责联系和服务这些公司的政府人员只有 4 人。

小政府、大服务营造了一个优良的营商环境，成为促进深圳创新创业和经济发展的重要因素。著名经济学家许小年在接受媒体采访时曾说："我认为深圳是目前中国最具创新能力的城市，没有之一。一个重要的原因就是深圳是小政府，让市场充分发挥作用，市场上的创新型企业进行各种各样的尝试。"

深圳在小政府、大服务方面能做得好，有几方面原因。首先是坚定不移地搞社会主义市场经济、建设服务型政府，市场能解决的交给市场，政府给自己"减负"。其次也与城市发展太快有关，深圳在这么短时间内就从一个小县发展成超级大都市，政府扩张的速度很难跟上。曾经有段时间，深圳一个叫布吉的街道实际管辖人口竟然高达 100 多万，比内地很多地级市的城区人口还多。还有一个原因是深圳流动人口多，户籍人口一直相对较少，这也限制了政府机构人员编制的总量。

数据多跑路，企业少跑腿

深圳是著名的"科技之都"，政府特别重视借助科技手段提高服务质量、科技赋能，将能搬到线上的都搬到线上。尤其是移动互联网出现之后，深圳市政府在利用"互联网+"服务企业方面，更是走在了全国前列，被国内很多地方学习借鉴。目前，深圳政务服务事项网上办理率已达 100%。

深圳人爱创业，每年有大量人员进行商事登记。过去注册一家公司，要拿着材料到几个部门跑很多次，非常麻烦，因此诞生了很多中介机构，帮人注册一家公司要收费好几千元。2013年8月，深圳在全国率先实施商事主体全业务全流程无纸化网上商事登记，申请人足不出户，通过互联网提交资料线上申请，并借助数字证书和个人银行U盾进行电子签名。登记机关收到申请后，进行网上审批，发放电子营业执照。这一改革大大方便了申请人，缩短了办照时间。

在线上办理的基础上，深圳不久后进一步推出"多证合一、一照一码"改革。在商事登记部门实施"一表申请、一门受理、一次审核、信息互认、多证合一、档案共享"登记模式的基础上，只发放记载有统一社会信用代码的营业执照，不再发放组织机构代码证、税务登记证、刻章许可证、社保登记证、统计登记证等其他多种证照，赋予营业执照与其他证照同样的功能。这大幅提升了行政审批效率，申请人无须再去税务、社保等部门办理证照，也避免了这些部门的重复劳动。这项改革的技术基础，是深圳整合了多个相关部门的数据库，实现了数据集中、互认和共享。2019年，深圳进一步用技术加快审批速度，通过将申请人提交的材料与企业名称库、统一地址编码库、实名核身数据库、失信人员名单库四个基础数据库的权威数据进行实时校验、多维度比对，企业设立审批时限由原来的一天压缩至几十秒，实现了全程无人干预的自动审批，这个系统也被誉为"秒批系统"。

商事制度的持续改革，极大地方便了企业和市民办事，加上改革中大幅降低了申办条件，比如过去需要数量不菲的注册资金，还必须进行验资，改革之后不仅注册资金数量大幅降低，而且取消了验资要求，使得商事主体数量快速增加。改革前的2013年2月，深圳市商事主体总量只有99.4万个，而到2015年8月，这一数字就达到200万，两年时间的增长量超过了之前30余年的总量。

2018年6月，深圳市人社局在全国率先启动应届毕业生接收

"秒批"改革。有人统计，改革前毕业生及用人单位要在人社、发改、公安3个部门间重复提交材料，毕业生为此要跑1次，单位人事部门人员要跑5次，共有8个办理环节，需要10个工作日的办理时间。改革后，运用大数据、人工智能等技术，实现全流程网上"秒批"，前后仅耗时几分钟。深圳企业每年接收数万大学毕业生，让数据代替人去"跑路"，仅此一项就减轻了不小负担。此后，"秒批"模式在人社系统逐步扩展到人才引进、社保征收、社保待遇领取等众多业务。从市外引进一名人才，本人只有在落户时到派出所办理相关手续和采集指纹，只需要跑一趟现场，其余都在网上"秒批"完成。

从2018年率先改革至2022年9月，深圳已经成功推出350项"秒批"改革、539项"秒报"服务。所谓"秒报"，是指申报者填报材料时系统自动从政府数据库中调取相关信息，申报者只需确认提交即可。这些改革涉及人才引进、员工社保、投资项目备案、项目审批等，让企业办事变得方便快捷。南方电网深圳供电局的工作人员说，他们有一个变电站工程需要调整，须向管理部门申报工程进度变更。按照过去的做法，要详细整理之前的工程文件，在线填写20多项信息，成功提交之后，还要等4个工作日才能得到审批结果。没想到实际操作时，只需要在系统中选中项目名称并填写申请事项的原因，其他信息系统自动匹配了出来，一键确认就完成了申报，然后几秒钟就收到了审批反馈。

利用科技手段实现"秒报""秒批"，大幅提高了办事效率，为企业节省了人力成本，很多企业因此减少了这方面的人员配备，政府也因此节省了行政资源，可以把更多人手用在事后服务和监督上面。这些改革在提高效率的同时，也让政府审批服务更加公开透明、公平公正。由设定好统一规则的机器来审批，不会受到人工审批中各种人为因素的影响，企业再也不用在找关系办事上花心思了。

用真金白银支持企业创新

政府对企业创新最直接的支持就是用真金白银提供资助。在深圳，企业从注册到后面的经营发展，整个过程都可能享受到政府的资金支持。

深圳支持创新创业。毕业 5 年内的高校毕业生，或港澳台居民等群体，在深圳注册公司创业就可能获得政府一系列资金支持，具体包括创业场租、初创企业、社会保险、创业带动就业、创业项目等多种资助。比如：创业场租最多可以连续资助 3 年；经评估后的好项目可以获得 5 万~50 万元的扶持资金；符合条件的股东每人可以获得 1 万元资助，共计不超过 10 人。政府这些支持降低了创业门槛和风险，对急需资金的初创企业来说帮助很大。

深圳市钱海网络技术有限公司（Oceanpayment）是国内跨境支付领域的头部企业，自成立以来始终得到各级政府部门的有力支持。2017 年，公司自主开发出跨境支付大数据风控技术支撑系统，获得深圳市扶持资金 239.6 万元，后来又开发出 AI 智能运营管理系统，再次获得资助 258.6 万元；2022 年 5 月，获得市商务局专业服务奖励项目支持 100 万元。此外，该公司还获得深圳市企业研究开发资助、高新技术企业认定资助、政府组织的创新创业大赛奖金等。另外，该公司目前在高新区联合总部大厦近 5000 平方米的办公场所是市政府战略性新兴产业用房，租金是市场价的 50% 左右，每年能节约 500 多万元。董事长刘超峰在谈起这些资助时说："这对我们来说是物质支持，更是精神鼓励，说明我们干的事情得到了政府认可，有价值！"

深圳市诺安智能股份有限公司（简称"诺安智能"）是国内智能气体传感及检测分析前沿技术方面的知名企业，产品和服务包括四大类：气体传感器，气体探测器和气体报警控制器及监控系统，气体检测分析预处理装置，防爆声光报警器和火焰探测器。公司从事的是政府重点支持的产业，2022年获得政府各种支持超过1000万元。公司需要不断推出新产品和迭代老产品，计划购买设备扩大生产，政府部门获悉后表示，购买设备的费用可以按规定获得一定额度的政府资助。

新冠疫情暴发之后，企业经营和市民生活受到严重影响，深圳市政府及时出台了很多救助措施。仅2022年3月下旬到7月上旬，短短3个多月时间就连续推出了5个"30条"，包括"纾困解难30条"、"培育壮大市场主体30条"、"促消费30条"、"工业经济30条"和"稳增长30条"。150条措施精准有力，条条都是干货。比如：按照50%的幅度减征资源税、城市维护建设税、房产税、城镇土地使用税等，适用主体由增值税小规模纳税人扩展至小型微利企业和个体工商户；制造业小微企业、服务业小微企业和个体工商户承租市、区政府以及市属、区属国有企业的房屋，免除3个月租金，再减半收取3个月租金；对2022年6—12月从深圳辖内商业银行首次获得贷款的企业，给予2%的贴息补助，单户企业贴息金额最高20万元；对企业2022年新投资并完工纳统的技改项目，按照深圳市有关企业技术改造项目操作规程，在同等条件下按最高的资助比例足额资助，单个项目最高给予5000万元扶持。因为这些帮持政策，很多大型企业获得的扶持资金总额有上亿元。

深圳企业能够得到较多的政府资金支持，一个原因是这里经济发达，政府本身有可观的收入。深圳创造财政收入的能力很强，加上是国家计划单列市，地方财政留存占比高于一般城市，这也让深圳每年有更多可用的财政收入。另外，深圳每年土地交易有一大笔预算外收入，而且这笔钱用起来比较自由灵活。2021年，深圳财政收入4257亿元，土地交易收入1121亿元。取之于民、用之于民，企业创新能够从政府那儿拿到不菲的扶持资金，也就不足为奇了。企业得到有力支持，促进经济加快发展，政府因此有了更多财政收入，这就是一个良性循环。

政府对企业直接进行资金扶持，是全世界很多国家的通行做法。比如，德国政府扶持科技公司研发费用的比例最高可达100%，企业通过银行渠道把相关申报材料填好，银行就会依据程序把费用补给企业。中国建材曾在德国收购一家高科技公司，每年也得到了来自德国政府的研发经费资助。疫情期间，英国、美国、法国、新加坡等国家对受影响的企业直接发放了大量扶持资金。

政府的资助对企业发展帮助很大，但我们也必须承认，这种资助无论是雪中送炭还是锦上添花，最终决定一家企业能不能长期生存和发展壮大的，还是企业自身的创新能力和由创新所形成的核心竞争力。

需要时政府就在身边

政府工作是由人来做的，服务型政府对企业的支持服务，要通过政府人员的行为来落实和体现。因此，政府人员的服务意识、态度和方式，最终决定对企业的服务质量。

经济特区建立以来，深圳市政府一以贯之地重视对企业的服务，形成了良好的传统。华为早期发展遭遇重重困难，时任市主要领导曾给予大力支持和帮助，有些故事至今仍传为佳话。

1991年，市领导听说有个华为公司在做电话交换机，学机械出身的他就带着几个人去考察。那时华为虽然只有几十号人，但任正非介绍中展露了万丈雄心。这让市领导产生了好感，就问公司发展有什么困难。任正非回答说搞研发非常缺钱，向银行贷款需要抵押，公司刚起步，没有什么值钱的东西，领导能不能帮忙贷3000万元。市领导一听，觉得数字很大，但还是答应了下来。离开华为后，他就联系深圳的银行机构，没想到好几家银行都表示有难度，认为华为这么小，而且还是民营企业，贷这么大一笔款，将来万一还不上风险太大。市领导最后找到建行深圳分行才获得贷款。拿到这笔贷款，任正非喜出望外，加快引进了一批人才，在程控交换机研发上取得一个个突破。这之后，这位市领导又多次在贷款、用地等方面支持华为。

后来，华为的规模和影响力大了，遇到的困难也随之变得更大。一次为了解决华为的问题，深圳市领导还找到国务院的领导。国务院的领导坦诚地跟他说："为一家民营企业的困难找我的，你是第一个。"然而就算帮了这么大忙，这位市领导在深圳任职期间，任正非也没请他吃过一顿饭。直到他退休后2007年到美国考察，一天晚上任正非去酒店里找他，一见面任正非就有些激动地说："您在领导岗位11年的时间，我们公司一顿饭也没请过您。但华为公司的人是懂得感恩的，您是我们的恩人，您现在退休了，我请您吃饭，表达我们的感激之情。"

企业遇到问题需要解决，政府有求必应。有一年中国平安盖楼，开挖地基时发现地下铺有很多不同部门的管道、电线，需要移动之后才能继续施工。如果企业出面一家家去沟通需要很长时间，而且效果也不一定好，会耽误施工进度。中国平安找到市政府，当天下午市政府就召集相关部门开会协调，很快解决了问题。

2020年，TCL华星一个生产线正处于非常关键的设备安装期，急需日本、韩国设备供应商的技术专家来深圳帮忙安装调试，但疫情暴发让跨境人员流动变得困难。公司把情况反映给政府相关部门，政府想方设法协调，终于帮公司申请了5次包机，一共运了近500名专家来安装调试设备，确保了生产线正常开工生产。

有人说，从深圳市行政服务大厅的布置细节就能体会到政府的服务理念。大厅设在市民中心B区，是整个建筑最中心的位置，里面集中整合了39个政府职能部门的审批办证系统。大厅布置得整洁温馨，等候时可以从书架上取阅图书，有问题随时可以询问里面的服务人员。部分窗口还安装了AI翻译机，可以为外国企业和外国居民提供72种语言的实时翻译服务。打印、复印只要不超过限定数量全部免费，而限定数量是为了节约环保、避免浪费，额度是根据大数据分析出来的。

为了让企业和市民更好地"办成事"，2023年2月深圳各级政务服务中心和专业服务分厅都加挂了"办不成事"反映窗口的牌子。目前，这些窗口解决的主要是三类问题：一是企业或市民遇到需要加急的事项，要特事特办的；二是企业和市民对怎么办把握不准，需要先咨询再办理的；三是涉及多个办理部门，需要窗口去协调推动办理的。

深圳市政府对企业的服务究竟做得怎么样，企业家最有发言权。任正非的评价是："深圳有一个很好的创新环境，法治环境、市场环境都会比别的地方好。"有很多企业家用非常生动简练的语言来表达对政府服务的评价，比如，"有事服务，无事不扰"，"不要政府的时候，感觉不到政府的存在；需要政府的时候，政府就在身边"。

还有人把政府的服务比作"空姐式服务"。在飞机上，当你需要一杯水、一份报纸，只要说一声，空姐马上就会送来。但你在座位上看书或闭目养神时，空姐绝不会时不时跑过来问你需不需要服务，因为这样可能会打扰你。在深圳，政府的服务做到了定位、到位、不越位，该做什么、不该做什么边界清楚：你需要时马上就有热情周到的响应，你不需要时就像空气一样让你感觉不到，绝对不会来烦你。

2022年，全国工商联就营商环境对全国数十万民营企业家进行无记名投票调查，深圳获评"全国营商环境最佳口碑城市"。中国发展研究基金会与普华永道联合发布《机遇之城2022》的报告，在细分的"宜商环境"一项，深圳排名全国第一。2023年2月，第二届全国中小企业发展环境论坛发布《2022年度中小企业发展环境评估报告》，深圳在全国城市中综合排名第一，实至名归。

企业：在创新战场冲锋陷阵

这4个"90%"说明了什么

在市场经济的环境中，深圳市政府与企业的角色定位应该清晰而且坚定。政府尊重企业作为市场主体、创新主体的地位和权利，为企业在市场上"冲锋陷阵"创造环境。深圳市创新投资集团有限公司（简称"深创投"）的建立和发展之路，非常精彩地体现了这些。

1999年8月，深圳市政府投资5亿元、几家国企投资2亿元成立深创投。"投资公司"这种类型的企业当年在国内刚刚兴起，没有多少运营经验。在这种情况下，对这样一家100%国有股份的国企来说，政府在管理和投资方面做些严格限制很正常，比如投资区域限定在本地，要投一些政府重点关注的项目，从而最大限度地支持当地经济发展。

但深圳市政府没有这样做，他们在筹备时就请来了多位外籍专家做顾问，以便借鉴国际经验来办好这件新鲜事。深创投成立之后，政府确定了三条经营原则：第一条是政府引导、市场化运作，按经济规律办事，向国际惯例靠拢；第二条是立足深圳、面向全国；第三条是政府"不塞项目不塞人"。第三条是一位分管副市长提出来的，而且这位领导自己带头做到了这点。

三条原则的核心理念是市场化，按照市场化原则界定政府与企业之间的关系，让深创投拥有自主的经营管理权。这在当时的环境下是非常不容易的事，体现了施政者对市场经济的笃信。市政府还从上海请来了证券界奇人阚治东担任公司首任总经理，放手让他进行大胆改革，使得深创投从起步就建立了一套与市场经济基本适应的运行制度，其中很多做法都被业内仿效。

对深创投的市场化改革，深圳市政府一直没有停步，其中最核心的是产权"混改",多次引民企入股,增加注册资本。如今,深圳国资委虽然依然是第一大股东,但其所持股份已经变成28%,民企星河地产变成了第二大股东,股份占比20%。作为纯国企的深创投在引入民企之后,实现了国企"实力"与民企"活力"的有机结合,激发出巨大的行业竞争力。最近十几年来,深创投发展尤其迅速,已经成为中国本土创投的领跑者,有力地支持了包括深圳在内的全国各地的创新创业。

2009年11月,为了补齐缺少高端液晶显示屏的产业链短板,深圳市政府出资注册资金45亿元、TCL出资55亿元联合成立华星光电。该项目的总投资245亿元中,市政府签约提供50亿元的建设融资。政府虽然出了这么多钱,还在用地和设备进口等方面提供了大量支持,但在经营管理上高度信任企业家李东生,企业运营完全由他和他组织的团队负责。李东生不负众望,首条技术先进的8.5代生产线投入生产第一年就实现盈利。随后不久,深圳市政府又主动转让了企业中的国有股权。有人把这誉为政府与企业完美合作的典范,李东生借助政府之力创办了一家非常优秀的企业,政府借TCL企业之力完备了区域产业链,使得深圳在电子信息产业上有更强大的竞争力,产业因此更加繁荣。

从深创投和华星光电两个案例我们能够看出,深圳市政府尊重企业在市场中的主体地位,对自身定位非常清楚,对于100%国有股份的国企和国有股份占比很高的股份公司尚能如此,更不用说民企了。在如此良好的市场环境中,各种所有制企业的创新积极性就会被调动起来,它们享受创新成功的成果,也甘于承受失败的后果。

前文提到深圳创新有著名的"6个90%",其中4个"90%"有力地证明了企业在创新中的主体作用:90%以上的研发机构设立在企业,90%以上的研发人员集中在企业,90%以上的研发资金来源于企业,90%以上的职务发明专利出自企业。

不创新等死，盲目创新找死

"企业不创新是等死，但盲目创新会找死。"这是深圳企业家们的共识。这样的认知既来自其他公司大量的前车之鉴，也来自他们长期在市场中拼搏的经验教训。

2011年诺基亚手机销售市场占有率27%，这已是它连续十余次占据全球第一的位置。但仅仅过了两年，它的手机业务就因为销售量和效益急剧下滑而被微软收购，现在在智能手机市场，诺基亚的地位早已不值一提。这个手机行业的霸主遭遇滑铁卢，是因为它在智能手机时代的操作系统创新方面没有跟上，被苹果等公司迅速击败。

20世纪90年代，城市很多商场的货架上都会摆着柯达胶卷，那是摄影人最喜欢的一种器材，但现在你找遍大街小巷的商店，胶卷几乎都销声匿迹了。这是因为数码相机代替了传统相机，胶卷这种器材根本不需要了。随着胶卷市场的迅速萎缩，曾经位列世界500强的柯达公司在2012年宣布破产倒闭。

在市场经济的环境下，你只要不创新，甚至创新慢一拍或者创新失败了，就会被其他竞争对手淘汰。即使是市场巨人，也无可避免，轰然倒下时，你摸一摸它的体温还是热的。这就是市场竞争的残酷，但正是这种残酷，有力地推动着企业不断为市场提供更好的产品和服务，提高人们的生活质量。

马化腾曾在多种场合介绍过微信诞生的过程，可谓生死时速、惊心动魄。2010年，腾讯的即时通信工具QQ的用户已经多达六七亿人，在国内绝对处于老大地位。但这年移动互联网呼啸而来，他们敏锐地感受到了危机，虽然处于PC（个人电脑）时代的QQ也及时开发了手机版，但与移动互联网真正需要的工具相比还是有差距。于是，公司组织了三个团队同时做移动时代的产品，都叫微信，内部相互竞争，谁跑赢了就上线谁的产品。最后，张小龙带领广州做 Email 的团队跑赢了，成都的团队说亏呀，就差一个月就做出来了，但也不得不服输。马化腾说，在最后打磨的一个月，包括他在内的腾讯所有高层都在工作群里参加讨论，看什么地方用得不爽，马上就改，有时凌晨两三点群里还讨论得热火朝天。终于在 2011 年 1 月，腾讯向社会正式推出了微信。就在腾讯快马加鞭开发微信的时候，另外一家公司同时也在做类似的产品，只是进度上比腾讯晚了一点。如果那家公司提前做出来了，那今天的腾讯可能就不是现在这个样子了，微信是个颠覆性产品。马化腾每每谈起这些，就说做公司要战战兢兢、如履薄冰，不创新是最大的风险，就是等死。

有人说，一枚鸡蛋从内向外打破时，会出来一个鲜活的生命，如果从外部打破，那就意味着死亡。腾讯主动创新推出微信，就是从内打破鸡蛋。

腾讯也经历了一些不太成功的创新，比如在 2009 年 8 月新浪网推出微博这种社交工具之后，社会上一下子掀起了微博热，微博成为人们发布信息、交流意见的火爆平台。腾讯意识到这是个巨大的市场，于 2010 年 5 月推出了腾讯微博。但无论是定位还是形式，腾讯微博都与新浪微博差别不大，虽然花费了很多资源宣传推广，但市场反馈始终没有什么大的起色。2014 年 7 月，腾讯意识到这一产品无法做大，开始减少资源投入，2020 年 9 月将其彻底关闭，标志着这项模仿式创新走到了终点。

深圳赛格日立是 20 世纪 90 年代中国彩管企业的龙头公司，多次入围中国电子信息企业 500 强。20 世纪末，当使用液晶显示技术的电视产品开始出现，并逐渐淘汰 CRT（阴极射线管）技术的电视产品时，该企业反应过于迟钝，不仅没有加大液晶显示技术研发，反而在 2003 年从日本引进一条价值 15 亿日元的彩色 CRT 生产线，设备装满了近 400 个货柜箱。新生产线安装好之后，基本没怎么开机，更不用说满负荷生产了，因为急剧下降的订单连老的生产线都吃不饱了。2007年7月,在连续几年大幅亏损之后,企业关闭了全部四条生产线,彻底退出CRT领域,从此处于半死不活的状态。因为没有敏锐地发现技术发展方向并及时创新,赛格日立被市场无情淘汰。

我们说不创新是等死,但盲目创新也是找死。对企业来说,创新要有质量、有效益,最终要落到赚钱,能赚钱的创新就是好创新,只烧钱、不赚钱迟早会把企业搞垮。德鲁克在《创新与企业家精神》一书中指出:到20世纪初,"发明"已经从少数人的"灵光乍现"变成了有方法可循的"研究"。创新作为一项有目的、有组织的系统活动,有规律可依,是可以学习的。

观察深圳创新做得好的企业,会发现它们在创新时基本上都做到了以下几点:一是有目的地创新。有的放矢,谋定而动,不做冲动派。解决什么问题、做出什么样的产品、满足市场的什么需求、实现什么样的效益,都要提前思考清楚并做好谋划。腾讯研发微信就是要在移动互联网时代为大众提供一个即时通信系统,占领移动通信市场,目的非常明确。德鲁克认为,有目的地创新甚至能减少90%的风险。

二是有组织地创新。创新是在一个系统组织中进行,单打独斗不行。尤其是重大创新项目,需要大量人力、物力,不仅要组织好企业内部资源,还要用好外部资源进行协同创新。在创新过程中,怎么把各种资源组织好、使用好,对企业和企业家来说都是一种考验。

三是在熟悉的领域创新。虽然不能对跨领域创新持完全否定态度,但从成功率来说,还是在熟悉的领域创新更容易成功。如果放着熟悉的业务不做,反而进入一个完全陌生的领域,一切从零开始,那犯下颠覆性错误的风险就会很高。俗话"做熟不做生"是有道理的。

四是选择合适的方法进行创新。创新有很多方法,自主创新、模仿式创新、集成创新、协同创新、持续性创新、颠覆性创新、商业模式创新等都是有效的创新模式。在深圳发展早期，多数企业是做模仿创新，腾讯的 QQ 最初就是模仿创新的一款产品。现在深圳的企业实力强了，自主创新、颠覆性创新就逐渐多了起来。究竟采用哪种创新模式，企业应根据自身实际合理选择。

五是开展有效的管理。有效的创新有赖于有效的管理。"发明大王"爱迪生当年就曾创建很多公司，但由于管理不到位，最终几乎都以失败告终。因发明晶体管而获诺贝尔奖的肖克利 1955 年在硅谷创办公司做研发和技术产业化，因为其个性怪异、管理不善，核心骨干不断辞职，几年后公司被迫解散，他自己去斯坦福大学做了教授。任正非就很懂得管理的重要，20 世纪末就制定了《华为基本法》，还花巨资请 IBM 来全面改造华为管理体系，这对华为后来的创新发展起到了关键性作用。

如何做好创新是一门系统性科学，内容丰富，需要向书本、向做得好的企业学习，需要在实践中锻炼，这样才能不断提高创新本领，提高创新效益。

独特的创新路径

深圳特区建立之后，高校和科研院所建设速度远远跟不上经济发展，尤其是在特区建立的早期和中期，这方面的资源跟内地一些省会城市都无法相比。那为何深圳企业的创新还能做得这么好？从下面诺安智能的做法中，可以看出很多深圳企业，尤其是大量中小企业所走的创新路径。

诺安智能的前身是南海石油电子企业有限公司，因为这家企业的经营一直没有起色，所以南油集团把股份逐步转让了出去。2007年，卿笃安做了这家公司的控股股东和董事长。面对无产品、无技术、无市场的烂摊子，怎么让公司起死回生？卿笃安在反复思考之后，认为做企业不是做小商小贩，必须有自己过硬的技术和产品，这是立身之本。

在南油集团工作期间，卿笃安接触了大量石化企业。以前石化行业存在一种职业病风险，就是苯中毒。当时只有一家国外公司生产检测这种气体的仪器，但价格很贵，一般企业很难大量购买配置。这让他看到了一个国产替代的大市场，觉得这是一片可以畅游其中的蓝色大海。

可是生产产品的技术从哪儿来？卿笃安是江西财经大学会计学专业毕业，没有相关专业背景，小公司也根本没有懂这方面技术的研发人员。于是，他通过朋友四处打听，找了很长时间，发现国内的大学和科研院所只有一些理论研究，这些研究距离产品化、市场化还很遥远，跟它们合作能不能研发出可用的技术是个未知数，即使研究出来也要到猴年马月。这时候，他把寻找的目光放到了国外。天无绝人之路，一位朋友告诉他，之前某个国家的一家研究院有这种技术，还帮忙介绍了曾在里面工作的两位教授，一位是柏林的彼得，一位是在另一座欧洲城市的博德维奇。

卿笃安至今仍然记得：那是2008年12月20日，他迫不及待地先飞到柏林，见到了彼得，然后又马不停蹄地飞到博德维奇所在城市。这两位教授是大学同学，毕业后成了同事。那家研究院解散之后，彼得回到柏林大学当了教授，而博德维奇则赋闲在家。两位教授明确表示他们掌握这方面的技术，但当时研究的目的是其他用途，检测的有毒气体种类跟工业用途的不一样，精度要求也没那么高。如果要用在工业化场景，还要做更多的研究和实验。

要把一项其他领域的技术改变成工业用途，其过程十分不易。经过艰辛努力，2012年他们终于完成产品设计和样机生产，实现了技术产业化；此后又不断完善，在第二年正式投放市场，并不断赢得石化行业大客户的信赖。如今，公司在气体传感器、气体探测器等方面的技术，很多已处于国内外领先水平，拥有专利100多项、系列产品200多种。他们生产的探测器能够探测包括苯、甲醛等有害气体在内的200多种气体,除了石化行业,还运用在制药、冶金、环境监测等多个行业,他们生产的传感器已经运用在仪器仪表、汽车、智能家居、医疗等多个领域。很多产品在探测精度和使用寿命上已经远远超过国外同类产品,而且价格要低得多,实现了国产替代的梦想。

委托国外两位教授研发出来的实用技术,比如光离子传感技术等,至今仍然是诺安智能的核心技术,据此可以衍生开发出很多方面的应用产品。双方的合作范围越来越广,越来越牢固。卿笃安认为合作就要共赢,只有给双方都带来利益的合作才是长远的。公司在产品生产上可以实现100%国产化时,还是留了一点零部件由两位教授来提供,这样他们就能从中获得不错的收入,诺安产品销售量越大,他们的收入就越高。有了这样的利益共享机制,两位教授合作的积极性一直很高,还利用在欧洲的人脉关系,在研发工作之外又做起了诺安产品的推广销售。

有了先进的核心技术和产品,加上良好的经营,诺安智能的实力不断增强。在这个过程中,公司自己的研发团队逐渐建立起来,目前有研发人员40余人,其中多位是外国专家。公司在继续与国外技术团队合作的同时,还与深圳大学、上海交大、重庆大学等多所国内高校建立了合作关系。大学有设备先进的研发平台和技术实力,可以帮助公司解决技术难题。

诺安智能的创新路径,是发现市场需求之后再主动到国内外寻找相关技术,有了一定实力后再建立自己的研发队伍搞自主研发,从创新链的下游往上游力行。曾在深圳科技系统长期工作,并于2004年至2008年担任市科技创新局副局长的周路明,对深圳企业的创新有深入的了解和研究。他曾在一篇文章中说,2005年深圳市科技创新局做过一项调研,深圳科技公司97%都是以需求导向模式开展创新,极少有成果转化的方式。在深圳特区建立的早期和中期，大量中小企业的创新都是发现了市场需求再去找技术，这是一个客观事实。但最近这些年有一些新变化，就是大量高科技人才自己创业，他们是先有技术再走向市场，自己转化自己的科研成果。另外，随着深圳高校院所的增多，成果转化的分量也有所增加。但这些都不改深圳企业创新的本质，它始终是围绕市场需求这个主题来进行的。

第三章

最具企业家精神的城市

诺奖得主费尔普斯特别强调创新跟文化的关系，认为大范围的创新活力只能由正确的价值观激发。德鲁克在其著作《创新与企业家精神》中，也非常强调文化在创新中的重要作用。他们的观点为我们分析深圳创新提供了一个很好的视角。

深圳是一个人口构成非常特别的城市，1700多万人口中超过98%的人来自深圳之外，特殊的人口结构，决定了深圳鲜明的移民文化特征。另外，深圳是因改革而生的城市，这里产生了一批影响全国的领先观念，具有浓厚的改革文化。

如果把深圳文化比喻为一条波澜壮阔的大河，那么汇成这条大河的两大支流就是改革文化和移民文化，两者构成深圳文化的基本底色，体现出来的就是敢闯敢试、敢为人先、创新求变、开放包容等特点。

在这种独特的文化滋养下，深圳成为最具企业家精神的城市。这里有最好的创新创业的文化氛围，产生了红火异常、持续不断的创新创业实践。

移民文化自带创新基因

独一无二的"移民城"

要了解一个城市的文化和精神特质，必须了解生活在其中的人的构成和特点。

根据深圳市统计局的数据，2021年深圳常住人口达到1768万人，在规模上属于超大城市。而在深圳建市和成为经济特区的1979年和1980年，常住人口规模分别仅有31.41万人和33.29万人，增长倍数分别是55倍和52倍。深圳平均每年新增移民40余万人，相当于一个中小规模县的人口。这种巨大的增长表明，深圳现在的人口中原住民所占比例微乎其微，几乎全部是外来移民。

在人类城市发展和移民史上，没有哪个地方能在这么短的时间内迅速汇聚这么多外来人口。1700多万人，奔着"特区"和"改革开放"而来，因为这里有实现梦想的机会。研究深圳人口增长的数据可以发现：在1991年之前，每年增长人数基本在几万到20多万之间；但1993年和1994年的增长曲线突然变陡，这两年分别增长67.9万人和76.7万人，可谓爆炸式增长。而这背后的原因就是1992年邓小平视察南方，中国大地刮起了新一轮改革开放的春风，很多人是乘着这股"春风"闯到深圳来的。

深圳移民究竟来自哪些省份、其结构如何，官方对此没有公布相关人口普查数据。但通过媒体统计和平时大家在日常生活中的感受，基本上能得出一个大概的分析判断。

《南方都市报》在2016年曾根据深圳市车管所提供的数据分析深圳车辆车主的籍贯情况。其中，广东省内深圳市外的占31.04%、湖南占9.37%、湖北占6.41%、江西占5.80%、四川占4.77%，排名前十的共占比67.75%。我们在前面提到的钱海公司做了一个统计，他们面向社会公开招聘的221名员工来自全国23个省、直辖市、自治区，人数居前五的省份占比分别为广东47.96%、湖北10.41%、湖南9.05%、江西5.88%、广西4.07%。有人估算，在深圳总人口中，广东省人口的占比不到50%，其余人口均是省外来的。

2019年7月13日，复旦大学资深教授葛剑雄在坪山图书馆做题为"移民与城市品性"的讲座，现场进行了一个小调查，让原籍不在广东的听众举手，结果全场超过90%的人举起了手。这个比例当然不能看作整个城市的实际情况，但也反映了深圳作为移民城市外来人口多的现状。葛剑雄在讲座中认为，移民数量是影响移民对文化传播发挥作用的决定性因素之一。

在深圳生活时间稍长的人，一定会对大街小巷餐饮业之发达、菜系之丰富感受深刻，这是一个名副其实的美食之都。在这里，你无须专门跑到"美食一条街"这类餐饮集中地，在一些犄角旮旯也能方便地找到湘菜、川菜、鄂菜、赣菜、徽菜、桂菜等粤菜之外的餐馆，美美地吃上各地佳肴。这里的每个街区、每栋楼里，都有着大量的移民。在深圳的写字楼里经常会出现这样的场景：下班时几位来自不同省份的同事一起出去小聚，马上就有人问去吃什么菜，有人会说"这次去吃我们家乡的×菜吧，附近就有"。

深圳还有一个特别的现象，就是广东本地人在公开场合也讲普通话。特区成立之初，天南海北的人说着各自的方言来到深圳，这里成为中国一个聚齐了全国56个民族的城市，如果大家都讲方言就会很尴尬，你听不懂我说的，我弄不清你讲的，因此必须选择同一种语言来交流。一般来说，如果当地人占比很大，外来人口就要入乡随俗，学说当地话，但深圳情况不一样。当时，政府也及时采取措施，要求开会必须用普通话。直到十多年前，深圳一些年纪稍大的广东人上台讲话，因为普通话说不好还会先做这样的开场白："不好意思，我的普通话麻麻哋（很一般）！"即使普通话"麻麻哋"，讲起来磕磕巴巴，甚至偶尔还会引起台下一阵善意的笑声，他们也不会换成从小说的广东话。这也说明广东人开放好学。

普通话成了这座城市的通用语。离开了这座城市，广东的其他地区均有主导方言，如粤语、客家话、潮汕话，深圳成了很特别的一座"语言孤岛"。现在的年青一代甚至连自己父母那代人说的方言都不会了。2022年，罗湖实验学校新校长黄文源上任后对校园广播进行改革，每周增加一天用粤语播报，全校三千学生竟然找不到一个合格的粤语播音员，最后只能找一位籍贯为珠海的老师来担任。

改革开放后，中国城市化进程大幅加快，城市人口迅速扩张，吸引了大量外来移民，但这些城市的人口主体或文化主体基本上还是原住民。

就"移民城"这个特点而言，深圳跟美国硅谷很相似。现在介绍硅谷的书特别多，很多作者在分析硅谷成为"硅谷"的原因时，都会提到移民的因素。在吸引大量人口来到硅谷的原因中，适宜的气候环境只是其中一个小因素，良好的创新创业环境才是根本。1955年，发明晶体管的威廉·肖克利从美国东部来到这里，创立肖克利半导体实验室，从而点燃了这里的电子行业，他也因此被誉为"硅谷第一公民"。此后，大量人才从世界各地汇聚过来，大量科技公司在这里诞生并长大。这些移民中，印度人、中国人、犹太人占了相当大的比例，在谷歌这类大公司的食堂里，你可以见到印度咖喱饭、中国饺子等世界各国的特色食品。在做出ChatGPT的OpenAI公司87人的核心团队中，有9位是华人，占比约10%，其中6人毕业于中国高校。2015年，科技部火炬中心副主任杨跃承在一个论坛上曾说，硅谷有将近37%的人是非美国国籍，这些外籍人士中，中国人和印度人各占三分之一。

两地移民不同的是，硅谷的移民来自世界各地，深圳虽然也有一些外国人在这里工作生活，但与硅谷相比还是显得较少，深圳移民绝大多数来自国内。吴军在《硅谷之谜》一书中写道："硅谷地区虽然从领土主权上来讲属于美国，但是从商业、移民的来源、做事情的方法等诸方面来看，它更应该被看作全世界的硅谷，而不仅仅是美国的硅谷。"同样的道理，深圳虽然地域和行政区划在广东，但它实际上是全国人民的深圳，深圳人做事、看问题从来都是有全国视野的。

在同时成立的四大经济特区中，深圳的发展过去一马当先，如今可谓一枝独秀。为何会出现这种现象？原因有很多，移民无疑是其中一个重要因素，珠海、汕头、厦门的外来移民占比无法跟深圳相提并论。2008年，著名经济学家樊纲曾牵头研究"中国经济特区"，总结的十条经验中就有一条是关于移民数量对特区发展影响的，结论是在外来人口较多、本地人口较少的地方，改革发展更好。原因是当一个地方的人口以外来人口为主时，容易打破本地既有的利益格局，减少改革阻力，容易成功。

深圳的人口构成除了移民，值得关注的还有年龄结构。深圳是一个年轻的城市，据2020年第七次人口普查的数据：深圳人口的平均年龄只有32.5岁。全国65岁以上人口占比是13.5%，而深圳这一年龄段人口占比只有3.22%，在四大一线城市里最低。这一数字在2010年的深圳更低，65岁以上人口占比仅有1.83%。年轻代表着梦想、活力和创造。

为了梦想闯深圳

每年几十万人闯深圳，每个人背后的故事虽然不同，但有一点是相同的：他们内心都怀揣梦想。这个梦想或大或小，或清晰或模糊，但都是支撑他们毅然出发的动力。而深圳之所以像磁石一样吸引着他们，是因为这里"一切皆有可能"。

吴勇谋闯深圳的故事说起来有点无奈甚至辛酸。1993年夏天，他刚刚初中毕业，那时全家的生活仅靠父亲做泥水工维持，连吃饱穿暖都有困难，更无法供家里几个小孩同时上学。穷人的孩子早当家，为了让弟弟妹妹有机会上学，吴勇谋主动放弃上高中，带着父母给的200元钱从福建晋江来深圳打工。在宝安一家生产手机的合资厂，他先是当搬运工，后来努力当上学徒工。为了多学点技术，他几乎整天都泡在工厂，每晚都是深夜才离开。

打工四年后的一个春节，回家过年看到仍然家徒四壁，吴勇谋又萌生了一个想法，回深圳后要辞职自己创业，只有这样才有机会彻底改变家庭的境况，让家人过上好日子。他拿着打工期间省吃俭用存下来的3万多元钱，回到深圳开始了新的拼搏。不久后，他在无意中得知有人需要一批手机精密支架组件，立即抓住机会跟对方说自己可以生产提供，其实那时他心中一点底也没有。拿到订单之后，他利用自己打工学到的技术，通过朋友介绍在一间工厂深夜停工的时候进去做研发，终于在客户规定的时间内造出了合格的样品。这笔生意让他赚到了第一桶金，他在当年创立了自己的公司"勇艺电子"。名称中的"艺"和"亿"谐音，意思是要挣上亿元。此时，他的梦想已迅速"长大"了。

如今的吴勇谋已是深圳有名的企业家，2004年他就实现了收入过亿元的目标。2014年，他不满足于给大企业代工生产电子产品配件，又成立了勇艺达机器人有限公司，聘请了几十位专家主攻机器人技术研发。现在，这已是一家从事智能机器人软件开发、硬件制造的高科技公司，旗下拥有多个自主机器人品牌，产品运用在机场、地铁、银行、学校等众多场景。

刘超峰是西安人，2001年陕西师范大学毕业，进入上海青浦一家中学担任物理教师。能在大上海当中学教师，这让很多同学羡慕不已。而他刚工作一学期就向学校递交了辞职书，校长再三挽留也不回头。他不想过那种按部就班的生活，另外，不高的工资收入让他难以尽快还清读书欠下的债务。辞职后，他并没有留在上海，而是闯到了深圳，这是他一直神往的地方。中学时看电视剧《深圳人》,这座城市朝气蓬勃、热闹繁华的场景对他触动很大,那时他就暗自发誓将来一定要到深圳闯一闯。

来深圳的头几年,刘超峰过得异常辛苦,在变频器工厂生产线上拧过螺丝,在通信公司做过销售员。刚做销售时,他既没经验也没人脉资源,业绩惨淡,曾经连续两个月穷得每天只能吃馒头、咸菜。经过艰辛的市场历练,2005年他终于在一家电子器材公司做到了销售总监的职位,开始有了不菲的收入。积累了一定资本之后,他辞职与朋友一起创业,在2009年至2013年期间先后成立三家公司,主要做通信和游戏产品的销售。就在这时,他的中学同学杨新芳找到他,希望合伙做跨境支付。在商场摸爬滚打十余年的经验,让他敏锐地意识到这是一个非常有前景的项目,于是毅然把手头公司的业务交给朋友打理,自己全身心地投入新成立的深圳市钱海网络技术有限公司。这些年钱海公司蓬勃发展,已成为中国数字支付领域最醒目的民族品牌。每当谈起这些,刘超峰总是感慨地说:"深圳是最好的圆梦之地!"

易凤娇来深圳的想法很朴素,就是为了多挣点工资。她2000年中专毕业后从湖北松滋乡下来南方某地打工,但工资和生活一直没什么变化。于是她来到深圳,花了一个月找到一家电子厂当流水线工人,第一个月就让她满心欢喜,不仅工资比原来多了不少,而且工作氛围更积极向上。她意识到自己知识不足、学历太低,深圳的学习环境这么好,就自费报读了深圳电大物流管理专业,白天上班,夜晚上课,三年拿到了大专文凭。她把学到的知识运用到工作中,在工友中脱颖而出,很快被提拔为车间副主任。更让她惊喜的是,2013年2月,她被选为第十二届全国人大代表,履职期间,坐在庄严的人民大会堂里参政议政,为维护农民工权利提了十几份建议。

在深圳巨大的移民群体中,有的是为了挣钱,有的是为了创业,有的是因为不满意原来环境的束缚,有的是因为婚姻感情遭受挫折,有的是服从单位安排被派来的,有的是因为钟爱这里的干事环境,有的是因为喜欢这里的气候,他们来深圳的原因各不相同。他们中的很多人在深圳梦想成真,例子不胜枚举。我们在这些移民身上,能找到很多共同特点。

首先,他们都不安于现状、渴望成功。待在一个地方,尤其是从小生活的地方,很容易使人产生惰性。有些人对周围的一切早已习以为常,甚至麻木;有些人虽然有很多不满意,但懒得挪动。只有那些对现状不满,甚至有叛逆精神,并且还有强烈意愿去改变的人才会勇敢地走出去。他们不安分、求变化,对成功有内在的渴望,行动力强。

其次,他们都有冒险和吃苦的精神。去新地方意味着会有新的希望,同时人生地不熟,一切从头开始,全靠自己赤手空拳打拼,不确定性也会增大。没有面对风险的勇气,缺少敢闯敢试的冲劲,一般不会选择离开故土去做移民。敢闯深圳的人,不仅仅有想法、有追求,他们是寻梦者,也是冒险者、开拓者。在外面的人看来,这些人奔向深圳是"孔雀东南飞","孔雀飞"似乎很浪漫,其实只有飞过来的人才知道其中有多少艰辛,用"闯深圳"更合适。

正因为移民身上有这些非常重要的优点,全球最大的风险投资机构硅谷红杉资本在投资初创企业时,就很重视联合创始人团队中有没有移民,尤其是第一代移民。福布斯对红杉资本那些杰出投资人投资的初创公司做过一项统计分析,至少拥有一位在国外出生的联合创始人的公司占比达到59%。

"不一样"的一群移民

深圳移民中有一批特殊的群体,他们有的是国家部委和各省、市机关的干部,有的是这些政府部门所办企业的员工,有的是内地高校的管理人员或学者，还有的是军人。这批人受组织派遣到深圳支持特区建设，他们的学历、能力和素质在整体上都很高，成为深圳这座城市创新创业的一支重要力量。

1979年10月，深圳刚撤县建市不久，当时的航空工业部就致函广东省，要在深圳设立办事处和建模具厂，并迅速从全国各航空企业抽调精兵强将。筹备组中有不少是懂专业的广东籍人士，有的还懂外语。最初的负责人是时任中国航空技术进出口公司广州分公司副经理林树棠，他是航空技术领域的老专家，1949年参加过著名的"两航起义"。筹备组先在原宝安县委招待所临时挂牌办公，不久航空工业部领导来深圳沟通协调，购买了两栋共1800平方米的办公楼，他们在这里开启了轰轰烈烈的创业。

航空工业部的做法带动了航空系统内企业来深圳建厂兴业的热潮。1980年5月，陕西汉中两家航空电子厂就派出13名人员，来到航空工业部深圳办事处找地建厂。这让航空工业部领导产生一个想法，在深圳建立航空工业工贸基地。在深圳市的支持下，1981年初他们在华强北区域如愿以偿地获得了10万平方米的建设用地，从此中国航空技术深圳有限公司（简称"深圳中航"）取得了飞跃发展。1987年底，深圳中航已经拥有员工四五千人，资产4.4亿元，企业60余家。相比其他行业来说，航空工业当时在我国属于少有的高科技行业，其在深圳的窗口企业为特区添了彩、争了光。

如今，从深圳中航发展起来的就有飞亚达、深南电路、天虹股份等多家境内外上市公司，还有格兰云天、亨吉利等一批有影响力的品牌企业。深圳中航成为央企中国航空工业集团的重要组成部分。

深圳特区建立不久，国家水利电力部就和广东省谋划在深圳大亚湾建设核电站，采用法国技术。在电站建设和运营中，汇聚了国内一批高水平的核电人才。核电站第一任中方厂长濮继龙是清华大学高才生，曾参加我国第一座高通量工程试验反应堆的设计、建造和试运行，还曾赴美做访问学者，是当时国内知名的核电专家。因为技术从法国引进，参加核电站建设和早期运营的还有一批来自法国的专家，他们的技术世界一流。大亚湾核电站是央企中国广核集团起步发展的地方，成为我国核电人才培养的"黄埔军校"，目前已累计为国内各大核电站输出各类人才6000名。

深圳最早、最大、最集中的一批移民来自军队。1979年，根据国务院和中央军委的部署，中国人民解放军基建工程兵调集五个建制连组成先遣队奔赴深圳。三年时间，被派到深圳的基建工程兵总数有两万人，而当时深圳特区关内的人口也不过几万人。这些基建工程兵发扬军人的优良作风，开山修路，破土建屋。深圳早期许多标志性建筑，如深圳市委办公大楼、20层高的电子大厦等，都是凝聚着他们汗水和智慧的杰作。1983年，他们脱下军装就地转业，组建了深圳市建设集团等多家公司，还有8000名干部、职工进入各行各业。这些转业军人有良好的身体素质、文化素养和意志品德，是特区建设难得的人才资源。

中央曾在特区建立后发出"全国支援特区建设"的号召，到20世纪末，很多国家部委和省、市政府都在深圳设立了办事处和窗口公司。这给深圳带来了资金、技术等资源，派来的精英们还给深圳带来了全国和全球的视野，提高了这座新兴城市的文化层次。这批特殊移民中的很多人借助原单位和特区的双重优势，干出了一番轰轰烈烈的事业，成就了一批耀眼的大公司，创造了改革开放中的很多全国第一，有的还成为深圳第一代杰出的企业家，如马福元和前面提到的袁庚等。

深圳特区建设一切从零起步，得到中央和各省市大力支持的不仅是办企业。1983年5月，国家批准成立深圳大学，教育部7月就专门向国内多所重点高校发出《关于支援深圳大学师资力量的通知》，组织对口支援深圳大学建设。清华大学援建电子和建筑类学科，北京大学援建中文和外语类学科，中国人民大学援建经济和法律类学科，一大批知名学者因此云集深圳。比如，清华大学当时的党委副书记罗征启来深圳大学担任第一任党委书记，著名力学家、1957年就开始出任清华大学副校长的张维担任深圳大学第一任校长。没有清华大学、北京大学、中国人民大学等高校的支持，就没有当初的深圳大学，后来深圳大学能快速发展起来，与传承了名校基因有关。

包容多元，自由开放

当奔涌而来的各地移民在深圳聚集时，这里便"杂交"出一个包容多元、自由开放的移民文化生态。

深圳大学教师邓妍2022年在《人文岭南》杂志第120期发表《深圳移民文化的张力与超越》一文，对深圳文化的来源做了量化分析："按照移民迁出地的文化划分，楚湘文化占19.23%，巴蜀文化占8.6%，桂系文化占6.42%，赣文化占5.46%，中原文化占5.02%……岭南文化作为广东省本土地域文化，占比超过40%。"其中潮汕文化是岭南文化的重要组成部分，对深圳文化的影响很大。

在一个多元的移民社会里，来自不同文化地域的人必须学会包容。我们经常说法国人浪漫、德国人严谨、日本人好学、美国人喜欢自由，国内不同地方的人差异也很大，比如东北人豪爽、安徽人中庸、广东人务实等等。思维方式、行为习惯、生活爱好都不相同的人，现在来到同一个城市朝夕相处，不能有排外和封闭的心理，必须抱着开放的心态交流互动，学会彼此接受对方。

从深圳机场出来，就能看到一个巨大的广告牌，几个大字特别醒目："来了就是深圳人。"它不是一句空洞的口号，而是深深融入了这座城市血脉之中的观念。这句话代表了一种作为深圳人的自豪，展示了这座城市的开放、包容与平等。比如，在深圳无论是政府还是企业招人,从来没有出现过户籍要求。只要其他条件符合,你是哪儿的人一点都不重要。来了之后,你不主动透露,谁也不会过问你的"家长里短",别人不把你当外地人,你也不会感觉自己是外地人。这里没有固化的社会层级,也没有繁杂的社会关系网络,大家都是凭本事做事吃饭。

不同区域的文化在深圳并不是都能够"水乳交融",有时候会碰撞出火花,产生大家期待的创造力,有时候也会产生矛盾,处理不好的话会制造更大的隔阂。包容的环境需要社会各方面尽力共同营造。2002年春天,华侨城集团曾在公司生态广场举办当代雕塑艺术展,艺术家们把五颜六色的旧衣服挂在锈迹斑斑的铁架上,把几吨苹果倒进水池演绎"生命从新鲜到腐烂的过程"。对于这些奇思妙想,公司内部论坛上有人拍手叫好,有人尖锐指责,两种观点完全对立,带着火药味。于是,有人建议集团领导立即叫停展览,但开明的领导并没有叫停,反而自己在论坛上写了一篇长长的帖子,意思是作为文化产业集团,对艺术家的创意要有更多的包容,不能对自己不喜欢的东西一律排斥、反对。帖子发出后,论坛上的对立情绪渐渐平息下来。现在,经常有国内外前卫艺术家来华侨城举办展览,大家对各种构思奇异的艺术品早已习以为常。

朱清时院士从中国科技大学校长岗位退休之后,来深圳创办南方科技大学。他对深圳的感受是:"深圳之所以拥有中国改革开放最好的土壤,最大的特点就是这里非常包容,这里的人来自五湖四海,对什么新的东西都不会看不顺眼。"正是这种包容,让他能够在南方科技大学进行在很多人看来属于"离经叛道"的改革。

很多人选择在深圳工作生活,就是喜欢这里的移民社会氛围。2010年,深圳有关部门海选"选择深圳的十大理由","因为这是一个包容开放、海纳百川的城市"排名第三。移民来到这里,身边没有七大姑八大姨,没有原生地复杂的人际网络,人际关系变得简单,加上这里包容多元的环境,每个人都会觉得身心更加自由。除了必须努力工作,没有太多其他方面的拘束、压力,你的生活方式没人干涉,你去做什么没人在意,自由自在。这正是创新创业需要的宽松环境。

最近几十年技术和产业革命迅速发展,有一批伟大的企业家、创新家在其中发挥了巨大作用,比如苹果公司创始人乔布斯、微软创始人比尔·盖茨、谷歌创始人拉里·佩奇、脸书创始人扎克伯格、甲骨文公司创始人拉里·埃里森、戴尔公司创始人迈克尔·戴尔、Space X 公司创始人马斯克,还有 2023 年开始火起来的 OpenAI 创始人奥尔特曼等。这些人中有不少都是移民,而且很多人性格"怪异"。比如放弃名牌大学选择辍学,在工作和生活中做一些常人无法理解的举动。乔布斯手术醒来后做的第一件事是一把扔掉罩在面部的氧气罩,原因是觉得氧气罩设计得太丑陋,他对简洁之美有偏执狂似的追求;扎克伯格穿着睡衣去见红杉资本投资人,居然还在 PPT 里面列出了"不要投资我的十大理由";马斯克作为世界上最富有的人之一,卖了自己的所有住宅,租个小房子居住,在纽约见土耳其总统埃尔多安时,居然穿着工装,抱着 3 岁的儿子。做出惊天动地创新的人,其思维和行为方式往往与众不同,社会必须有一个宽松的氛围来包容他们。

潮汕人的"第二故乡"

深圳移民中广东人最多,而这些广东人中来自潮汕地区的又是最多的,在深圳,身边随时可以见到潮汕人,这里被誉为潮汕人的"第二故乡"。潮汕人之所以这么多,除了"近水楼台先得月",还有一个关键因素是潮汕人重商、善商,有洞察先机的生意头脑,特区深圳蕴藏的商机如此之大,更逃不过他们鹰一般锐利的双眼。

从历史上看，潮汕地区人多地少，潮汕人仅靠农业难以生存，外出经商成为被逼无奈的选择，他们有"东方犹太人"之称。19世纪中叶，潮汕人就开始大规模闯天下，去印度尼西亚、菲律宾、马来西亚等南洋地区的尤多。民国时期徐珂编撰的《清稗类钞》记述："潮人善经商，窭空之子只身出洋，皮枕毡衾以外无长物，受雇数年，稍稍谋独立之业，再越数年，几无一不作海外巨商矣。"用今天通俗的话翻译出来是：潮州穷小子，独自闯荡海外，先是打工，然后自己创业，数年之后，几乎没有不成为大老板的。由此可见，潮汕人经商多么厉害。

潮汕人做生意有家族传统。深圳一德投资管理集团董事局副主席林武雄给我们介绍了他小时候做买卖的故事。他1970年9月出生在潮汕地区普宁县浮屿村，父亲是乡村铁匠，改革开放后开始做五金生意。林武雄兄弟三人放学后给父亲打工，按工作量领取报酬，这些报酬他们兄弟可以自由支配。夏天的时候，兄弟们还一起在村道旁卖自制的中草药凉茶。开始的时候，他们只卖一种加糖精的凉茶，后来发现买茶的人中有不少年轻情侣，就增加了一种加白糖的凉茶。前者5分钱一杯，后者5毛钱一杯。看见来了一对举止亲昵的情侣，他们就推销加白糖的凉茶，成功率百分之百。那时候林武雄才8岁，就懂得了"根据不同消费者来开发不同档次产品"的道理，他至今一直从中受益。

卖凉茶最多时一天能收入十几元钱，手中有了钱，兄弟们就开始买小人书，到镇上摆摊做租赁业务。做租赁业务要观察租客爱看哪些书，好租的就多买点用来出租。初中毕业时，林武雄已经懂得了很多生意经，就回家做起了家族生意，经常一人带着几万元甚至十几万元的货款到几百千米之外进货。

20世纪90年代初，林武雄全家搬来深圳。现在，他的家族生意红红火火，业务已从五金扩展到地产、医药零售、科技、金融等领域。

重商文化可谓深入潮汕地区的每个村镇、每个家庭，甚至每个人的大脑。马少福是深圳市嘉富科技产业集团有限公司董事长、深圳市新的社会阶层人士联合会会长，这位企业家的成长之路与改革开放后很多第一代、第二代潮商相似。他出生在汕头成田镇，7岁就在街上摆地摊卖东西，十几岁把"货摊"摆到了深圳华强北，做电子产品贸易，如鱼得水。他凭借从小练就的经商之术，迅速致富。这时候，他又开始进军实体经济，做产业园区的综合运营，打造科技产业孵化基地，助推科技创新。

潮汕人内心有强烈的当"老板"欲望。中国有句俗话"宁当鸡头不当凤尾"，潮汕地区还有一种说法叫"工字不出头"，意思是当个打工人很难有出人头地的时候，必须自己做老板。很多普通潮汕人到了深圳，宁愿去菜市场租个铺位卖菜，也不愿去找个单位打工。在他们眼里，最厉害的是让别人给自己打工，最差的就是给别人打工。

深圳人中来自潮汕的数量多，潮商也是深圳最大的商帮。

在生意场上，潮汕人善于随机应变，他们有个口头禅——"搞搞新意思"，即要经常玩点新花样，不能墨守成规、一成不变。上面提到的十大潮商，有几位原来只做地产或商业，近些年来已向科技领域拓展。比如：鸿荣源集团利用做地产的优势，开发并持有运营高新科技园区十余个，建筑面积超过250万平方米，入驻国家级高科技企业40余家，累计培育上市公司近15家。

潮汕人喜欢抱团发财。金晋集团董事长、深圳潮人海外经济促进会会长周南说：潮商之间的团结是有名的，"天下潮人是一家"，为一句"胶己人"（潮汕方言，意为"自己人"）就可以两肋插刀、相互帮忙。有时生意上资金紧张，熟悉的老乡之间不用见面，打一个电话就能借来几百万甚至上千万元。在深圳的各地商会中，潮汕人的商会数量多、规模大，运作也最好，被其他地区商会视为学习的榜样。

潮汕人除了重商，在性格上也非常务实。他们做事很少拍胸脯说豪言壮语，而是把心思放在如何把事情做成上，在生意场上闷声发财。务实也是所有广东人的特点，这在请客吃饭上就能看出。就算再有钱，他们点菜也适可而止，这不是广东人不好客，而是他们认为够吃就好。如果最后还剩下点什么没吃完，哪怕是一个小小的生煎包，也要打包带走，没人觉得不好意思。几个广东人喝啤酒甚至是一瓶一瓶地点，这瓶喝完了再点下一瓶。

深圳的移民文化生态，无论从人口数量还是影响力上来说，潮汕文化都是其一层厚厚的底色。潮汕人重商、务实和当老板的文化也影响了深圳所有人。以至于内地很多人对深圳的评价就是，那是一个挣钱的地方，要发财去深圳。深圳人确实很早就对挣钱这件事理直气壮，不遮遮掩掩。他们觉得能挣钱说明对他人、对社会有贡献，而且挣了钱不仅可以改善自己和家人的生活，还可以回馈社会。有了这种文化氛围，我们也就能够理解为何那么多深圳人选择创新创业了。

改革成就深圳文化特质

一场思想观念的大变革

改革不仅是变革旧的体制机制，建立新的体制机制，还是思想观念的大解放、大变革、大创新。改革实践催生新的观念，新的观念引领和促进改革。

观念是与时俱进的，有强烈的时代烙印。今天人们习以为常的观念，在40年前也许都是惊世骇俗、石破天惊的。现在大家早已耳熟能详的"时间就是金钱，效率就是生命"，当年在深圳蛇口诞生时，就有一段曲折的过程。

中央建立深圳经济特区的决定公布后，作为"特区中的特区"蛇口的掌舵人，袁庚更加觉得使命重大，各项建设和改革工作时不我待，必须争分夺秒。1981年3月，在经历"4分钱奖金惊动中南海"风波之后，他深刻意识到在建章立制之外，还要推动人们观念的革新。认真准备之后，在当月下旬的一次工业区领导干部会议上，他提出了6句话的口号："时间就是金钱，效率就是生命，顾客就是皇帝，安全就是法律，事事有人管，人人有事管。"大家进行了讨论，一周后前两句被做成了标语牌，竖在了工业区指挥部大楼前面。

1982年3月，一位国务院领导视察深圳，在车上看到这个口号时，边看边念。坐在一旁的袁庚感慨地说："写这标语时，我就准备'戴帽子'了，有人说这是资本主义的口号。"

对特区、对这句口号的非议始终不断，袁庚心里虽有些担心，但这块牌子始终像英雄般站立在蛇口微波山下，风雨不动。时间到了1984年1月，袁庚提前获悉邓小平要来深圳考察，立即让人用钢结构重新做了一个更高大的标语牌，要专门竖在办公楼的拐弯处。办公室人员提醒说，领导来了，这句有争议的口号藏都来不及，怎么还能专门放在领导必经之地呢，"风险太大，万一……"袁庚的回答斩钉截铁："万一也要干！"

果然，那天邓小平视察蛇口时看到了这句口号，当时就默许了。在回到首都之后的一次中央负责人会议上，邓小平讲话时专门提到了这句口号。这句口号得到了邓小平的高度评价和认可，上海的媒体率先报道了这个消息。随后，在当年庆祝新中国成立35周年的长安街游行队伍中，这句口号高调出现在深圳经济特区的彩车上，通过电视转播的特写镜头传遍国内外，从此在中国人心里逐渐扎下了根。①

今天我们再看这句口号，它实际上揭示了一个常识：企业经营就是要分秒必争，既要追求生产效率，又要追求金钱效益，效率和效益是企业的命根子。正因为如此，当这句口号传遍祖国大江南北时，可以想见它对人们思想的冲击有多大，有人把它誉为"冲破思想禁锢的一声春雷"，有人认为它是市场经济开始破壳而出的标志。

在蛇口，还有一个被写在牌子上竖起来的口号响彻全国。1992年初，邓小平视察南方到达武汉，与时任湖北省委书记谈话时提出"空谈误国，实干兴邦"。② 袁庚知道后敏锐地意识到这句话有千钧之重，马上让人做了一个标语牌，期望以此助实干家之威。后来，这个口号果然从蛇口走向了全国，现在还被写入了中共二十大报告。

"时间就是金钱，效率就是生命"和"空谈误国，实干兴邦"两个口号在深圳叫响并影响全国，有其必然性。深圳文化中有很浓的重商和务实成分，松禾资本创始人厉伟对此有切身感受。他从小在北京生活、上学，20世纪90年代初从北京来深圳发展，发现深圳人关心与自己生活休戚相关的事，在一起聊的都是哪只股票涨了、哪儿的新房要开盘了，很少谈及那些跟自己日常生活不相干的事。

---

① 有关"时间就是金钱，效率就是生命"的相关内容，参见：《光明日报》（2008年9月27日01版）的相关报道《一句永不过时的口号》，https://epaper.gmw.cn/gmrb/html/2008-09/27/nw.D110000gmrb_20080927_2-01.htm；人民网的相关报导《袁庚往事：打破大锅饭，他为4分钱惊动中南海》，http://politics.people.com.cn/n1/2016/0201/c1001-28099323.html。——编者注

② 《"空谈误国，实干兴邦"是如何从深圳喊响的》，参见：http://politics.people.com.cn/n/2013/0619/c30178-21888815-3.html。——编者注

这里有强大的改革文化

在深圳市委大院正门对面的花坛上,有一尊常年被鲜花环绕的著名雕塑《拓荒牛》。这头牛浑身是强壮的肌肉,血脉偾张,正低头拱背、奋力向前,身后一个巨大的树桩被连根拔起。在深圳博物馆(老馆)前面的小广场上,还有一座雕塑《闯》,表现的是一位巨人正用双手用力撑开一重大门。

这两座雕塑被视为深圳的城市标志,外地人来深圳喜欢去打卡留影,本地人也爱常去看看。它们已成为深圳人敬仰的图腾,集中展示了深圳作为改革开放试验田的精神气质。

在这座城市的精神血脉中,流淌的是"改革创新"。2005年3月,自深圳市委工作会议上专门提出"改革创新是深圳的根、深圳的魂"以来,这句话就更加常见于官方和民间的话语体系中,它说明了深圳的精气神来自哪里。

深圳的改革文化内涵丰富,至少有以下几个特点。

第一是拥有强烈的使命意识。深圳是改革开放的试验田,从一开始就是为中国改革探路,为国家和民族的未来探路,这是崇高的使命、千钧的责任。特区建立不久,深圳就面临着各种舆论压力,什么"外国租界""走私通道""一夜回到解放前"等,各种怀疑、指责、攻击不一而足。这座城市始终以强烈的使命感去直面各种惊涛骇浪,最终"杀出一条血路"。

改革开放进入新时代之后,深圳又被国家赋予"建设中国特色社会主义先行示范区"的重大使命。在不同时期被国家寄予不同厚望,这是深圳人自豪感的来源,更是他们奋勇前行的动力。深圳从来就认为自己是全国的深圳,做事有强烈的国家情怀,有大视野和高标准。因为只有把事情做得非凡卓越,才能去示范、被复制,才对得起国家的殷切期望。

第二是具有敢闯敢试、敢为天下先的精神。城市精神是城市的旗帜和灵魂,深圳最新公布的16字"深圳精神"中,排在第一位的是"敢闯敢试",这4个字也被公认为是深圳最重要的经验。在特区建立早期,邓小平鼓励深圳要有"闯"和"冒"的精神。①

"闯"要有勇气,敲响土地拍卖"第一槌",事关是否违反国家宪法规定的公有制原则;打破分配制度上的"大锅饭",涉及每个人的切身利益;发行新中国第一只股票,有关姓"社"还是姓"资"的大问题。这些改革,每一个都需要胆识。"闯"要冒失败的风险,改革是做前人没有做过的事情,是利益格局的大调整,可能成功,也可能失败,所以改革要宽容失败。这和企业创新的道理一样。

第三是具有求新求变、弃旧图新的精神。改革与创新有着密切的关系,两者的共同点都是不能墨守成规。从某种角度来说,改革同样是创新。在改革上,有的是对旧事物的改造完善,有的是彻底的弃旧图新。我们的改革走出了一条新路,干出了新的事业。企业创新也是如此,有的是要持续创新,有的是颠覆性创新。

深圳的改革文化不仅仅停留在官方,还被这座城市千千万万的人接受,并深深地印刻在他们的观念中。2010年11月,在深圳特区建立30周年之际,有关部门通过媒体在全社会做了一个大型征集活动,主题是"深圳人的十大特征"。在海选出来的深圳人十大特征中,"冒险敢闯"和"创新创意"分别位列第三、第五。

作为全国率先推进改革的经济特区居民,深圳人也更早地享受到了改革的巨大红利,他们从内心里期待改革、支持改革,对改革始终满怀激情。深圳企业和深圳人的改革意识都非常强。房运强是深圳某教育公司董事长,中央决定支持深圳建设中国特色社会主义先行示范区之后,他敏锐地意识到其中蕴含的机会,当天就组织公

---

① 《人民日报》"人民论坛":《永葆"闯"的精神》,参见:http://opinion.people.com.cn/n1/2020/1021/c1003-31899516.html。——编者注

司几位"笔杆子"学习文件，然后对照公司教师培训和劳务派遣业务列出了几个可拓展的新项目。他们还利用多年研究教育的优势，对深圳教育如何才能在全国做出示范提出了几点建议，递交给教育主管部门。这些建议如果能够被采纳，企业又将迎来新的发展机会。

"深圳观念"的冲击力

城市观念是城市的灵魂，是加快发展的思想引擎。像"时间就是金钱，效率就是生命"这样的口号，有力体现了改革开放的时代精神，具有强大的感召力、创造力。20世纪80年代，在蛇口，分配、用工、住房等制度改革创造了很多国内第一；在深圳，国贸大厦建设中诞生了"三天一层楼"的"深圳速度"，效率成为各行各业的追求。

深圳观念的领先，在当年也助推了全国人民的观念转变和思想解放。1988年1月在改革最前沿蛇口曾举办一场"青年教育专家与蛇口青年座谈会"，外地来的三位专家的说法一开始就引起了蛇口青年的激烈讨论，整场座谈会充满了思想观念的交锋。比如有专家说个别人来深圳就是看中了这里经济活跃、有钱赚，如果赚钱少他们就不会来了，特区不欢迎这种"淘金者"。话音刚落，一位青年立即反驳：我们来深圳、蛇口，为什么不能赚钱呢？"淘金者"不触犯法律，赚钱无所谓对错。"淘金者"的直接动机是赚钱，但客观上也为蛇口建设出了力，并没有什么不好。

这场座谈会后，深圳媒体推出了多篇报道，比如《蛇口：陈腐说教与现代意识的一次激烈交锋》。这些报道引起了北京媒体的关注和重视，《人民日报》专门开辟专栏讨论，持续一个多月，在国内外产生热烈反响。一位正在美国读博士的留学生读完报道，看到国内正在进行一场思想大解放，感到热血沸腾，给报社来信说这增加了他对改革的信心和早日报效祖国的决心！这就是著名的"蛇口风波"。

三位著名专家在国内各地做过成百上千场报告,用今天的话来说"粉丝"无数,在深圳这三位"青年导师"为何反被青年"教育"?这背后是先进的观念与落后的观念之争。在改革开放前沿的深圳青年所具有的超前的观念、务实开放的思想,来自火热的工地、喧嚣的工厂和忙碌的办公室,以及与外商的接触。他们得风气之先,也在实践中创风气之先。

21世纪初,深圳企业在资金、技术、人才方面,已经积累了较为雄厚的实力,开始大规模地向外拓展。但这些企业在闯天下时有很多苦恼,明显感受到与内地观念的"不协调"。别说那些偏远地区,就连到国内一些大城市投资也是如此。

2003年,深圳港创建材股份有限公司(简称"港创")投资入股北京瑞博混凝土有限公司(简称"瑞博")。瑞博是一家典型的老国企,主要生产水泥预制件,当时经营陷入严重亏损。注资后,港创派张昌杰等几位骨干进入公司担任高管,他们准备立即动手进行内部改革。但与员工们一聊天,他们发现员工对将要推出的新举措抵触情绪非常大,脑子里还是计划经济的老观念。张昌杰等人马上意识到改革必须先从转变观念开始。他们先在厂区挂上标语"顾客就是上帝,时间就是金钱",又针对很多员工喜欢夸夸其谈的现象,挂起了"空谈误国,实干兴邦"。这些标语冲击了员工的固有观念,加上他们不断利用各种机会介绍深圳企业的做法,为接下来的"废除终身制,实行合同制"、实行"计件工资"等改革营造了氛围。一系列改革举措推出后,企业当年实现扭亏,第二年盈利超千万元,员工们都感谢深圳公司"救活"了他们。

深圳一系列前卫而又务实的观念是在改革开放的精彩实践中诞生的,能产生如此广泛和深远的影响,与深圳持续不断地宣传推广有关。2010年是深圳经济特区建立30周年,深圳报业集团举办了"深圳最有影响力十大观念"评选,持续两个多月的活动吸引了大量市民参与。最后通过海选和专家评选相结合的方式，从200余个条目中选出了深圳十大观念。"时间就是金钱，效率就是生命""空谈误国，实干兴邦""敢为天下先"排在前三位，其余还有"鼓励创新，宽容失败""来了，就是深圳人""送人玫瑰，手有余香"等。活动结束，还组织出版了多本相关书籍，进一步在全国宣传推广。

深圳至今仍然是观念领先之地，每年全国各地有大批人员来这里学习。青岛市从2019年5月开始，连续两年共派出6批共907名干部来深圳进行"体悟实训"，每期100天。举办如此力度实训的目的，首先是让干部们"思想上与深圳对上标"，而每期结束，他们也都有切切实实的收获。很多学员谈到在追求效率方面，深圳提出的口号就令人觉得干事创业的精气神十足。

独特的创新文化优势

两种文化集于一身

改革文化和移民文化是深圳文化两个最大的来源和最基本的底色。两者中，改革文化起主导作用，而移民文化中又以岭南文化为底色，其中最浓厚的一层是潮汕文化。这就是深圳文化形态的突出特征。

改革文化和移民文化有所不同：前者是由官方直接提出或由官方倡导而产生的，源头是官方，自上而下，强势呈现；后者的源头是千万移民，自然生长于街巷里弄，融入每个人的点滴生活。但两者有很多共同点，比如都具有敢闯敢试、创新求变、开放包容等特征，两种文化同频共振，相互滋养、融合，相得益彰。深圳这种独特的文化土壤，造就了具有显著优势的创新文化，这就是企业家精神。

按照德鲁克的观点，企业家精神可以体现在任何人甚至任何机构身上，比如政府、工会、学校、军队、医院、社区等，而不仅仅是企业家所独有。曾是外交官的德国教育家威廉·冯·洪堡于1810年创办了柏林洪堡大学，洪堡大学在办学理念、目标等方面与传统大学有很大不同，被誉为"现代大学之母"。德鲁克认为，洪堡在办学上体现的就是企业家精神。

企业家精神最重要的是创新、坚守、责任，还要敢为人先、不惧风险等，这些正是深圳最显著的精神品格，已经深入其骨髓、融入其血脉、嵌入其基因。我们说深圳是最具企业家精神的城市，不仅是因为这里在实践中诞生了大批企业家，还因为这里在文化上也有"源头活水"，企业家精神就是深圳精神的体现和演绎。这也是深圳创新活动之所以如此精彩的文化背景。

德鲁克和费尔普斯都非常重视文化对创新的作用。人们分析硅谷成功的原因，其中就有一条是移民文化和叛逆文化。硅谷人总想与众不同，比如当西装革履是华尔街金融男出入各种场合的标配时，硅谷大企业的老板如乔布斯、扎克伯格、马斯克等，穿衣的标配却是运动鞋、牛仔裤和T恤。还有前面提到的肖克利，曾因为自己的名望建立了"肖克利半导体实验室"，但他手下8个绝顶聪明的人，包括发明集成电路的诺伊斯、提出摩尔定律的摩尔等人，仍然选择脱离其实验室，这8个人也被肖克利称为"八叛徒"。很多人认为，硅谷无处不在的叛逆文化促进了那里的创新活动。

2021年，深圳GDP首次超过3万亿元，而同时成为经济特区的汕头、珠海和厦门的GDP加起来才13845亿元，还不到深圳的一半。尤其是汕头市，GDP才2929亿元，在广东省21个地级以上城市中排名第十一位。而刚建立特区时，汕头GDP为10.8亿元，是深圳的4倍，如今仅为深圳的十分之一。这是一个非常值得研究的现象。其他三个特区的发展远不如深圳，撇开地利因素，人口构成和缺少深圳这样的文化土壤是其重要原因。

放在世界范围来看，深圳创新文化也有其显著特点和某些方面的优势。与硅谷相比，两者在移民文化上非常相似，只是硅谷作为国际移民聚集地，比深圳更加国际化和多元化，但硅谷缺少深圳这种改革文化。改革文化激发每个人的创造性，同时改革本身也为创新创业创造了大量机遇，这些在硅谷就不存在。

深圳又名"鹏城"，改革文化和移民文化就像两只有力的翅膀，让这只大鹏能够扶摇直上，翱翔在高远的天空。

宽容失败的城市氛围

创新是有目的、有组织的系统性工作，创新者总是在尽量避免失败。但创新活动的本质是用现在的资源获取未来的收益，不可知、不可控因素很多，复杂的科技创新更是如此。因此，创新不可避免地会出现失败，需要社会为创新营造一个宽容失败的氛围。美国卡内基-梅隆大学的理查德·弗罗里达教授曾提出著名的"创新经济3T原则"，其中的3T是指技术（technology）、人才（talent）和包容（tolerance），总结得非常有道理。

硅谷和以色列在宽容失败方面的环境都比较好。吴军在《硅谷之谜》一书中说："硅谷社会环境方面和企业文化方面一大特质是对失败的宽容。整个美国对失败都相对宽容，硅谷则做得更好。硅谷公司愿意承担风险，去尝试别人不敢设想的事情。"丹·塞诺和索尔·辛格在《创业的国度》一书中分析以色列创新环境时指出，以色列文化对所谓"建设性失败"或"聪明的失败"有很强的包容性。"绝大多数当地的投资者认为，如果不能包容相当数量的失败，真正的创新也就不可能实现。"

"鼓励创新，宽容失败"是深圳公认的十大观念之一，深圳对失败的宽容度比国内一般城市要高，这一点从其城市文化中可以找到"根源"。

改革文化是宽容失败的文化。因为改革是试验，试验就要容许试错、失败。这就像袁隆平做杂交水稻研究，在试验田里经历了无数次失败，最终才取得了巨大成功。深圳是中国改革开放的试验田，邓小平就曾不断鼓励深圳要敢闯，不要怕犯错。1992年小平同志在南方视察，特别对时任深圳市委书记强调："我刚才说，第一条是不要怕犯错误，我们首先考虑的是要敢闯，而不是首先考虑犯不犯错误。第二条是发现问题赶快纠正。"[①]

对打造"鼓励创新，宽容失败"的环境，深圳有非常大的决心和力度。2006年，深圳出台国内首部改革创新法《深圳经济特区改革创新促进条例》，以市人大立法形式规定创新失败可予以免责。2021年3月，国内首部个人破产法规《深圳经济特区个人破产条例》规定，在深圳经济特区居住，且连续参加深圳社会保险满三年的自然人，因生产经营、生活消费导致丧失清偿债务能力或者资产不足以清偿全部债务的，可以依照本条例进行破产清算、重整或者和解。根据该条例，经过受到严格行为限制的三年免责考察期，剩余债务可予免除。

2021年7月19日，35岁的梁某拿到法院个人破产裁定书，成为首位个人破产法的受益者。他是一名产品结构工程师，2018年6月开始创业，开发蓝牙耳机等产品，并获得3项专利。由于缺少客户资源和遭遇新冠疫情，不久后创业失败，欠债75万元，只好又去打工。被债务所缠的他，生活和工作受到严重影响。成功申请破产给他带来很大帮助，按照深圳市中级人民法院深圳破产法庭庭长曹启选的说法，"个人破产制度给了'诚实而不幸'的债务人经济上'重生'的机会"。深圳通过改革从政策法规层面让宽容失败落在了实处，这是对创新活动最有力的支持和鼓励。

此外，深圳多元包容的移民文化，也容易形成对失败较高的宽

---

① 《跟随邓小平四十年·第二章 见证》，参见：http://cpc.people.com.cn/n1/2016/1206/c69113-28929108.html。——编者注

容度。移民文化看重的是一个人的现在，而不是他的历史过往。"来了，就是深圳人""英雄不问出处"，就是这种特点的表现。

任正非是给国家科技发展做出重大贡献的著名企业家，然而把时针拨回到1987年，他却是一个地地道道的失败者。那年，在深圳南油集团下属一家电子公司任领导的他，因为生意场上轻信他人而被骗200万元彩电货款。那是万元户都十分稀罕的时代，万元户在内地是要作为先富起来的模范上报纸的。对这件事的处理结果是，任正非签下还款协议离开南油集团。这时任正非成为背负200万元欠款的"负翁"，可谓遭遇事业的一次重大失败。

处于如此窘境的任正非，立志自主创业，这时亲戚朋友并没有把他当成失败者而远离他，而是给了他很多支持。注册公司的2.1万元中，他自己出了3000元，其余4位合伙人拿出了1.8万元。此后的创业之路虽然无比坎坷，但他都挺过来了，而且一路都得到了政府和社会的很多支持。公司起步之初，资金困难，市主要领导亲自出面帮他解决。

在深圳这片神奇的热土上，到处能发现失败者"逆袭"的故事，用广东话说就是"咸鱼翻生"。

1997年成立的深圳欣旺达电子股份有限公司，现已成为全球消费类电池行业的龙头企业。创始人王明旺2022年以190亿元的身家，排名胡润全球富豪榜1187名。在创立欣旺达之前，王明旺经历了两次创业失败。

高中毕业后，王明旺怀揣几十元钱，从广东电白县农村登上大巴车，来深圳一家锂电池公司打工。做了一段时间，他就萌生了创业的念头。1992年，王明旺和几位朋友创办了一家生产模具的小作坊，开始了第一次创业。虽然业务很快就有起色，但因合伙人之间对利润分配意见不同，最终闹致散伙。不久，他发现手机市场呈爆炸式增长，商机无限，又和几位朋友开办工厂生产手机电池，果然效益不错。但这次在利润分配上，他们又出现严重分歧。王明旺提出利润用来加强研发和扩大生产，其他合伙人主张分了，结果他只能选择离开。

"失败是成功之母"，两次不成功的创业不仅让王明旺收获了经验教训，还让他找到了手机电池这个持续兴旺的行业，这些都为后来欣旺达的成功打下了基础。

营造"鼓励创新，宽容失败"的社会环境，创投风投是其中一支非常重要的力量，他们用的是真金白银。基石资本董事长张维认为，创新创业的失败是一件再正常不过的事情，不能接受失败就无法去做投资。在 20 多年的投资经历中，他投过许多非常成功的企业，但也遭遇过滑铁卢，有的被投企业甚至灰飞烟灭、尸骨无存。"所投企业成功了、上市了，我们与它们一起分享喜悦和收益；所投企业失败了，我们当然也感到惋惜，但绝不会随意去指责、纠缠，而是按照协议去处理。离开时，我们会给创业者一个微笑和祝福，希望他们下次能够成功。"这种宽容失败的姿态被写进了"基石资本投资 22 条军规"："善待为我们做出贡献的企业家，对方竭尽全力了，无论结果如何都宽容以待。"

企业家备受尊敬的城市

深圳是企业家辈出的城市，从早期的袁庚、马福元，到后来的任正非、王石、马明哲、马蔚华、马化腾、任克雷、王传福、麦伯良、汪建、李西廷、万捷、陈志列、梁光伟、徐少春、熊建明、高云峰、李建全，再到年青一代企业家汪滔、王卫、刘若鹏、陈宁等，仅知名企业家就能列出一个长长的名单，而且人数在不断增长。

深圳"盛产"企业家，而且企业家在这里备受尊敬，这是深圳这个"经济特区"的一大特色。

深圳是第一个在全国设立"企业家日"的城市。2019 年 10 月，深圳市人大立法确定每年 11 月 1 日为"深圳企业家日"，旨在弘扬企业家精神，在全社会形成理解、尊重、支持企业家的良好氛围。自此，深圳企业家拥有了自己的法定节日。每年节日当天的晚上，深圳多座地标性大楼就会集体亮灯，并出现庆祝企业家日的标语，引起全城人的关注，有人把这称为"以一座城市的名义向企业家致敬"。

每年的企业家日，深圳还会制度化地举办企业家座谈会。市四套班子主要领导和各区各有关部门主要负责人，面对面与企业家代表交流，听取意见建议，为他们排忧解难。为了确保效果，企业家们反映的意见建议被纳入市委、市政府督办内容。比如，2020年第二届"深圳企业家日"现场共收集11大类共65条意见建议，这些意见建议全部得到督办解决，办理结果还在第三届企业家日座谈会上做了通报。座谈会不仅是表达"致敬"的仪式，更重要的是政企沟通、服务和解决问题的途径，因此深受企业家欢迎和重视。有人统计，在第三届座谈会上，多次出现企业家"抢麦"现象，一下午近20人做了发言。

在深圳，人们会发现这座城市对企业家总是厚爱有加。2002年，深圳为倡导科技进步设立了一个最高奖——深圳市科学技术奖"市长奖"，每年评选一次，不仅奖金高达数百万元，而且均由市长亲自颁发，因此备受社会关注。从2003年1月该奖首次颁发以来，目前共有33人获奖，得奖者主要来自企业、科研院所和高校，其中企业家有24位，占比高达73%。腾讯的马化腾、比亚迪的王传福、大疆的汪滔、金蝶软件的徐少春等，都曾获得此奖。

2020年10月14日，深圳经济特区建立40周年庆祝大会在深圳隆重举行，习近平总书记出席并发表重要讲话。在这个全球瞩目的大会上，上台讲话的另外3位发言人中，一位是深圳市委书记，另外两位都是来自企业的人员，他们是民营企业家、研祥科技创始人陈志列和国企中建钢构华南大区总工程师陆建新。

同样，在中央领导出席的深圳经济特区建立30周年庆祝大会上,深圳市委书记之外的4位上台发言的嘉宾虽然代表的群体有些不同,但实际身份也全部是企业家,他们是王传福、傅育宁、马化腾、李嘉诚。

在如此重要的盛大场合,让企业家们走到聚光灯下亮相,来代表一座城市发言,这样的做法本身就说明这座城市对他们高度尊重、厚爱有加。

深圳有一个特别的现象——对娱乐明星有些"无感",与其他大中型城市相比,娱乐明星来这里开演唱会的场次相对较少,演唱会在市民中受关注的程度也没有那么高。明星们在深圳拍戏,市民见了很少跑去围观。有人说深圳是一个不追星的城市,但深圳人对那些知名企业家的热情极高,很多人把他们视为偶像。

北大汇丰商学院位于深圳大学城,经常邀请知名企业家来做讲座,免费对外开放。前些年在线讲座还不方便,每次来现场听讲的市民都很多。务实的深圳人喜欢听企业家分享创业故事和经验。

本身就是美国企业家的戴维·西尔弗,深知企业家在经济发展中的重大作用,他在《企业家:美国的新英雄》一书中,把企业家称为美国经济的创造者,称他们是美国的新英雄。深圳尊重、支持企业家,因为它从骨子里认识到企业家是这座城市经济发展的核心力量和活力之源,深圳的发展史,也是千百万企业家的创业史。我们说创新是发展的第一动力,而企业家是创新的主体和灵魂。在创新活动中,从确定目标、组织资源、管理过程,到最后实现创新成果价值等各个环节,企业家发挥着无可替代的作用,功莫大焉。离开了企业家这个"灵魂",一座城市只能是死水一潭,无从发展。

深圳市民在身边就能感受到深圳企业和企业家的价值,他们拿着华为的手机、用着腾讯的微信、开着比亚迪的汽车、玩着大疆的无人机等,这些给他们的生活和工作带来太多的便捷、快乐,须臾不能离开。当深圳企业把高质量产品和服务拓展到世界各地,给这座城市带来荣誉时,它们引以为傲。还有很多人本人或亲朋好友就在这些大企业里工作,获得可观的收入,享受不错的福利。他们对这座城市的企业和企业家充满感情,并为此感到自豪。

一座生机勃勃的创业城

创新创业最火的城市

深圳是最具企业家精神的城市,深圳人敢为人先、求新求变、重商务实,这座城市的文化体现在人们的职业追求上,就是特别热衷创新创业。

我们先看一组数字。截至 2022 年底,深圳全市共有商事主体 394 万户,其中企业 246 万户,个体户 148 万户;前几年的数字是,2019 年共有商事主体 327.7 万户、2020 年有 358.6 万户、2021 年有 380.4 万户,每年新增商事主体二三十万户。各类市场主体总量和创业密度多年保持全国大中城市首位,这是衡量深圳"双创"热度最有力的指标。

深圳被誉为"创客之都"。"创客"一词来源于美国,英文叫"maker",是指出于兴趣与爱好,努力把各种创意转变为现实的人。

在深圳年轻人群体中,你随时可能碰到创客。他们游走在华强北拥挤的商铺间,用犀利的眼光挑选着各种电子元器件;他们聚集在南山科技园的咖啡厅、小饭馆,几个人热烈地讨论着某个创意;他们更多是待在全市数以百计的各种众创空间,聚精会神地鼓捣着某个新产品。2019 年的深圳国际创客周上,仅华强北就聚集了数万名创客。他们每个人情况不尽相同,有的全职,有的业余,有的已经注册公司走上了创业之路,有的还要等产品研发的结果。他们都拥有丰富的科技知识和较强的研发能力,是一群对创新、对未来充满梦想的人。

深圳之所以能成为创客之都,除了完备的产业链和创新链支撑,还有一个重要的因素,那就是这里提供各种服务的机构特别多。对绝大多数创客而言,他们虽具有创意、技术、激情,也很年轻,但非常缺乏创新创业的相关资源,而这些缺少的资源,在各种创客中心都能找到。截至2022年底,深圳有国家级、省级和市级众创空间320多家,其中国家级众创空间120多家。

赛格集团是知名的电子信息产业集团,2015年它拿出位于华强北知名建筑赛格广场的三层楼,打造国际创客中心,通过配备硬件加工实验室、设立开放办公工位、定期举办培训等,吸引创客入驻。该创客中心对首批入驻的创客团队免租一个月,好的项目后期还能以股权抵扣租金,自开办以来,已服务数百个团队和数千名创客。现在,中心规模进一步扩大,在华强北商圈建有多个孵化器、加速器和产业基地。

另一家知名企业华强集团,2015年成立华强北国际创客中心,利用自身在电子信息产业深厚的资源和丰富的经验,为创客提供团队搭建、技术开发、招商引资、政策指引、项目评审、市场切入、管理咨询、生态融合等多达"20维"的服务支持。作为国家级众创空间,该创客中心如今已成为国内第一个能够全方位服务创业者的综合创新创业生态平台。

深圳是个对国内外创新领域动态先知先觉的城市,当创客活动在国外兴起时,这座城市便开始响应。2010年深圳诞生了后来大名鼎鼎的"柴火空间",寓意"众人拾柴火焰高",为创客提供原型开发的专业设备和开放的协作环境,鼓励创客跨界交流,促进创意的实现直至产品化。"柴火空间"刚成立时只有200平方米的场地,现在不仅深圳的场地大幅扩大,而且在东莞、石家庄等地开了分公司。"柴火空间"的创办者本身就是一家高科技公司,有成功创新创业的经验，也有相关资源，更能帮助创客们实现梦想。从这里走出的第一个创客王建军，研发的是积木式机器人搭建平台Makeblock，在空间孵化期间，就获得了一笔融资。后来产品不断完善，集中为学校STEAM教育提供解决方案，销售量一路上升。2018年，Makeblock完成C轮多达3亿元人民币融资，企业估值达25亿元人民币。

深圳不仅是国内创客的天堂，同时也是国际创客向往的热土。美国硬件孵化公司Haxlr8r把总部搬到华强北之后，每年都招募多批世界各地的创客团队来深孵化，这些团队成员90%来自国外。在其办公场所，可以见到各种肤色、讲着各种语言的年轻人夜以继日地琢磨产品。

创客中心直接服务广大创客，同时，深圳市政府对创客创新创业也给予了大力支持。2015年，深圳就在国内率先出台《深圳市关于促进创客发展的若干措施（试行）》，从增加空间、培育人才、营造环境、拓宽融资渠道等方面对创客创新创业给予支持。比如，对于新建的创客空间，最高可以给予500万元的政府资助，并将其纳入孵化培育生态链。同年6月，深圳还首次推出深圳国际创客周活动，之后该活动一年举办一届；另外，深圳还连续十几年举办中国深圳创新创业大赛，通过大赛培养了一批专精特公司。一些政府部门结合自身工作，为创客提供精准服务。例如，市司法局组织律师事务所、咨询机构编写《深圳创客法务指引》，免费将其赠送给创客，内容涉及创客创新创业全过程所牵涉的法律问题，这是全国第一本教创客如何规避法律风险的专门图书。

在深圳浩浩荡荡的创新创业大军中，创客只是其中的一支"轻骑兵"，但谁又能说他们将来不会成长为"将军"或者"主力军"呢？二十多年前，马化腾在华强北一个小房间里编写软件；十几年前，汪滔窝在莲花北村一套民居里为无人机悬停技术发愁。那时的他们，又何尝不是默默无闻的创客。

埃德蒙·费尔普斯在《大繁荣》一书中有个基本观点："个人创新活力的爆发是推动经济增长的核心动力。"正是有了这些激情飞扬的创客，深圳的创新创业之火才越烧越旺，才会涌现出更多企业家并促进经济更加繁荣。研祥科技创始人陈志列2021年3月参加全国两会，在人民大会堂"委员通道"接受媒体采访时说："深圳的特产早就不是荔枝了，今天深圳在全球最著名的特产是企业家。"

海归创业瞄准高科技

深圳的国际化程度、城市环境、自然气候，尤其是创新创业的生态土壤，对海归等高层次人才具有较大的吸引力。截至2022年7月，深圳累计引进留学归国人员19万人，近两年呈现上升趋势，每年超过两万人。其中，硕士及以上学历者占80%，35岁以下者占95%，年轻化、高层次成为深圳引进人才的显著特点。

"海归"很多是技术性人才，有些人不仅掌握了某领域的先进技术，甚至还研发了具有自主知识产权的原型产品，加上他们视野开阔，更有闯的精神，已经成为深圳创业生态中的一道亮丽风景。

李风华是湖南人，在美国肯特州立大学取得物理光学博士学位之后，先在硅谷工作、创业，后因创业受挫，2013年带着一身技术和经验教训回国，孤身一人来到深圳，不久注册了公司唯酷光电。这次他瞄准了一个更加务实的目标，做液晶膜无尘黑板。中国传统教室里教师上课，写字时会产生大量粉笔灰，严重损害师生健康。如果能解决学校这个"千年痛点"，不仅造福师生，而且会产生一个每年百亿元级的市场。

在深圳这个资本遍地的地方，他很快拿到了一笔天使投资。他先在深圳郊区的一个破旧厂房，带着两个员工做研发。不久就搬到了南山科技园，这是中国创新创业最具活力的区域，搬到这里后，他的员工人数也增加了。2015年，经过无数次试验，他终于研发出当时世界上第一块大尺寸液晶膜黑板：32英寸液晶手写板。这种高科技黑板在性能上不断完善，现在已实现了高亮度、可局部擦除、可彩色显示、无辐射、可存储，而且耗电极少，不需要专用笔，任何硬物都可以在上面书写。

德鲁克在《创新与企业家精神》一书中总结了七大创新机遇，其中排在第一的就是"意外事件"。液晶膜黑板"高亮度"这个重要的性能特点，就来自一次意外发现。2014年下半年的一天，工程师告诉李风华，生产过程中总是有一些"不良品"。李风华马上把不良品拿到办公室仔细研究，发现这些不良品有一个共同点，那就是写上去的笔迹很亮。李风华心中大喜，高亮度正是产品需要的，但为何只有部分产品出现这种现象？如果找到亮度增加的原因，就能成批生产出亮度更好的产品了。

那段时间，李风华脑子里始终装着这个问题，突然有一天他灵光乍现，想清楚了背后的技术原理，并以此改造生产环节，终于批量生产出高亮度产品。现在，各种规格的液晶膜无尘黑板已经远销日本、韩国、美国等多个国家，每月销量就高达三四十万套。

液晶膜无尘黑板的成功主要在于液晶膜技术的突破，李风华清楚这种技术的运用场景十分广阔，必须抓住机遇尽快拓展，实现利益最大化。2016年，他开始研发液晶汽车膜，两年后一种明暗无级变光汽车玻璃液晶膜开始量产，这款液晶膜可以用于汽车侧窗和天窗，一键调节明暗，遮阳隔热，而且成本比竞品低很多。在此基础上，他们还开发了建筑窗户玻璃膜；同时还研发出液晶眼镜，这款眼镜可以实现智能无级变光，不怕激光笔直射，防水防紫外线，此外还增加了接听电话的功能，适合各种场景下佩戴。现在唯酷光电已在液晶膜应用的多个领域进入头部阵营。创业期间让他感到特别幸运的是，每次公司需要融资时，总能比较容易地在第一时间获得资本加持。比如2021年6月，他们就获得了高达2亿元的B轮融资。此外，他们还曾一次性得到政府4000万元的资助。

在创业过程中，李风华深刻认识到科技创新要善于利用国际资源。创业后不久，他通过美国导师了解到日本有一家企业的一条柔性LCD（液晶显示）自动化生产线快要倒闭了。他觉得这是个好机会，立即与日本企业联系，最终不仅用较低的价格完成收购，而且聘到了那家公司的多位技术骨干，从而帮助唯酷光电在液晶技术上实现积累和跨越。现在，唯酷光电已在日本设立了研发中心。

海归在深圳创业的故事很多，而且基本都集中在高科技领域。比如刘若鹏2010年从美国杜克大学博士毕业后，和另外几名海归博士在深圳创办光启技术股份有限公司，致力于超材料领域的技术和产品研发，目前光启技术在超材料领域成为专利申请总量排名全球第一的企业。

深圳对海归创业除了给予资金资助，还提供专门的贴身服务。比如从2012年起每年举办中国（深圳）海归创业系列交流活动，其间举行创业经验交流活动，精选项目路演，吸引了大量海归参与。

新移民创业持续火热

在每年数十万闯深圳的人群中，背景出色的精英不可胜数，和这些精英不同，彭心只是一位普通女孩。2010年她从江西财经大学工商管理专业本科毕业，来深圳找到一家IT公司工作。然而，就是这样一位学历、专业和家庭都普通的女孩，十年后的2021年6月30日，她创办的公司在香港主板成功上市，当天收盘市值293亿港元。

作为女生，彭心从小喜欢甜点，读书期间的梦想是开一家甜点店。来深圳工作后，她对这座城市的创业氛围有切身的感受，开店的想法也越发强烈起来。2012年的一天,她通过朋友找到一位有开店经验的"前辈"赵林请教,见面后双方越聊越起劲儿,赵林突然问:"你有没有男朋友,你看我怎么样?"此时心中已对赵林有好感的彭心爽快地点了点头,3个月后他们就领了结婚证。在快节奏的深圳,年轻人恋爱结婚也讲"深圳速度"。彭心从此获得了一位创业的有力帮手,这也成为她创业路上的一段佳话。

赵林之前在餐饮界打拼多年,还曾投资过奶茶店,彭心和他一起不断修改完善创业计划,最后决定还是做一家以"茶"为主题的饮品店。想好了就干,她果断辞去工作,在一个8平方米的小店里开始创业。

彭心清楚,茶饮店没有什么高科技含量,满大街都是,是一片红海。市场虽大,但进入容易活下来难。只有创新,做出新意才能赢得市场。市场上的茶饮店主要原料是奶与茶,彭心经过无数次尝试,大胆地把新鲜水果引入茶饮,研发出"茶+水果+牛奶"的新式茶饮,还有与之搭配的烘焙"软欧包"。他们把客户定位为年轻群体,消费水平定位为中高端,与中低端茶饮店拉开距离。

茶饮店初创期间,她与员工不断用不同的水果和原料配比,研发不同的茶饮,然后在店外推广,收集消费者的反应,再一点点改进,以推出更适合消费者口味的产品。功夫不负有心人,茶饮店生意渐渐红火起来,这给彭心带来极大的信心。接下来,她又迈出了关键性的一大步。

2015年,彭心和赵林把房产抵押给银行,用贷款在深圳繁华地段一口气开了三家店,起名"奈雪的茶"。其中,第一家店开在深圳中心区卓越世纪中心,面积达两三百平方米。为了打造一个高品位的空间,彭心请来了爱马仕的灯光设计师,她希望奈雪和爱马仕一样,带给顾客精致零售店的感觉。她和团队为了做出大小和色彩合适的茶杯,前后调整近20次;为了设计出不沾女生口红的杯子,前后共花了3个月时间。在最为关键的产品质量上,彭心的要求更是近乎苛刻，所有水果、牛奶必须保证绝对新鲜，并根据季节变化不断推出时令新品种，全部是现点现做。她的店做的软欧包与流行的欧式和日式面包有很多不同，发酵时间较长，面粉中加入各种坚果等原料，吃起来软硬适中有嚼劲，口感更为丰富，而且低油、低糖、低盐，非常适合现代年轻人的口味。

彭心说，三家店开起来十分不易，仅仅是租场地就费了很多口舌。奈雪是个陌生面孔，大商业中心对其引流的效果心中没底，不愿意把位置好的场地给他们。

三家店接连开出后，立即引起了年轻人的注意，很多人喝完一次就成了回头客，通过顾客口口相传，彭心的生意越来越火。消费者在温馨的空间里一边喝着茶饮，一边吃着软欧包，一边与朋友愉快地聊天，这正是彭心最希望看到的场景。得到了消费者认可，彭心的底气更足了，公司及时引入外部投资，加快开店步伐。2017年底，奈雪走出了广东，2020年底在全国各地开店400多家。为了确保质量，彭心当时拒绝了很多人的加盟要求。快节奏的工作，给她的身心带来巨大压力。创业开始那两年，每隔两三个月，她就会出现吃不下饭、睡不着觉、恶心的症状。不过，人心都是被事情撑大的，如今的她，已能做到在再大的困难面前也处之泰然。

随着店越开越多，彭心的雄心更大了，她要把奈雪的茶打造成星巴克咖啡那样的国际知名品牌，使之成为中国茶文化的一个象征和标志，将来能够走遍世界。要实现这个目标，上市是必然的要求。2021年，奈雪的茶作为"新式茶饮第一股"在香港上市，公司知名度获得极大提升。

新冠疫情暴发后，她带领团队及时调整战略，一方面研发更多种类的茶饮产品，一方面利用各大网络平台扩大线上销售。但即使如此，疫情严重时公司现金流也受到极大影响。有段时间实在没办法，彭心夫妇又一次抵押房产贷款给员工发工资。奈雪致力于做茶文化走向世界的创新者和推动者，挺过疫情之后，各项业务进一步发展，门店开到了泰国。至 2023 年底，直营门店总数达到 1300 多家。

深圳特区在建立早期百业待兴，众多领域一片空白，从市场供求来说处于"卖方市场"阶段。那时候，创业敢闯最重要，开个店就有顾客，开个厂产品就有销路。而现在是"买方市场"时代，除了敢闯，创业者还必须具有较强的创新能力，没有创新，在竞争激烈的市场中很难立足。彭心正是因为创新，做出了不一样的茶饮。

移民二代"创劲"不减父辈

代毅是典型的移民二代，或者说是"深二代"。他在深圳接受中小学教育后，考入位于成都的电子科技大学，本科读集成电路设计专业，硕士期间继续留校读图像算法处理专业，毕业后又去美国读工程金融硕士。2012 年在美国硕士毕业后，他本可以留在华尔街工作，但最后选择了回到深圳，开始他的创业生涯。

回国后，父亲把家里处于亏损状态的工程公司交给他，三个月完成所有交接事务，对他彻底放手。他在感恩父亲信任的同时，也顿时觉得肩上有千钧重担。他迅速熟悉业务，夜以继日地工作，终于在两年内让公司实现扭亏为盈。让许多人不理解的是，这时他却放下家族公司选择"另起炉灶"再创业。

原来，他在两年的工作中，深感家里的工程公司以做项目为主，技术含量不高，他这位科技专业硕士越来越没有成就感。而且他分析认为，从公司发展前景看，一般性工程类公司比不上产品类公司。为此，他工作不久就开始探索新的业务方向，利用所学技术做了智能门锁、智能水表、变电站图像识别系统等智能产品，但效果都不佳。2013 年，他应南方电网要求研发了一款特种机器人，用于日常检测电缆沟中电缆的运行状况，效果不错，受到好评，这让他欣喜万分，看到了特种机器人的创业方向。第二年1月，他果断注册深圳市博铭维智能科技有限公司（简称"博铭维"），在董事长之外还担任了首席技术官一职。

特种机器人一般用于消防、安全、电力、工程等多种专业领域，博铭维成立后并没能立即确定具体的深耕方向，而是又进行了一番探索。他们做过消防灭火机器人、电力巡线机器人等，让人有些失望的是，这些产品和市场效果都不及预期。在这种情况下，还是之前做的电缆沟机器人把代毅的关注点吸引到地下世界，地下管网密布，水、电、气、通信等管道都需要精心维护，否则一旦发生堵塞泄漏，直接影响市民生活。而这些管道靠人工来检修效率低下不说，还很危险，人员伤亡时有发生，用智能机器人代替人工是必然趋势，这是刚需。代毅在调研市场时还发现，当时国内企业进入该领域的不多，产品很多是外国的，但中国管网的情况要比国外复杂得多，外国产品在中国"水土不服"，这是一个诱人的蓝海市场。此外，让代毅信心大增的是，此时公司拿到了一个排水管道机器人方面的订单。

代毅的办公室里，挂了一幅字——"毅然决然"，意思是确定了做什么事就果断地全力去做。确定了产品业务方向之后，他带领团队集中火力攻打"城墙口"。为了研发出实际好用的产品，他经常和研发人员一起到深圳郊区，钻进下水管道反复做测试，即使又脏又累，也从不放弃，他坚信好产品是经过实地测试并不断完善做出来的。

博铭维在技术研发上善于借力，与中国科学院深圳先进技术研究院携手成立国内首家管网大数据人工智能联合实验室，通过人工智能技术实现管网图像数据智能分析，为管网测绘、检测、清理、修复的全流程、全生命周期提供技术保障，目标是把公司打造成为守护地下管网安全的"三级甲等管道医院"。

博铭维持续进行创新，不断推出行业领先的产品。比如：2016

年推出国内排水管网检测行业首款无线潜望镜，解决了有线潜望镜故障率高、作业低效等问题；2019年推出行业首款可适应高水位、高淤积等复杂环境的全地形检测机器人；2022年推出全球首款多场景技术融合的新型管网检测机器人，实现全面高效的大规模管网普查，提升了管网智慧运维水平。持续领先的产品赢得了市场，公司年销售额增幅超过30%。目前，公司获得专利140多项，其中50多项是发明专利，公司获评国家级专精特新"小巨人"企业称号，成为国内领先的地下排水给水管道检测修复方案提供商。

谈起博铭维的发展历程，代毅说在深圳的创业环境中受益颇多，比如良好的产业链和资本市场。特种机器人是结构设计、材料力学、驱动系统、能源系统、图像识别和传输等方面的技术集大成者，在深圳很容易找到相关的技术和硬件，这大大加快了公司集成创新的速度，降低了创新难度，公司只需要集中力量攻克部分关键技术。另外，公司在2018年和2019年进行了A、B两轮融资，共获得高达1亿元的投资。

深圳经济特区建立至今已40多年，越来越多的"移民二代"走向社会。他们很多人继承了父辈敢闯敢拼的精神，没有躺在优越的环境里享受安逸，而是选择了自主创业。与父辈相比，他们选择创业更多是基于理想、兴趣和实现个人价值，内在动力很足。由于整体上受过更好的教育，他们有更开阔的视野，加上父辈创造的条件，在创业之路上走得更加从容自信。

"深二代"接受的教育和拥有的物质条件都超过他们的父辈，很多人创业都选择高科技领域，比如，黄鼎隆从清华大学博士毕业后，曾去美国大公司短暂工作，2014年回国创立深圳码隆科技有限公司，深耕教育领域，与欧美人工智能企业同台竞技，2017年软银中国等知名创投机构曾一次给予其2.2亿元投资。即使本身做的不是高科技，"深二代"也善于利用科技手段为业务赋能。比如，彭子扬2018年创业选择的是餐饮业，和几位90后合伙创立"叫嚎"

品牌，专门销售生鲜生蚝，利用线下线上结合的方式，确保满足客户随叫随送的需求，现在店面已开到深圳多个繁华商圈。彭子扬的母亲也是一位创业英雄，1988年就是深圳十大杰出青年之一，不到20岁就担任一家千余人大厂的副厂长。"深二代"已是深圳创新发展不可小觑的新锐力量。

草根创业有智慧就有机会

2015年，24岁的魏博怀揣5000元钱从东北吉林闯深圳，住进城中村一间10多平方米的居室。那时候除了知识、智慧和年轻，可以说他没有别的资源。而今，他创办的公司服务全球80多个国家和地区的数千万个用户，年收入过亿元，成为国内数字创意产业的代表性企业。

这一切，都源自他有一双善于发现商机的敏锐眼睛。魏博大学读的是经济学专业，到深圳后找到一家单位做金融培训师助理。工作中，他发现很多知识点用PPT很难讲明白，如果用动画视频会形象生动很多，几分钟就可以讲清楚了。他在大学读书时接触过国外制作动画的软件，但这些软件中国人用起来不方便，门槛较高。于是，他脑子里萌生了一个想法：开发一款设计软件，让零基础的人也能轻松做视频，一定会大受欢迎。

魏博是个行动力很强的人，看到机会就会不顾一切扑上去。他果断辞去工作，注册了前海手绘科技文化有限公司（简称"来画"），租了一间80多平方米的民宅开始创业，工作、吃住都在里面。让他感到非常幸运的是，半年内就获得了两笔共300万元的天使投资。

不久，公司第一个视频产品《三体》就开发出来了，但作为一家草根创业公司，没有知名度，也没有钱去做推广，流量从哪儿来？对互联网产品而言，没有流量就意味着没有用户。就在愁眉不展时，魏博找到了一个对后来发展非常关键的机会。当时有一个在各大平台分享星座文化的"同道大叔"，属于顶流网红账号，仅微博就有三四千万粉丝，但其呈现的方式只有漫画。2016年2月，双方签订协议，来画帮他们把漫画制成动画，传播收益来画拿4成。此后，来画团队一口气做了56集视频，每集都成为浏览量10万以上的爆品，来画平台也因此被带火，一炮打响。

有了一定流量和知名度的来画，被几家嗅觉灵敏的投资机构看中，又获得了数千万元投资。来画招聘了业界一流的动漫、视频和软件制作团队，其中两三成来自香港，旨在加快软件平台的开发和新业务拓展。

但来画后来的发展过程并不一帆风顺，开发工具软件非常烧钱，平台付费和画师订单收入难以维持日常运营，资金链十分紧张。2019年夏天，来画不得不裁员以降低成本，将成员从230人裁到170人，解聘了一些画师和管理人员。公司在解聘人员的同时又外聘了一些兼职画师，通过改变"养人"用人方式降低运营成本。在公司遭遇困难进行内部改革时，深圳市前海管理局依据为企业量身定制的"归巢"政策，及时给来画一次性扶持500万元，还牵线搭桥成功为来画找到一笔3000万元的投资。这些雪中送炭的支持，让来画很快渡过了难关。

2020年之后，公司快速积累起数据量巨大的素材库，开发的软件工具覆盖动画、视频、演示、设计、白板五大板块，并搭建了创意服务供给平台"来画梦工厂"与数字创意职业教育培训平台"来画学园"，为各类用户提供专业服务。强大的素材库以及相互之间打通的产品矩阵，构成了来画的核心竞争力。来画因此成为资本市场的香饽饽，近几年来进行了多次融资，用于产品开发和去阿联酋、新加坡等国拓展市场。2021年7月和10月来画实现连续融资，金额分别为1.88亿元和2.66亿元。

作为一家"文化+科技"数字创意公司，来画非常重视技术驱动，紧跟前沿。最近两年，它依托自身拥有1800万动画数据的强大优势，自主研发出SkinSoul动画大模型，形成AI动画制作、AI数字人视频制作、AI设计助理等多方面的核心技术能力，打造了可控AI视频生成和可视化AI智能体，致力于帮助全球企业拥有生成视频的能力，以及全球消费电子产品拥有可视化交互的能力。现在，借助动画大模型和AI技术，用户在来画平台上操作十分便捷，比如，只需上传一个链接，就能够精准识别公司产品和网站介绍，从而生成符合需求、直接用于宣传的视频，创作过程高度智能化，在两分钟内可生成7个不同风格的视频，而且支持二次编辑。另外，他们特别重视品牌打造和流量吸引，与新华社、人民日报社、百度、微软、华为等知名机构在视频制作等方面展开合作，增强来画品牌的可信度。

来画自成立以来，在国内国际上获得了很多荣誉，比如获得国家工信部"汇新杯"互联网创新大赛全国总决赛金奖、德国2022年"红点设计大奖"等。面对这些荣誉，魏博说，他最希望的是充分利用AI技术把来画打造成数字世界AI创作的引领者，使之真正成为世界各地用户都喜欢的平台。

在深圳特区建立早期，创业者多数是草根，跟现在相比，那时候大多数人既没钱也没接受过良好教育，可谓"一无所有"。现在深圳的很多大中型企业，其创始人都是草根创业者。2021年，深圳京基集团创始人陈华以300亿元身家上榜胡润富豪榜，这位出生于湛江吴川农村的企业家，祖祖辈辈都是农民。1985年，他拿着20元钱来到深圳，由于高中还没毕业，只能在建筑工地打工。在扛水泥、砌砖头的摸爬滚打中，他很快发现热火朝天的建筑工地充满大量机会，于是在正常打工之外，在外面当小包工头接一些小工程。就这样日积月累，从打工者到小包工头，再到建筑业小老板，他终于在1994年注册了京基公司，进军房地产市场。现在，京基已发展成集地产开发、商业运营、金融投资、科技智能、文化传媒、现代农业六大核心业务板块的大型企业集团。

有人可能会说,现在创业门槛更高了,草根创业越来越难,这种观点符合实际、有道理。但在深圳这片创业沃土上,像魏博这样没有资金积累,没有人脉关系,甚至自身也不掌握技术的年轻人,只要有创意并善于抓住机遇,创业成功的机会一直很多。

创业之家,传承有道

2018年,钟乔美国留学结束回到深圳,没有选择去父亲创立的万众城集团,也没有去体制内找一份稳定工作,而是义无反顾地选择了创业。他当年8月回国,12月就成立了深圳市生涯体育文化股份有限公司(简称"生涯体育"),全身心投入篮球产业。他用"生涯"做公司的名称,是希望通过篮球成就人生的精彩。

选择篮球产业创业,源自钟乔发自内心的爱好。他6岁开始学打篮球,在深圳读书期间多次参加区、市级比赛;高三去美国留学,半年内就当上了校篮球队队长,还获得了学校颁发的MVP(the most valuable player,最有价值球员)奖杯,成为该校第一位获得此奖的中国籍学生。除了在学校,他还在国内外多个社会类赛事中获奖,比如获得虎扑在旧金山举办的"路人王"一对一篮球比赛的冠军。这些特殊的经历,让他对篮球领域有比较深入的了解,看问题有了世界眼光,并积累了不错的人脉,这给了他做好篮球产业的底气。篮球产业是运动产业、健康产业,也是很多年轻人喜欢的时尚产业,仅在中国篮球爱好者就超过1亿人。但钟乔同时看到,与欧美国家发达的篮球产业相比,我们在这方面还比较落后。从发展差距中,钟乔看到了巨大的机会,也认识到自己作为一名篮球痴迷者的责任。

钟乔做的第一件事,是租用万众城物业的一个天台,把它装修成1万多平方米的室外场馆,做篮球培训、包场出租和赛事承办等业务。2020年，在积累了一定的创业经验和场地资源之后，他开始了一个大动作，推出BALSERKER（简称"BSK"）篮球争霸赛。这是生涯体育精心打造的主打"产品"。在设计这款"产品"时，钟乔认为这虽然不属于高科技，但也必须用创新的思维去谋划。只要牢牢抓住"创新"两字，哪怕低科技甚至零科技领域，也有可能创造出巨大价值。

首先是BSK大赛定位独特，与国内外那些知名的篮球赛有显著区别。钟乔看到美国除了NBA（美国职业篮球联赛）这类职业篮球赛，还有多个有影响力的业余篮球联赛，比如德鲁联赛就很有名气，而中国还没有一个非常权威和有影响力的业余篮球大赛。因此，BSK把大赛定位为"业余之上，职业之下"。参赛球队不是职业球队，但水平都很高，在一般的业余水平之上，很多球员都是在职业球队打过球的高手。在赛事的组织和服务上，生涯体育按照职业比赛的标准，为球队和球员提供一流服务，实现非职业联赛体制下的高度职业化。

其次是BSK大赛借鉴国内外各类篮球大赛的做法，独创了一套属于自己的规则体系。在篮球比赛规则的设定上，不仅业余与职业之间差别较大，就是业余和职业各自领域内的不同赛事，规则也不尽相同。比如NBA，每场比赛分上下两个半场，每个半场又打两节，每节时长12分钟，加时赛时间是5分钟；而奥运会的篮球比赛虽然也是打4节，但每节时长是10分钟。BSK制定的规则是，每场比赛分上下两个半场，每半场只打一节，每节时长15分钟。这样每场总共只打30分钟，远低于NBA的48分钟。每节比赛结束的时间，除了按规定，还要看谁先拿到32分的目标分，比赛时间和分数哪个先到就按哪个。每节比赛都单独计算胜负，如果打成了平手，加时赛只有1分钟。之所以采用这种明显提升比赛节奏的做法，一方面是考虑到BSK参与球队众多，从小组赛打到总决赛总场次数以千计，比如2023赛季共打了4000多场；二是考虑到业余球队球员的体力，有时一天要打两三场比赛，一些球员身体耐受不了；三是因为这样的设计某种程度上也增加了比赛的激烈程度和不确定性，对观众来说观赏性更强。NBA一年打三个赛季，BSK每年只设一个赛季。一般每年5月报名，先在城市内打小组赛，胜者进入大赛区比赛，大赛区比赛的胜者聚集在深圳进行全国总决赛。

　　BSK篮球争霸赛推出之后，以独特的比赛规则及"城市赛—大区赛—全国赛"金字塔式的晋级模式，迅速赢得了篮球爱好者的青睐，在众多民间商业赛事中脱颖而出。2023赛季，全国共有119个城市的1847支球队参赛，从小组赛到最后的总决赛，线下线上吸引了数以百万计的篮球爱好者参与，其中直接参与比赛的球员就有两万多人。

　　随着BSK大赛品牌的影响力不断增强，生涯体育围绕BSK开发了球衣、球鞋等不少相关衍生产品，销售量不断增长。另外，大赛获得的商业赞助也在不断增加，东鹏饮料集团就多年赞助大赛。BSK大赛的盈利模式越来越清晰可靠，围绕大赛的产业链正在形成。钟乔表示，要把BSK办成在国内外有广泛影响力的商业赛事，为更多篮球爱好者提供参与机会，为我国篮球经济、篮球事业的发展做出更大贡献。

　　BSK大赛越办越火，生涯体育的场馆业务也因此受益，场馆数和客流量都在增加。场馆业务采用连锁经营的模式，为客户提供高标准的统一服务。为了降低成本，多数场馆选择以改造旧厂房的方式建造，这样租金成本更低，场地更开阔，最大的场馆能同时容纳2000多人，可以在里面举办BSK总决赛。生涯体育除了在深圳自己经营7个连锁场馆，还在深圳之外以BSK名义挂牌了26家联名球馆。生涯体育与联名球馆没有直接的经济关系，但双方都能从合作中获益，对方借助BSK大赛吸引顾客，生涯体育则借助对方扩大赛事影响，吸引更多篮球爱好者参与大赛。

　　如果说BSK大赛和场馆业务属于业余篮球领域，那么生涯体育最近两年成立广东生涯篮球俱乐部,就是希望在更高水平的职业篮球方面有所作为。这是一家打三人赛的俱乐部,三人篮球赛2021年首次成为奥运会项目。生涯体育成立这样的俱乐部,可以把一批优秀的专业篮球运动员团结在自己身边,并获得参加各种职业赛事的机会,在这个过程中不断扩大企业影响力。

通过大赛和场馆经营等,生涯体育收获了很多热情的"粉丝"。它深知这些粉丝的价值,于是把粉丝都吸收成生涯体育的会员。会员不用缴纳任何费用,却能获得不少贴心的服务,比如资源对接、专业的篮球技能培训等。

现在,生涯体育正在万众城集团在深圳大浪时尚小镇开发的尚座大型综合体中,打造一个深圳市最大的运动商业综合体,这个运动商业综合体面积达到4万平方米,是对传统商业综合体的一次创新。钟乔认为,随着互联网越来越发达,购物、餐饮等很多线下消费行为越来越多地转移到了线上,只有运动必须到线下场馆进行。运动商业综合体开设滑板、街舞、篮球、游泳等潮流运动项目,不仅可以吸引顾客来这里运动健身,还能吸引他们进行其他消费。现在城市商业综合体很多,总体上看同质化的比较多,生涯体育打造的"体育+商业"是一种新模式,相信会受到顾客尤其是年轻顾客的欢迎。

谈起留美归来后为何选择自己创业,钟乔坦言这是受到了父亲钟华言传身教的影响,他生在了一个"创业之家"。1984年,父亲钟华随家人从潮汕来到深圳,靠着找亲戚朋友凑的1800元钱,从一个小木工作坊做起,敢闯敢创,凭着勤劳智慧一步步把万众城的业务做大做强。现在,万众城集团旗下仅商业综合体就有两处:一处是位于龙华民治大道的万众城,总面积达20万平方米,是深圳规模最大、功能最全的一站式家居、建材、装潢设计集散地,年交易额超35亿元;另一处是前面提到的位于大浪时尚小镇的"尚座",建筑面积达25万平方米,定位网红之城、电商之城、运动之城，致力于推动国潮出海。

"预见未来最好的方式，就是亲手去创造未来。"钟华非常欣赏乔布斯这句话。他把这句话分享给钟乔，钟乔也非常喜欢，很早就立志要靠双手去开拓属于自己的事业，而不是躺在父辈创造的财富上享受。

钟华在兄弟四人中是老大，深知作为老大肩负的重任。他在自己创业的同时，还要对家人负责，对家族负责。全家到深圳之后，他创业的时候几个弟弟也都在一起。2009年前，他果断地做了一项决定，给三个弟弟每人一个项目，让他们自己去闯、去创，而不是大家都绑在一起。当时钟华告诉弟弟们："做成功了赚的钱是你们的，亏了是我的。"三个弟弟就这样被"推"了出去。当时有很多人不太理解，但后来看到三个弟弟都闯出了自己的事业，都很成功，他们才认识到钟华的做法很有智慧。社会上随处可见这样的现象：在创一代的努力下，家族积累了丰厚的财富，结果因为分家而发生矛盾，甚至亲人变成仇人，家族成员的利益、感情都受到伤害。钟华父母去世时，兄弟们因为都提前创立了自己的事业，所以不存在分家的问题。现在，兄弟们相亲相爱，事业上互相帮助，其乐融融。

这个创业之家在长期的创业过程中，体会到"守正出新，诚信经营"极其重要，因此家族把这八个字列为企业经营的核心理念，把"守正出新"四个字作为家训。父亲钟华认为，对一个家族来说，保持基业长青，最为关键的是要传承创业精神、创业智慧、创业文化，一代代都能保持创业者的本色，这是最大也最为宝贵的财富。失去了这些，即使有万贯家财，也很难逃出"富不过三代"的魔咒。这些都深刻地影响了正在创新创业的钟乔。笔者访谈时，他们家正着手成立家族基金，基金的一项重要用途是支持家族里的年轻人创业。

第四章

抓住科技这个核心要素

纵观两百多年来世界科技革命的历史，无论是蒸汽机时代、电气时代、信息时代，还是正在火热进入的智能时代，都可以清楚地看出，一些重大的科学发现、技术进步能够带来划时代的科技产品和服务，从而极大地提高生产效率、改善人们的生活，让世界变得更加美好。科技革命使得人类改造世界、创造财富的能力暴涨，成为推动经济发展最大、最关键的力量。因此世界上所有国家和地区，都非常重视科技这个创新的核心要素，不遗余力地推进科技创新，发挥科技创新在全面创新中的引领作用。

深圳是改革开放的窗口，又毗邻港澳，这里的人有更早、更好的机会接触外面的世界，感受世界技术革命带来的巨大变化和观念冲击，对科技是第一生产力的认识更早也更深刻。因为深圳是没有先天资源的地方，所以依靠科技力量发展经济成为最智慧的选择。因此，深圳又是国内率先聚焦发展高科技的城市，而且历届市委、市政府"一张蓝图绘到底"，科技创新始终是这座城市创新的主旋律。

深圳在发展高科技产业的过程中，政府营造环境，企业在战场上拼搏，科技创新风生水起，成为世界技术革命浪潮中的弄潮儿。如今，高科技是这座城市的第一支柱产业，其中电子信息、新能源、无人机、新材料等产业领域国际领先，成为令人骄傲的金灿灿的城市名片。

政府"做对了"的产业政策

发展高科技的"早鸟"

2014年5月24日,习近平总书记在上海考察调研时指出:"谁牵住了科技创新这个牛鼻子,谁走好了科技创新这步先手棋,谁就能占领先机、赢得优势。"①

在发展高科技产业方面,深圳是"早起的鸟儿"。当全国很多地方还没有开始行动甚至对未来产业方向还处于迷茫期时,深圳就先知先觉地把高科技作为支柱产业来发展,并且全力以赴、始终如一地坚持到现在。

确定一个地区的产业发展方向跟当地主政者的眼光和魄力密切相关。特区成立初期可以说既没钱也没人才,只能利用廉价劳动力和毗邻港澳的优势,搞一些层次较低的"三来一补"企业和进出口贸易,这些也成为当时经济的主流。市领导在大量调研和跟外商接触中意识到,深圳必须发展现代工业,尤其是要兴办科技型企业。1981年初,市领导就拍板在华强北附近划了一大块地建设上步电子工业区,几年之内就吸引了不少企业进驻。

1985年,深圳电子企业已达170多家,其产值占了深圳工业总产值的一半。1986年,市领导促成了深圳电子集团(不久改名为赛格集团)的成立,这家集团整合了原电子工业部、广东省和深圳市在深的相关百余家电子企业。市领导亲自找到原电子工业部领导请求支持,由时任电子工业部党组成员、办公厅主任马福元出任集团董事长兼总经理。赛格集团在成立第二年产值就达到了20亿元,外销收入达1.5亿美元,是当时国内举足轻重的大型电

---

① 《习近平:走好科技创新先手棋 就能占领先机赢得优势》,参见:http://www.xinhuanet.com/politics/2014-05/24/c_1110843342_2.htm。——编者注

子企业,成为深圳早期电子产业发展的重要引擎,催生了著名的华强北电子一条街。市领导深知发展科技产业的关键是要有人才,在当时政府资金捉襟见肘的情况下,仍于1983年毅然决定建立深圳大学,从申请创办到开始招生仅花了半年时间。

20世纪80年代后期,深圳通过制度创新为高科技发展打开了广阔空间,激发了民间兴办科技企业的热潮。1987年2月,深圳市政府出台《深圳市人民政府关于鼓励科技人员兴办民间科技企业的暂行规定》,公司注册资本从之前要求的50万元大幅降到1万元,除了资金实物,专利、商标、技术等无形资产也可以入股。这是全国首份从法律层面承认科技人员拥有的技术等无形资产的价值,并支持科技人员兴办民企的文件,在那个时代影响巨大。当年,任正非就是拿着这份红头文件去申请注册华为公司的。

这一年6月,市政府还出台了《深圳市科学技术进步奖励暂行办法》,10月成立"深圳市科学技术发展基金会",每年拨出1000万元,鼓励科技创新和科技人员创业。这一年可以说是深圳民营科技企业大发展"元年",此后,深圳民间兴办的科技企业如雨后春笋般涌现。

在那个时期,深圳一直围绕发展高科技建立制度体系和优良环境,同时逐步拒绝低端的"三来一补",至20世纪末,出台的有关政策文件多达上百个,差不多每年都出好几个。其中,影响较大的有:1993年出台《深圳经济特区民办科技企业管理规定》,进一步放宽了民办科技企业的开办条件;1998年出台《关于进一步扶持高新技术产业发展的若干规定》,共22条,全部是实打实的支持,比如规定扩大科技三项经费规模,使其到2000年达到预算内财政支出的2%,对高新技术企业和高新技术项目用地免收土地使用权出让金。从财政支持、税收减免到企业用地、科技人员出国等方面,深圳提出了比较系统性的支持政策,不仅吸引了全国很多科技人员来创业,也引发了全国很多地方的政策竞赛。第二年,深圳又在

"旧22条"基础上推出了"新22条",后者对科技产业的支持力度更大、更全面。

到20世纪末,深圳已经建立起比较完善的发展高科技的制度体系、平台载体、生态环境,打造了当时国内最好的科技发展环境,包括:出台了无形资产评估、技术入股办法、高新技术企业认定、企业技术保护、税收减免等方面的政策;1990年设立深圳证券交易所,1999年设立深创投,等等,逐步建立起资本市场;通过1999年举办首届高交会等,建设科技成果展示和交易平台。

深圳进行的制度创新,其中很多措施在全国处于领先地位。比如:1995年11月,深圳市人大常委会利用特区立法权,颁布《深圳经济特区企业技术秘密保护条例》,这是国内第一部规范竞业制度、保护技术秘密的地方性法规;1992年6月出台《深圳市认定高新技术企业试行办法》,当时国内其他省市还没有这方面的规定,1993年和1996年又对此办法进行修改,出台了更完善的新版本。

深圳特区刚成立时,高科技产业可以说是"零",尽管没什么基础,但由于重视早、力度大,反而后来居上。2000年,全市高新技术产品产值已突破千亿元,达1064亿元,是1991年22.9亿元产值的约46倍。深圳高新技术产业产值增长速度、占工业总产值比重、产品出口额均居全国第一,尤其是政府当时确立的信息产业、新材料、生物技术三大支柱科技产业,已经形成了迅猛的发展势头,高新技术产业成为深圳第一经济增长点。

高新区:创造"集群效应"

发展高科技需要有好的载体和抓手,但那时候国内没有先例可循,深圳必须自己探路。

面对缺少科技力量的现实,1984年深圳主动与中国科学院商谈,双方共同投资在深圳建立一个产与研结合的实体园区，中国科学院负责人才和技术，深圳给出优惠政策。第二年，双方合作的深圳科技工业园正式成立，选址在深圳湾畔，面积 3.2 平方千米，这是深圳高新区的前身。这类科技园当时在国外已经很多，比如著名的硅谷斯坦福科技园，但在我国还没有类似的科技园，深圳的这一工业园是我国第一个高新技术产业开发区。

园区成立后，体制机制创新为后来园区的发展奠定了基础。这些体制机制创新包括：一是没有把园区管理部门作为政府的派出机构，而是让它作为企业来运营，赋予其十分灵活的机制；二是在面向社会吸引科技型企业入驻园区的同时，特别重视企业孵化，坚持企业内生培育发展，1988 年园区曾专门拿出 100 万元设立民间科技创业中心，投资那些有发展前景的公司，相当于后来的天使投资；三是为入驻园区的企业提供土地、厂房、金融、人才、后勤保障等全方位服务。通过全面高效的服务，园区不仅吸引了包括中兴、康泰在内的一批企业，而且孵化了不少企业做大上市。1991 年，该工业园成为首批国家级高新技术产业园区。

1996 年 12 月，深圳科技工业园成为科技部建设世界一流高科技园区十家试点园区之一，面积因此扩大到 11.52 平方千米，名称也改为深圳国家高新区。2019 年 4 月，为了增强高新区实力，更好地发挥科技产业发展的示范带动作用，同时针对全市区属科技园四面开花出现无序竞争的现状，深圳市加强整合力度，把条件比较好的园区统一划入深圳高新区，形成"一区两核五园"的发展布局。高新区原来集中在南山区，扩展后新增了坪山、宝安、龙岗、龙华四个园区，总规划面积扩大到 159.48 平方千米。每个园区有相对不同的分工定位，比如坪山园区侧重新能源汽车和生物医药，龙华园区重点发展人工智能、移动智能终端设备。这样的整合减少了原来各区在科技产业发展上的无序竞争。

深圳高新区在运营管理上最大的特点是始终突出对园区企业的

服务，通过服务驱动园区企业发展。1997年，园区就专门成立了综合服务中心，这是事业编制但经费自给的机构，从机制上逼着它只有把服务做好才有收入回报。为此，服务中心打造了国际科技商务平台、国际技术转移中心、科技金融联盟、创业投资服务广场、社会事务平台、创业服务平台、知识产权服务平台等十大平台，全方位地为企业提供服务。

如今，深圳高新区在全市约8%的土地面积上创造了全市约30%的GDP，已成为引领深圳科技创新的核心引擎。在科技部火炬中心开展的国家高新区综合评价中，深圳高新区连续多年名列前茅，其中2021年度位列全国第二，在综合质效和持续创新能力方面位列全国第一。

实践证明，深圳率先通过创办科技园来发展高科技的路子非常有效。园区内既有科技企业，也有高校和科研院所设立的实验室；企业既有正在孵化的小微企业，也有达到一定规模的大中型企业，很多小园区还以相同产业类型来聚合企业；服务机构中少量是有政府背景的，其余大量机构是民间中介机构甚至孵化器，服务内容既有金融、法律，也有人才、后勤等。哈佛商学院教授迈克尔·波特（Michael Porter）提出过著名的"集群"理论，意思是经济发展中的相关组织在一个地域和空间上聚集，共享设施和信息，降低交流和交易成本，能够产生远超分散状态下的增长速度，这种速度有时甚至是指数级的，这就是"集群效应"。深圳高新区整体上就是一个庞大的"集群"，在这个大集群里面，又有不少像北加利福尼亚"葡萄酒酿造业集群"这样的产业集群，比如南山园区的无人机产业集群，坪山园区的新能源车产业集群，都是世界上领先的相关产业集群。

高交会：国家级平台的能量

马化腾 1998 年 11 月创立腾讯公司，几个人加班加点开发出即时通信工具 OICQ（不久就改名为 QQ），没想到用户呈现爆发式增长。但没过多久他就焦虑不安、夜不能寐，因为用户爆发式增长意味着需要购买或租用更多服务器，而当时公司没有任何收入。被钱所困的他只能满大街去找投资人甚至打算出售公司，但最后都失望而归。

这时候，他从媒体上看到深圳要举办首届中国国际高新技术成果交易会，觉得这可能是一次改变公司命运的机会。为了抓住这次机会，马化腾提前花了几天几夜准备材料，20 多页的商业计划书修改了 60 多次。为了增加公司展位的吸引力，他还花钱定做了一批企鹅公仔。1999 年 10 月 5 日，高交会在深南大道的临时场馆（如今深交所办公大楼位置）开幕，不大的场馆里人流涌动。马化腾拿着一大叠材料穿梭其间，几乎是一个一个展位地去推荐，但很多人只对企鹅公仔感到好奇，对他的介绍并不感兴趣，表示看不懂。

正当他有些失望时，两家境外机构对他伸出了橄榄枝，一家是美国国际数据集团（IDG），另一家是香港盈科数码，都是名声显赫的大公司。经过谈判，它们最后给腾讯投了 220 万美元。这份金秋时节的大礼包让马化腾大喜过望，解决了困扰他的资金问题，这些资金直到 QQ 用户超过两千万时还没用完。从此，腾讯走上了快速发展的轨道。后来，马化腾多次在公开场合发自内心地说："我们参加了第一届高交会，才有这样一个机会接触资本市场，能够第一次融资，这让腾讯有了腾飞的基础。"和腾讯一样，在首届高交会上获得 IDG 投资的幸运儿，还有深圳市冠日高科技发展有限公司。

深圳高交会至今已成功举办 25 届，可能很少有人知道，它的前身竟然是深圳荔枝节。一个典型的跟农村、农业相关的节日，是怎么华丽转身为"中国科技第一展"的？说到底，还是因为主政者的眼光和魄力。荔枝当时是南国深圳出名的土特产，1988年全市栽有荔枝树8万多亩，深圳市政府于是决定从当年起每年举办一届荔枝节，以达到"荔枝为媒、文艺搭台、经贸唱戏"的目的。到了1998年，深圳科技产业发展方兴未艾，华为、中兴等科技企业纷纷崛起，需要一个更大的展示和交易专门平台，市委、市政府在出台发展高科技产业的"22条"之后，果断决定停办荔枝节，改办高交会。

但办一个国家级的交易会谈何容易，不仅需要国家相关部门大力支持，还需要中央主要领导认可。据说，当时全国不止一个城市希望举办这样的交易会，竞争十分激烈。在首届高交会开幕式上，时任国务院总理朱镕基出席并宣布："为了促进中国与世界各国的经济技术合作，中国政府决定每年在深圳举办中国国际高新技术成果交易会。"[1] 这让深圳吃了一颗大大的定心丸，下决心高水平办好高交会。

高交会是一个重要的交易平台。在这里，有的科技成果找到了转化机会，有的小微企业找到了投资人，有的企业找到产品客户。1999年，大族激光还是一个创办仅3年的小企业，连几平方米的展位也只能租半个，展出了公司唯一的YAG激光打标机，没想到竟然引来了多批客户，现场签约订单就达200多万元，这笔钱对急需资金的公司来说，如雪中送炭。此后，公司年年参加高交会，收获越来越大，现在展位也早就挪到了1号馆的核心位置。

深圳三诺集团（简称"三诺"）在第六届高交会上展示了公司产品，并发布了在音频领域的最新技术专利，被新加坡创新公司（Creative）看中，双方签订了7000万元的投资入股协议。创新公司是全球著名的多媒体音响企业，在成为三诺第二大股东后，利用

---

[1] 《高交会风华正茂20年 助推深圳成为未来之城》，参见：https://www.sznews.com/news/content/2018-11/20/content_21227097_2.htm。——编者注

其在世界各地的营销渠道销售三诺产品,有力地促进了三诺发展。

这样的交易案例举不胜举。第一届高交会交易额达到64.94亿美元,从第六届开始按照惯例不再公布交易额。但至今很多参展商在高交会结束之后,仍然以各种方式宣传参会成果,从那些公布的成交数字中,能够感受到他们确实收获满满。

除了交易,高交会还是一个展示科技产品和成果的大平台,是透视科技产业前沿动态的风向标。2022年第24届高交会虽然在新冠疫情期间举办,但仍有5671家展商亮相实体展会,带来展览和交易项目8667项,其中有1302项新产品和407项新技术首次亮相,举办的各类论坛等活动共148场,吸引了28个国家和地区的21.4万观众到现场参观。深圳有很多企业家、创业者和科技人员不管有多忙,在每年11月高交会召开期间,总是要挤出时间去现场看看,这里能看到各种奇思妙想的科技产品,听到各种激发思想火花的观点,从而能感受到世界科技产业发展的脉搏。

深圳一直把高交会作为这座城市最重要的会展名片来经营,比如:为了促进交易专门设立了高新技术产权交易所;为了建设永不落幕的交易会建立了网上高交会展示平台;为了提供更大更好的线下展示场所,2004年在福田市中心位置建成了建筑面积28万平方米的深圳会展中心,2019年又在宝安建成建筑面积160万平方米的深圳国际会展中心项目一期,这一规模在世界上排名第二。第24届高交会同时在两个场馆进行,展览总面积达40.6万平方米。

高交会目前由商务部、科技部和工信部等6个国家部委,以及中国科学院、中国工程院与深圳市共同主办,已成为中国高新技术领域对外开放的重要窗口,在推动高新技术成果商品化、产业化、国际化以及促进国家、地区间的经济技术交流与合作中发挥的作用越来越重要。这样的国家级盛会永久放在深圳,有力地推动了这座城市的科技创新。

"咬定"高科技不放松

深圳发展高科技做到了率先起步、持续发力、奋勇当先。进入21世纪，随着整体实力不断增强，深圳在整座城市的创新能力建设和科技产业发展方面的支持投入更大，政策创新也越来越多。

虽然城市土地面积狭小，能够用于开发的土地更是越来越少，但深圳对重点科技企业的用地问题总是想方设法满足。2019年11月29日，有一则新闻在国内产业界受到广泛关注，腾讯和著名手机品牌vivo在深圳宝安大铲湾各拿了一块用地。其中，腾讯用85.2亿元拿下的一块用地面积多达80.9万平方米，开发规模达200万平方米，规模庞大。腾讯将投资318.9亿元在此建设创新型产业用房和商业、生活配套设施等，目前这些项目正在紧张建设之中，建成后将成为腾讯全球总部和深圳"互联网+"未来科技城。

有人说深圳给这些科技大企业配套土地是以平方千米为单位。比如，华为深圳坂田基地建有研发中心、培训中心、中试中心、生产中心、行政中心、员工公寓等众多设施，占地1.3平方千米；比亚迪在深圳龙岗和坪山两个行政区的三个工业园，共占地约3.7平方千米。这些大企业对深圳创新和经济发展贡献巨大，政府解决它们的用地空间都给予很大的支持。

深圳对科技企业的支持还有一个特别的做法，就是政府带头推广使用它们的科技新产品。比亚迪推出新能源汽车之后，最初市场还不太了解和接受，深圳市政府就率先推动在城市公共交通中使用。2017年，全市就实现了公交电动化，第二年巡游出租车实现全面电动化，深圳成为国内唯一实现巡游出租车纯电动化的城市。目前无论是纯电动公交车还是巡游出租车，深圳都是全球应用规模最大、应用最广的城市。5G产品方面也是这样，深圳大力推进5G基站建设，在全球率先实现5G全域覆盖。世界上不少国家都是通过政府率先使用，来帮助和促进某些先进技术产品的推广和使用。比如，美国计算机产业的发展就离不开军方的支持,皮埃罗·斯加鲁菲等在《硅谷百年史》一书中介绍:1956年美国电子设备销售额超过30亿美元,其中一半来自军方的采购;1966年美国共有2623台计算机,其中美国国防部拥有1967台。

为了鼓励企业研发更多、更先进的新产品,深圳还于2021年6月出台《深圳市工业和信息化局"三首"工程扶持计划操作规程》。其中,"三首"是指重大技术装备首台(套)、新材料首批次、软件首版次。政府专门编制"三首"推广应用指导目录,对进入目录的产品按一定期限内实际销售总额的一定比例奖励研制单位,最高奖励为1000万元。

深圳不断创新方式方法,支持大量中小微科技企业发展。2020年,针对中小微科技企业资金需求量大、市场融资难等问题,深圳在实施贷款贴息贴保等相应政策的同时,推出了普惠性科技创新券制度,支持中小微企业和创客获得研究开发、技术转移、检验检测认证和知识产权方面的服务。申请者申请的科技创新券,可以用来抵扣在市科创委入库的创新服务机构提供的相关服务的费用,这些服务机构既包括高等院校、科研机构和科技服务机构,也包括提供研究开发、技术转移、检验检测认证、创业孵化、知识产权、科技咨询、科技金融等科技服务的企业。申请企业(人)每年最多可以申领科技创新券5次,中型企业、小型企业、微型企业、创客个人单次申领额度上限分别为20万元、10万元、5万元、2万元。仅2021年6月,深圳市科创委就发放了37516万元的科技创新券。

深圳在大力支持科技企业发展的同时,对建设城市整体的创新能力和创新生态也不遗余力。2005年,深圳率先提出"创建创新型城市"这一概念,2008年6月成为全国首个创建国家创新型城市试点。不久,深圳为此专门出台了《深圳国家创新型城市总体规划(2008—2015)》,提出要实现发展方式、体制机制、科技、产业、社会文化等领域的全面创新，率先建成创新体系健全、创新要素集聚、创新效率高、辐射引领作用强的国家创新型城市，成为有国际影响力的区域创新中心；在发展方式、体制机制等方面创新，实施基础能力、应用能力、科技计划、新兴产业、高端产业、产业服务、创新支撑、创新文化等十大工程，打造城市良好完善的创新生态。在最新的《深圳市科技创新"十四五"规划》中，深圳提出的目标是，到2025年建成现代化国际化创新型城市，成为粤港澳大湾区国际科技创新中心的重要引擎。

深圳始终舍得在财政上加大科技投入，2022年在科学技术方面的支出预算增加到了514亿元，科技支出与公共预算占比在国内大城市排名第一。

大手笔的"20+8"产业政策

近些年，深圳发展面临的外部挑战越来越大：一方面，世界科技发展日新月异、一日千里，尤其是以生成式人工智能为代表的智能技术革命风起云涌；另一方面，逆全球化思潮不断冲击着产业链和创新链，如何主动应对挑战，尤其是在解决"卡脖子"问题上贡献深圳力量，是深圳主政者思考的大问题。

2022年6月6日，深圳市政府发布《深圳市人民政府关于发展壮大战略性新兴产业集群和培育发展未来产业的意见》（以下简称《意见》）及相关配套文件。政策"组合拳"一经发布，便引起广泛关注，《意见》也被认为是影响深圳未来若干年产业发展的纲领性文件。

《意见》表示，坚持制造业立市之本，把战略性新兴产业作为实体经济高质量发展的重中之重，以深化供给侧结构性改革为主线，以破解关键核心技术"卡脖子"问题为核心，大力发展先进制造、智能制造、绿色制造、服务型制造，促进先进制造业与现代服务业

第四章　抓住科技这个核心要素

深度融合，培育若干具有世界级竞争力的战略性新兴产业集群，抢占未来产业发展先机，提升现代产业体系竞争力，打造引领高质量发展的强大动力源，为深圳建设中国特色社会主义先行示范区提供有力支撑。

为此，《意见》提出了要重点推动 20 个产业集群发展壮大，包括网络与通信、半导体与集成电路、超高清视频显示、智能终端、智能传感器、软件与信息服务、数字创意、现代时尚、工业母机、智能机器人、激光与增材制造、精密仪器设备、新能源、安全节能环保、智能网联汽车、新材料、高端医疗器械、生物医药、大健康以及海洋产业集群。到 2025 年，深圳战略性新兴产业增加值将超过 1.5 万亿元，成为推动经济社会高质量发展的主引擎。

此外，深圳还将重点培育发展 8 大未来产业，培育新动能，提升新势能，包括合成生物、区块链、细胞与基因、空天技术、脑科学与类脑智能、深地深海、可见光通信与光计算、量子信息。

"20+8"产业政策以产业集群的先进理念为指导，对面向未来的重点领域补链、强链，促进产业链和创新链相互融合，形成更安全、更完备的"双链"。比如：在打造半导体与集成电路产业集群方面，提出要加快完善集成电路设计、制造、封测等产业链，开展 EDA（电子设计自动化）工具软件、半导体材料、高端芯片和专用芯片设计技术攻关，推进 12 英寸芯片生产线、第三代半导体等重点项目建设，支持福田、南山、宝安、龙岗、龙华、坪山等区建设集聚区，打造全国集成电路产业集聚地、人才汇聚地、创新策源地；在打造超高清视频显示产业集群方面，提出要推动新型显示器件、面板生产、终端制造和应用等领域协同发展，着力突破 4K/8K 视频采集器件与设备、显示面板工艺与技术、核心基础材料等关键共性技术，主导或参与国际标准制定，依托南山、宝安、龙岗、光明等区打造全链条产业创新区和全场景"AI+5G+8K"应用示范先行区，努力建设全球领先的超高清视频显示产业。

这套政策"组合拳"不仅从战略层面突出整体性、系统性和先进性，而且制定了具体的落地措施，甚至细到为每个产业集群都单独出台了配套政策。《意见》提出要建立"六个一"工作体系，包括完善重点产业链"链长制"，坚持一个产业集群对应一份龙头企业和"隐形冠军"企业清单、一份招商引资清单、一份重点投资项目清单、一套科技创新体系、一个政策工具包、一家战略咨询支撑机构，逐步实现"一集群、一基金、一展会、一论坛、一协会、一联盟、一团队"，做到专员负责、挂图作战，精准高效推动战略性新兴产业集聚发展。对于对产业集群发展非常重要的用地问题，提出在宝安、光明、龙华、龙岗、坪山、深汕等区，规划建设总面积300平方千米左右的20个先进制造业园区，形成"启动区、拓展区、储备区"空间梯度体系。

科学预判世界未来产业发展趋势，抓住最具潜力的新兴产业及时出台产业政策，体现了深圳的远见卓识和战略决策能力。"20+8"产业"组合拳"政策推出后，很快得到全面落地实施，比如：2022年底成立了总规模165亿元的第一批"20+8"产业引导基金，涵盖四大产业方向；2023年1月全市已开工72个"工业上楼"项目，为先进制造产业提供厂房面积2306万平方米。在最为火热的人工智能方面，先是进行全国首部人工智能产业专项立法，推出《深圳经济特区人工智能产业促进条例》；接着在2023年5月出台《深圳市加快推动人工智能高质量发展高水平应用行动方案（2023—2024年）》，与方案同时发布的还有首批"城市+AI"应用场景清单，以及设立1000亿元规模的人工智能基金群，旨在创建人工智能先锋城市。

科技发展日新月异，再好的产业政策在实施过程中也要根据实际做相应调整。2024年3月，深圳发布《关于加快发展新质生产力进一步推进战略性新兴产业集群和未来产业高质量发展的实施方案》(以下简称《实施方案》)，"20+8"产业集群政策迎来"2.0版"。

《实施方案》适当调整了"20+8"集群门类,包括在战略性新兴产业集群中,将软件与信息服务产业集群中的人工智能升格单列为1个产业集群,并且新增低空经济与空天产业集群。在未来产业中,将区块链产业并入软件与信息服务产业集群,新增智能机器人产业和前沿新材料产业。《实施方案》还调整了2025年要达到的系列目标,比如:战略性新兴产业增加值这两年增加较快,目标由原来的1.5万亿元提高到1.6万亿元;要打造4个万亿级、4个五千亿级、一批千亿级产业集群;国家高新技术企业超过2.5万家。

相信深圳以过去积累的雄厚实力,完全能够在世界新兴产业发展的制高点上占据更多话语权,并通过自主创新在解决"卡脖子"问题上做出较大贡献。

拼抢"第一资源"

深圳的"人才战略"

无论是创新还是发展高科技,人才都是毫无疑问的第一资源。改革开放40多年以来,要说哪座城市最重视引进人才,那非深圳莫属,"人才立市"始终是这座城市坚定的战略,从特区成立开始就在国内外"抢才"。

建立经济特区需要大量人才,而当时宝安只是一个县,没有自己的大学培养人才,只能从外面引进。而且特区创办之初,常有凄风冷雨袭扰,能不能办下去存在很大疑问,很多有点知识和本事的人都不敢、不愿来深圳。20世纪80年代初,曾发生这样一件事:时任市委书记发现没多少可用的兵将,到处都缺人手,就让同时担任广东省委组织部副部长的一位市委常委去广州招人,还特别交代他最好弄三百多号人回来。这位常委满怀信心地答应下来，第二天就去了广州，利用组织渠道和个人关系动员了一大圈，可没有几个人愿意来。最后花了两个多月时间才招来20多人，距离期望值差了一大截。那时，广州这种大都市的人根本看不上荒凉且前途不明的小深圳。

没有人愿意来，这就逼着深圳想办法增加对人才的吸引力。深圳在全国最早进行了劳动人事和工资制度改革，让人才可以自由流动，并且工资在全国也具有吸引力。深圳在全国率先建立了人才服务机构，1984年成立人才交流服务中心，可以为全国各地来深圳且具有干部身份的人才寄存档案；1996年成立人才大市场，为各类人才提供人事管理方面的服务。深圳还在全国最早主动走出去招揽人才，不但到国内北京、上海、武汉这样高校和人才较多的地方，还走出国门到欧美发达国家揽才。1992年深圳市领导亲自率团到海外招人，此后这种揽才方式成为常态。

进入21世纪，随着全国各地对人才越来越重视，人才争夺战开始上演并越演越烈，深圳因此多次出台系统性的揽才政策。2008年，深圳推出首个加强高层次专业人才队伍建设的综合配套人才政策，俗称"1+6"文件。这个文件是在协调深圳多个部门政策的基础上形成的，解决了人才在深圳安居乐业涉及的许多突出问题，比如住房、子女入学、配偶就业、学术交流补贴等。这些政策不但标准具体，而且公开透明，人才申请时只要符合标准就可以享受。据时任深圳市人事局局长王敏介绍，这些政策推出后在全国引起较大反响，很多城市都开始学习深圳出台类似政策。

2010年，深圳GDP已经稳居全国大中城市第四位，高科技产业早已是全市第一支柱产业。作为国际化大都市，深圳对海外人才的需求越来越大。当年10月，深圳市委、市政府出台《关于实施引进海外高层次人才"孔雀计划"的意见》，提出从2010年开始，在未来5年重点引进并支持50个以上海外高层次人才团队和1000名以上海外高层次人才来深创业创新，吸引带动1万名以上各类海外人才来深工作,大力推动支柱产业和战略性新兴产业领域的人才队伍结构优化和自主创新能力提升。目标宏大,配套政策的支持力度同样空前。凡纳入"孔雀计划"的高层次人才,将获得80万至150万元的奖励支持,并享受出入境、落户、子女入学、配偶就业和医疗保险等多方面的优惠待遇。对于引进的世界一流团队,最高可以给予8000万元的专项资助。这些政策每年总投入不少于10亿元。为了推进这项工作,深圳市委、市政府采取"工作目标责任制",而且引进的人才都要经过公示认定,确保了引进力度和质量。

"孔雀计划"围绕深圳城市发展的战略目标,为推动高新技术、金融、物流、文化创意等城市支柱产业发展,培育新能源、互联网、新材料、生物医药、人工智能、高端制造等战略性新兴产业,招揽了一大批海外高层次人才。引进海外人才是深圳引才工作的重点,也是亮点。对于达不到"孔雀计划"层次的海归,深圳也有不少资助,比如将海归来深创业的前期费用资助分三等,分别是100万元、50万元和30万元。这些措施有效地吸引了海归来深工作,至今已累计吸引留学归国人员近20万人。

深圳引才的另一个重点和亮点是高校应届毕业生。每年大学毕业生就业季,除了政府部门组织,深圳大一点的企业都会派人到北京、武汉、广州、上海、天津这些地方的高校抢人。2016年深圳市出台人才政策,其中对应届毕业生来深就业有很多支持措施,比如按照本科、硕士和博士学历,分别给予1.5万元、2.5万元和3万元的租房补贴。来深圳从事博士后研究工作的博士,可在两年内享受每年12万元免税的生活补贴。一些区在市补贴的基础上,还出台了自己的补贴政策,区补贴和市补贴可以同时享受。此外,2021年还发布了《深圳市就业创业补贴申请办理清单》,其中高校毕业生可以申领的补贴包括4项:求职创业补贴、职业技能培训补贴、灵活就业社保补贴和基层就业补贴,其中求职创业补贴有3000元。2019年,深圳市仅接收市外应届高校毕业生入户人数就达10.2万人。

除了市里出台的各种引才政策，深圳各区也都有自己的引才计划和政策，比如南山区的"领航计划"、福田区的"福田英才荟"、罗湖区的"菁英人才"等。深圳各区级财政实力也很雄厚，支持投入都很大。

在引才揽才上，深圳还有一项特别做法就是设立"人才伯乐奖"，对那些成功引进高层次人才的企事业单位、人才中介组织、个人等，最高奖励300万元，该奖每年评选一次。

高房价一直是制约深圳吸引人才的一个软肋。深圳在全国最早进行住房制度改革，其间率先建立起一套人才住房保障体系。在推进住房货币化、社会化、市场化的过程中，自2003年起，深圳在对特困及低收入家庭实行"应保尽保"的基础上，把人才和"夹心层"群体（特指收入"不高不低"的人群）纳入保障范围，从此人才住房成为深圳住房保障体系中的重要一环。为了确保人才住房的建设规模，政府在出让土地时就明确提出配建人才房的要求。符合条件的人才，只需在深圳市统一的人才房申请系统中填报相关材料，系统就会按照学历、职称、年龄、家庭人数、社保年限等给申请人打分排队，有新房推出，自动从高分往下确定配售人选，全程公开、公平、公正。除了购买政府人才房，符合条件的人才还可以享受住房补贴。2010年至2020年期间，深圳共发放人才安居货币补贴约43.96亿元，惠及56.33万人次。

2022年，深圳市住建局曾一次性推出6个项目共4422套人才住房，配售人才的基本条件是：高层次专业人才（持有深圳市人力资源和社会保障局出具的证书），或全日制本科及以上学历，或符合深圳产业发展需要的技师（国家职业资格二级及以上）；另外要求缴纳社保满3年。至于房子大小，单身居民、2至3人家庭可认购两房，高层次人才、4人及以上家庭可认购两房或三房。配售均价为每平方米2.05万~4.49万元，差不多是市场价格的一半。

除了深圳市统一建设人才房，各区也投入资源建设人才房，供给大幅增加，从而大大缩短了人才排队轮候的时间。比如一名硕士毕业入户深圳工作，一般来说四五年就可能申请买一套人才房，如果是租的话，等候时间更短。深圳比较好地解决了人才的住房问题，这也是那么多人才愿意到这里来工作的一个重要原因。

不仅给钱，还给股份

虽然政府为这座城市的引才创造了条件和环境，但引才、用才的最大主体还是企业。深圳企业无论大小，在引才方面都是绞尽脑汁、不遗余力的。

华为的成功一直被认为是公司人才战略的成功，无论是引才、用才和管理人才，华为都有一套十分宏大和严密的制度体系。这里，我们从几个侧面做一些透视。任正非在重视人才方面先知先觉、始终如一，而且有一套揽才高招。华为成立后不久，他就亲自拿着深圳市吸引人才的红头文件去华中理工大学（后来与其他高校合并成华中科技大学）、清华大学、西安电子科技大学等高校，拜访教授，招聘师生。他特别欢迎教授带着研究生、本科生到华为参观、实习，并提供车旅费。华为在早期通过这种方式招聘了不少业务骨干，后来担任华为轮值董事长的郭平，就是在华为实习后留下来的。1988年，在华中理工大学读研究生的郭平在导师介绍下来华为实习，其间任正非就隔三岔五跟郭平大谈公司愿景，鼓动他留下来干一番大事业。1989年毕业前，郭平拒绝了多家当时看起来十分高大上的单位，加盟还在南油新村民房里办公的小公司华为，一入职就担任项目经理负责研发交换机。当时很多人感到不解，郭平解释说对任正非的邀请他真的无法拒绝，他后来还帮华为从母校引进了包括师兄郑宝用在内的一大批人才。郑宝用坐火车来华为上班时，任正非自己开着公司仅有的一辆小汽车去车站接他。

任正非善于引才，更敢于大胆用才，最典型的例子就是对奇才李一男的使用。李一男还在华中理工读研时在华为实习被任正非看中，1993年夏天毕业就来华为上班，进行华为首个数字交换机的研发攻关，半月之后就升任主任工程师，为研发的成功做出了很大贡献。两年后，李一男被提拔担任华为总工程师，27岁当上华为副总裁，有人说他的升迁速度比坐火箭还快。后来李一男从华为出走，任正非反思自责，认为是自己管理没有做好，年终考核时一定要给自己打C等。

任正非在用人上不仅舍得给钱，还舍得给股份。公司成立后不久，就在国内率先实行了员工持股，建立共享机制，如今大部分员工都持有公司股份。

2019年，华为首次推出"天才少年计划"，每年在全球范围高薪招聘杰出的高校毕业生，公布的年薪分别为140万元、180万元和200万元。至2022年底，国内签约人数共19人，这些年轻人都是同龄人中的翘楚。比如复旦大学信息科学与工程学院博士林田，在校期间就已发表13篇论文，其中SCI论文8篇。这些天才少年主要承担人工智能、智能终端、云与计算、智能汽车、智能制造等方面的课题攻关，公司以特别优厚的条件对他们进行支持培养。

任正非在2019年接受央视《面对面》栏目采访时透露，华为至少拥有700名数学家、800名物理学家、120多名化学家、6000多位专门做基础研究的专家、6万多名高级技师和工程师。这些人才是华为创新的主力军，构成了华为最为核心的竞争力。

早期深圳企业抢人主要是给高薪，后来越来越多的企业跟华为一样，既大方地给钱又给股份。比如，诺安智能为了加强研发力量，最近几年加大投入引进需要的人才。2019年，他们委托深圳某高校光电工程学院实验室做一项技术实验，学院让一位1988年出生的副教授具体负责。在合作过程中，卿笃安董事长发现这位副教授技术能力很强，于是主动邀请他加盟诺安，并给出了丰厚的待遇条件，工资比在大学实验室翻倍，外加十几万股公司股票，后面再根据业绩给予股份激励。这位副教授对公司技术和产品很了解，相信公司未来会更好，于是就从大学辞职正式加盟公司。卿笃安让他带了一个团队，里面有四位博士后，负责光电部分的技术研究。另外，公司还从东莞理工学院引进了一位从中国科学院毕业的博士后，给予的待遇也是"高薪+股份"。

不仅民营企业如此，深圳的国企也充分利用国家政策大胆推进员工持股，建立共享机制。2017年12月，深南电路在A股上市，从公司公开发布的招股说明书中人们发现，这家国有控股公司有三个员工持股平台，还有39名自然人股东，公司持股人数共126人，包括公司高管、骨干，这些人的持股总数占公司总股本的5.26%。这是一家做印制电路板（PCB）和相关产品的科技公司，在上市前几年通过股权激励实现了快速发展。上市后短短十几天，公司市值从50亿元迅速飙升，最高达到280亿元，持股员工的股份市值低的有数百万元，高的有数千万元。

以股份吸引人才，给公司骨干配持股份，让他们共享公司成长的红利，同时承担公司成长中的风险，这样结成利益共同体对双方都是好事。基石资本董事长张维从20余年的投资经验中得出一个结论：凡是骨干持有股份的公司在凝聚力、战斗力上都比较强，遇到困难更容易突破，发展也更好。因此，他们形成了一个投资原则：不投核心骨干不持有企业股份的公司。

重视人才是因为深刻地认识到人才的价值，《华为基本法》中明确表示："华为没有可以依存的自然资源，唯有在人的头脑中挖掘出大油田、大森林、大煤矿……"奋达科技董事长肖奋说，"优秀人才是免费的"，因为优秀人才给公司创造的价值远远大过公司给他的，"衡量一名企业家杰出与否要看身后有多少优秀人才跟着你"。他认为企业家与优秀人才的关系不是一般的雇佣关系，而是要把后者培养成自己的"事业合伙人"，利益共沾，荣辱与共。

有了梧桐树，引得凤凰来

2022年11月1日，是深圳设立的一年一度的"人才日"。这天上午，著名科学家颜宁穿着喜庆的红色衬衣出现在深圳全球创新人才论坛现场。她在发言的最后，突然宣布即将辞去美国普林斯顿大学教职，来深圳筹建医学科学院。现场直播迅速让她的决定传遍网络，上了当天的热搜。

颜宁从清华大学本科毕业后，去普林斯顿大学分子生物学系学习并获得博士学位，不久后回到清华工作了10年。2017年，她接受普林斯顿大学邀请担任终身讲席教授，因在结构生物学方面取得重大研究成果，其间成为美国国家科学院外籍院士。当年颜宁离开清华去美国工作曾在网上引起纷纷议论，现在为何又选择回国来深圳工作？她在论坛上有一段精彩说明："你可能要问为什么选择深圳？深圳年轻，朝气蓬勃，有无限可能。坦白说我最开始对深圳也是有顾虑的，而最大的顾虑其实是这里的大家实在是太勤奋了，勤奋虽然是好事，但如果太累了，可能就会挤占梦想灵感的空间，弄不好反而限制了创新。但是当我真正来到这里，周末可以在马峦山爬山，去茅洲河划船，去金龟自然书房伴着醇香的咖啡、品着精致的甜点看书，我看到了深圳宜居的那一面。所以，现在我更同意深圳的另外一个称谓——'梦想之都'。而我的梦想就是经过我们几代人的共同努力，在10年、20年之后，在世界生物医药的版图上，深圳将会占有重要的一席之地。"

十几年之前，一位著名科学家和教育家选择来深圳工作也曾引起轰动，他就是朱清时院士。2009年，深圳举全市之力筹办南方科技大学到了一个关键节点，遴选创校校长。当时，深圳创造性地采取了借助社会猎头公司进行全球公开遴选的方式，一番考察下来，最满意的人选是刚刚卸任中国科技大学校长职位的朱清时。但通过各种途径多次接触，他却对出任南科大校长"没有想法"，不愿参与。

碰到这种情况怎么办？市主要领导表示对看中的人才一定要穷追不舍，决不放弃。于是，市委常委、组织部长带着市长的亲笔信亲自飞到合肥邀请。当朱清时表示参与者都是有身份的人，遴选环节让大家公开面对评委做竞选演讲的环节有些不妥时，深圳马上把竞选演讲修改为面谈。这些做法让朱清时非常感动，终于答应参与。3月下旬，评委们通过投票选出三位校长候选人，朱清时排名第一。4月来见深圳市领导时，他郑重地拿出一份精心准备的办学建议。结果，这份办学建议竟然先后上了市政府党组会和市委常委会，而且对朱清时的建议几乎照单全收，并形成了专门的会议纪要。

2009年9月10日教师节当天，朱清时出任南科大创校校长。此后几年，一场轰轰烈烈的高教改革在南科大展开，对全国高校都产生了深远影响。朱清时后来多次表示，他是被深圳市的诚意和改革的梦想召唤来的。

在朱清时来深圳工作的十年前，深圳引进了有史以来的第一位院士，他是我国电子光学理论和变像管诊断技术领域著名专家牛憨笨。1999年，深圳从西安引进牛憨笨，为了给他和他带来的十几人团队创造更好的工作条件，政府当年就投资1亿元为他们建立实验室、购买仪器设备。2001年《人民日报》副刊登载了一篇文章《牛憨笨：我为什么选择深大》，牛憨笨在谈到为何选择深圳时说："这首先出于经济方面的考虑。当然，我在西安，年收入十几万元，家庭经济条件非常宽裕，个人不足为虑。但是，我考虑的科研与产业相结合所需要的巨额经济来源，在西安无法满足，而深圳有这个条件。"牛憨笨在深圳大学创建了光电子学研究所和光电工程学院，为深圳相关产业培养了大量高级人才。

截至2022年底，深圳共有全职院士86位，高层次人才超过2.2万人，海外归国人员19万人，人才总量已达662万。牛憨笨、朱清时、颜宁是深圳在不同时期引进的高层次人才中具有代表性的人物,从他们的选择和谈话中,可以看出深圳这座城市对高层次人才的吸引力。高层次人才对工作城市的选择与一般人不完全相同,他们最为看重的是下面几点。

一是干事创业的环境和平台。高层次人才以事业为重,事业就是他们的生命。为何1999年之前没有一位院士来深圳工作?因为那时候深圳只有一所大学,没有一个国家级研究机构,院士们来了没有平台可以发挥所长,无法组织自己的研究团队,也没有可以相互交流的同行,说通俗点就是,人来了可能事业就废了。最近这些年,深圳筹建了多所高校和大型研究机构,引进院士级人才的数量也跟着突飞猛进。如果不是创办了南科大和医学科学院,朱清时和颜宁可能就不会来深圳了。

二是所获得的待遇和尊重。物质待遇也是高层次人才要考虑的因素,高层次人才虽精神境界更高,但同样有人的七情六欲,因此引进人才要实事求是,不能靠让别人去讲奉献。一个人要维持较高的生活品质必须有较高的收入,而且待遇本身是衡量人才价值的重要标志,给人才高待遇从某种角度来说体现的也是一种尊重。最近这些年深圳高校教师待遇上涨较多,有些跟邻近的香港不相上下,这就吸引了不少在香港工作的华人教师辞职来深圳高校工作。

除了物质待遇,高层次人才还特别看重精神上的满足。当年深圳派人去合肥朱清时院士办公室"三顾茅庐",是一种尊重;后来市委、市政府认可他提出的办学理念和措施,是一种更高层次的尊重,体现了对知识和专业性的尊重。中国知识分子讲究"士为知己者死",既然引进就要对他们充分信任,给他们干事创业的自由空间。

三是城市整体环境。要让高层次人才在城市里扎下根来、安居乐业,仅有上面两条还不行,城市的基础设施、教育医疗、空气水土、产业发展、人文氛围等整体环境也必须好才行。正如颜宁所说,除了工作,还要去茅洲河划船,去金龟自然书房看书。2016年春节前后,在北大工作的俞大鹏院士来深圳待了两周,然后马上决定加盟南科大。他说下定决心来南科大工作,除了对学校校长的认可之外,还因为深圳的蓝天白云和四季如春的气候。

发达的经济为深圳城市建设提供了有力支撑,这里已是一座世界上难得的宜居之城。全市建有1200多个公园,"公园之城"的美誉名副其实,加上这里得天独厚的气候条件,四季可见树木葱茏、鲜花盛开。最近几年,深圳空气质量全年优良率都在90%以上,2021年在全国168个重点检测的城市中,空气质量排名第8位,PM2.5平均浓度仅为18微克/立方米。这里地铁里程超过500千米,密度在国内城市中排第一,到哪儿都很方便。原来这里医疗和教育资源短缺,这些年加快了建设,三甲医院达到30余家,2022年9月新学年开学,仅义务教育阶段就新增学位10.25万个,就医难、上学难问题基本上得到解决。

在房价最贵的深圳湾核心区域,有一座全国首家建成的"人才公园"。公园内建有人才星光桥,上面为徐扬生、陈志列、陈十一、薛其坤等一百多位深圳的世界级一流人才立柱树传。公园里还设置了两个特别吸引人眼球的口号,一句是"创新驱动实质上是人才驱动",另一句是"深爱人才,圳等您来",这两句口号体现了这座城市对人才价值的深刻认识和对人才深入骨髓的喜爱。

大企业创新"顶天立地"

华为:领军企业的创新气魄

华为的创新代表了世界顶级水平,无论是人才和资金投入、项目选择、资源整合,还是公司管理、机制、文化等等,华为做得都十分出色,形成了卓越的创新体系。华为的创新在本书很多章节都有介绍，其他章节介绍过的本节不再重复。

向下扎根，向上突破

华为能高速发展到如此巨大的规模，首先是因为公司成立后找到了一条雪厚坡长的赛道，信息与通信行业是全球第三次技术革命中受益和增长最大的领域之一。

美国著名学者柯林斯和波勒斯对比研究了 36 家世界知名公司后写成《基业长青》一书，书中揭示很多长盛不衰的大公司都不是根据所谓的伟大构想创立的，创立之初也并没有明确方向，方向是后来摸索出来的。华为正是这样一家公司，刚成立时为了活下去什么都去做，卖过保健品、化妆品、小电子产品等。在做这些小生意的过程中，任正非通过朋友获得了香港鸿年电子有限公司程控交换机的内地代理权，误打误撞进入了一个大产业。

代理程控交换机让任正非看到这个行业前景无限，当时市场由外国厂家垄断，售价很高，他就有了自己生产的冲动。任正非让招聘来的技术人员从市场上买来散件组装，很快就组装了一台 24 门交换机，这让大家信心大增。任正非大手一挥，决定开始研发自己的产品，1991 年推出了第一款自主产品 HJD48 交换机。这款 48 门交换机成本很低，售价自然比国外产品便宜很多，良好的销售业绩让任正非的信心和胆子更大了。不久后，他们又推出了几款容量更大的自研产品。

1992 年，正当任正非要集中公司所有人力物力攻关 1000 门的模拟交换机时，技术人员曹贻安公开发难了。他认为模拟机在技术上即将成为"明日黄花"，要搞国外多数公司已经在做的数字机。曹贻安虽然只是中专毕业，但特别好学，来华为前在湖南一直边工作边上函授大学，对世界交换机行业的前沿技术了解较多。但任正非认为模拟机还有很大市场，距离山穷水尽还很远。年轻气盛的曹贻安见任老板这种态度，直接提出来不做数字机自己就走人。就在这时，任正非突然想通了似的态度大变，问研发万门数字机要多少经费，曹贻安答道："50万元！"让他意想不到的是任正非竟然说："给你加个零，不过要给我搞出来世界先进的产品！"那时候公司利润才1000多万元，任正非不干则已，一干就要孤注一掷地大干，这让曹贻安非常敬佩、感动。

从模拟机到数字机，在技术上是一次大的飞跃，当时华为连1000门的模拟机都没有搞出来，万门数字机对其来说难度更如登天一样。曹贻安在数字机研发上做出一些成绩之后去做了销售，李一男接替他继续攻关。这期间华为形成了著名的"床垫文化"，就是技术人员每人在办公室放个床垫，累了就躺下休息，醒了就起来继续干活，吃住睡都在公司，任正非经常从外面买饭菜给他们吃。就这样夜以继日地干，1993年，2000门的数字机C&C08终于研发成功，第二年推出了万门数字交换机并通过邮电部门验收鉴定，达到国际先进水平。此后不久，邮电部门就停止发放数字机的入网证，华为人知道后惊出一身冷汗，差点没赶上最后一班车。

万门数字机如同现金奶牛，给华为持续带来了巨大收益。1995年，华为就实现销售收入15亿元，员工增加到800人。后来，该机销售到100多个国家和地区，成为全球销量最大的交换机机型。万门数字机的研发除了给华为带来经济收益，还让其借此建立起自己的技术队伍和技术储备，这是华为腾空而起的标志。2013年，华为的市场份额终于跃居全球通信设备行业第一，过去可望而不可即的爱立信、诺基亚、富士通等行业巨头，都落在了它的后面。

从模仿创新到自主研发，再到成为行业领军者，其间华为经历了无数磨难，碰到太多诱惑，比如房地产热、互联网热、共享经济热等等，但华为不为目标之外的诱惑所动，牢牢扎根在ICT领域，在技术上攻坚克难、持续创新，向上实现突破。这是华为能成为世界级企业的重要原因。

领军企业要跑在前面

要成为令人尊敬的行业领军者，不仅要在市场份额上领先，还必须在创新和技术上领先，要引领和带动整个行业向前发展，这是领军企业必须承担的重大使命。

2001年前后通信行业进入2G时代，那时候华为只能跟在后面跑，一路紧追到4G时代才实现并跑。无论是跟跑还是并跑，华为心中的梦想始终是要当领跑者。2013年12月中国发放第一张4G牌照，为了实现5G时代的领跑，他们早在2009年就开始投入资源进行研究。

华为启动5G研究与土耳其埃尔达尔·阿里坎教授有关。2008年，阿里坎在发表的论文中提出一种用于信号传输的极化码技术，这是唯一能够被严格证明可以达到"香农极限"[①]的方法。编码技术被称为通信领域里最璀璨的一颗明珠，对行业发展十分重要。这篇论文不久被华为技术人员看到，他们意识到这项技术有可能用于5G控制信道编码，就写了一份报告给任正非，称如果能够进一步研究成功，华为就会在5G方面形成明显的领先优势。任正非一看很高兴，这是天上掉下个大馅饼，机会千载难逢，马上带人与阿里坎见面商谈，双方很快签订了合作协议。华为投入资金和技术力量，与阿里坎一起分工合作，共同在论文的基础上推动关键技术的突破和产品化。

要把技术从论文阶段变为商业化的产品，难度巨大。2013年华为宣布此后5年在产品化投资之外，至少再投入6亿美元用于5G研究。2017年，极化码作为5G标准的重要组成部分终于被有关机构确定。2018年6月26日，在5G研究上取得许多关键性技术突破并获得大量专利，已经完成第一阶段全功能标准化工作时，

---

① 香农极限是指在会随机发生误码的信道上进行无差错传输的最大传输速率，它的存在是香农定理在带宽有限的信道上的一个结论。

华为举办了一场盛大的庆功会，给包括阿里坎教授在内的百余位专家颁奖。阿里坎在获奖感言中表示，"极化码能在短短十年内就走出实验室，成为一项标准，离不开华为领导和工程师的远见卓识以及在技术方面做出的贡献"。

目前，华为在 5G 主流标准领域的专利数量位居全球同类企业第一，这也是中国企业第一次在世界移动标准制定中拥有核心话语权。5G 被认为是天上的一张网，更多的是面向移动终端，比如手机等。F5G 是第五代固定网络，被称为"地上的一张网"，更多地面向家庭、工业制造等固定场景。华为在这两方面的技术都世界领先。

2019 年 5G 开始市场化商用，至 2022 年底，华为与运营商、合作伙伴一起，已落地创新应用案例累计超过 2 万个。华为的技术和产品正走进世界各地的各行各业、千家万户，改变着人们生活和工作的方式，比如华为 F5G 光纤网络支撑实现"千兆家庭、万兆楼宇和 T 级园区"，使万物互联成为现实。在这个过程中，华为也收获了创新带来的巨大红利，2022 年华为财报显示其收取的专利费达 5.6 亿美元，很多来自 5G 专利，几乎所有大的手机厂商都要向其缴纳专利费，其 5G 基站出货量占比全球第一。

超前眼光和超前布局，加上及时抓住战略机遇并利用国际创新资源，华为在 5G 技术上跑在了世界前面。但科技创新就如同永无终点的长跑，没有始终跑在第一的冠军，多数企业只能领其风骚三五年，1G 时代遥遥领先的摩托罗拉在 5G 时代已经远远落在了后面。华为认识到只有持续创新才能持续领先，因此在 5G 正式商用的两年前就开启了对 6G 的研究，相信 6G 时代华为仍然能够领跑。

不仅在 5G 方面，华为在其他所有涉足领域中发挥的作用也都越来越重要。在全球超过 200 个标准组织中，华为提交的标准提案累计超过了 6.5 万篇，在同类企业中处于先进水平。华为用不懈的努力促进着全球技术进步和产业升级。

未雨绸缪防止"卡脖子"

华为前几年因为高端芯片被断供被迫卖掉了荣耀手机业务，但华为不仅没有倒下，反而业绩还在不断增长。这种抗打击能力来自公司未雨绸缪，在行业关键技术上早有准备。

任正非对未来总是抱着无限信心。他同时也是危机感十足的人，面对未来又总是战战兢兢。在华为刚开始自主研发程控交换机时，任正非就发现使用的半导体芯片是非常重要的元器件，交换机离开了它就相当于人没了大脑，而当时国内使用的芯片基本靠进口，他越想越觉得这种核心技术必须自己掌握才放心。

1991年，华为只有50多人，刚跌跌撞撞解决生存问题，任正非就决定成立海思集成电路设计中心，任务是为华为自己的交换机研发芯片。1993年海思研发成功第一块数字专用集成芯片（ASIC），到2000年已经能够量产百万门级的专用集成芯片。这时候手机市场越来越火，手机芯片使用量越来越大。2004年，华为果断在设计中心基础上成立海思半导体有限公司，并先后在北京、上海、美国硅谷和瑞典等地设立分部，开启手机芯片的研发。负责海思的是才女何庭波，任正非当年就对她寄予厚望："每年给你4亿美元的研发费用，给你2万人，一定要站起来！"这样才能"减少对美国芯片的依赖"。

手机体积小、功能多，尤其是手机游戏对运算速度要求极高，专用芯片开发难度极大。海思公司成立5年后，才推出第一款K3V1芯片，采用110纳米工艺制程和Windows Mobile操作系统，明显落后于竞争对手，市场效果自然不好。第一炮没有打响并没有影响华为研发出高端芯片的决心，他们继续加大投入、卧薪尝胆，2015年推出了新款麒麟芯片。正如名字"麒麟"的寓意一样，它给华为带来了好运和财富，使用这款芯片的华为荣耀手机销售一路上升。随着这款芯片不断迭代升级，华为手机作为高端品牌的形象越发稳固，销售不断创出新高。2019年，华为在全球智能手机出货量排名中位居第二，超过苹果，仅次于三星。

2019年5月17日凌晨，海思总裁何庭波带着复杂的心情给同事们写了一封信。信中说："多年前，还是云淡风轻的季节，公司做出了极限生存的假设，预计有一天，所有美国的先进芯片和技术将不可获得，而华为仍将持续为客户服务。为了这个以为永远不会发生的假设，数千海思儿女，走上了科技史上最为悲壮的长征，为公司的生存打造'备胎'。"从那天开始，华为所有曾经打造的各种备胎，一夜之间全部"转正"。

海思各种芯片产品的应用覆盖了无线网络、固定通信、数字媒体等领域，不仅用在华为自己的产品里面，从2018年就开始在世界各地销售，2020年一季度销售额达到26.7亿美元，已跻身全球半导体公司TOP10榜单。2023年8月，华为高端手机Mate 60 Pro横空出世，惊艳四方。它搭载的是华为自主研发的麒麟9000S芯片，不仅支持5G网络，而且支持直接联网卫星通话。

操作系统是一种管理计算机硬件和其他软件的一种程序，根据运行的环境，可以分为桌面、手机、服务器等操作系统，相当于人的大脑。仅仅3个月后的8月9日，华为在开发者大会上正式发布鸿蒙操作系统（HarmonyOS）。这是华为经过多年精心打造的"备胎"，是一款全新的面向全场景的分布式操作系统，被广泛运用在"万物互联"上。随着多次升级、开源，用户成倍增长。2023年7月，任正非在接受《科技日报》原总编辑刘亚东采访时透露："国内现在有30多个操作系统都是基于鸿蒙开源构建的，涵盖了行业终端、手机平板、家庭终端，加起来大概已经有6亿用户，在世界上排名第三。"

由于在核心技术研发上提前发力，面临外部冲击时华为没有被卡住脖子。但他们也清楚在芯片和操作系统上，自己与世界最先进的技术和产品还有距离，整体上还没有达到像5G那样的领先水平。这些年，他们在研发方面的投入不断加大，2022年创历史新高达到 1615 亿元，占全年销售收入的 25.1%。

杰出的企业家都是有远见卓识的人，1979 年稻盛和夫在一次演讲中曾对日本人发出预警：当美国不再转让技术时，该如何生存与发展？对这样一个攸关企业生死的大问题，任正非和稻盛和夫一样很早就意识到了，而且华为通过强有力的行动给出了答案。现在华为可以说"轻舟已过万重山"，受打压带来的最痛苦期已经过去。

实行"财散人聚"的机制

任正非在很多场合谈起华为的发展，都会说到一条关键的成功因素，那就是"分好钱"。华为围绕"分好钱"建立了一套"财散人聚"的机制，这一机制集中体现在员工持股上，公司成为共建共享的平台。

华为创立时，任正非说自己不懂管理，就去请教学过经济学的父亲，父亲告诉他民国时期很多善于管理的东家，都会让没有出钱的大掌柜及其团队一起参与分红，以凝聚人心。这给了任正非很大的启发。1990 年，华为实行了员工持股，成为国内企业股权制度改革的先行者。当时的做法是员工以每股 10 元的价格购买公司原始股，具体数量由员工的级别、绩效、贡献等因素决定，每年公司拿出税后利润的 15% 进行股权分红。这样员工的收入除了工资、奖金，还多了一份股权分红。

随着公司的发展，华为员工持股制度后来进行了多次改革。1997 年，华为参照深圳市出台的国有企业内部员工持股的有关规定，对公司股权结构进行改制和增资。因为非上市公司股东人数不能超过 200 人，新加入持股计划的员工不能直接登记为公司股东，于是公司将工会作为他们的持股平台。这样华为的工商登记中只有两个股东，一个是工会，另一个是任正非。

后来，华为高层在赴美考察时，发现国外很多公司都实行一种虚拟股权激励计划。2001 年，华为开始实施股票期权计划，对员工不再配售一般意义上的原始股，而是以员工的责任和贡献为评价标准配置相应期权，价值以公司年末净资产来进行折算。员工持有相应的虚拟股票，不仅可以像之前一样获得分红，还可以获得与虚拟股票对应的公司净资产增值部分的收益。但虚拟股票员工在职时不能转让，离开华为时只能由公司出资回购。对于老员工持有的原始股票，华为通过与其签订股权转换协议，逐步转换成虚拟股票。

通过这次改革，华为还进一步完善了公司的治理机制，持股员工一股一票选举出百余位持股员工代表，代表们再选举出持股员工代表会。这个代表会是华为的最高权力机构，对利润分配、增资和董事、监事选举等重大事项进行决策。任正非是持股员工中的一员，但对特定事项有一票否决权。

2003年，华为受到"非典"疫情等影响，经营受到巨大挑战，华为再次推出股改措施。这次改革让近八成员工都拥有公司股票的购买权，在购买数量上大幅向核心员工倾斜，他们获得的配股额度远远高于普通员工。这次"危机持股计划"的成功实施，缓解了公司资金紧张问题，同时稳定了核心员工队伍，使他们坚定地与公司共克时艰。

员工持股实施时间长了，老员工手上积累的股票越来越多，即使不再努力奋斗，仅靠股权也能有不菲收入，而且离开后还可以选择继续持有股票。但新员工由于工作年限短，持股数量有限，整体上享受股权红利的比例不高，这样不利于调动他们的积极性。于是，2008年华为再次进行改革，对持股数量设立限制，上限根据员工级别设定，达到上限之后将不再拥有配股权利。

作为越来越国际化的世界级大公司，随着业务的扩展，华为聘请的海外员工越来越多。为此，华为还专门有针对性地制订了奖励期权计划，让他们能更多地享受公司发展带来的红利。

华为推出并不断完善"财散人聚"的机制，背后的理念是"以奋斗者为本""不让'雷锋'吃亏"。公司实行的员工持股制度，让员工与公司形成了一个命运共同体，荣辱与共，使他们站在企业主人的位置上为公司努力奋斗、创造价值。这极大地增强了公司的凝聚力、向心力和亲和力，从而提高了企业的创新力与竞争力。可以说，这是华为能够快速发展的一个重要原因，也是华为在发展中能够经受住各种惊涛骇浪的定力来源。

华为是任正非一手创立起来的民营企业，目前他的持股比例不到1%。能够把公司超过99%的股份拿出来与员工分享，体现了他胸怀的无私与博大，这正是其作为杰出企业家的过人之处。

制度创新带来"基业长青"

如果说万门数字交换机研发成功为华为在技术上打下了根基，那么接下来多项制度创新则为华为的长远发展提供了保障。

1995年，任正非发现成功研发数字交换机在带来巨大红利的同时，也给公司带来负面效应，一些人躺在红利上开始懈怠、不思进取。他决定主动来一场深刻的自我革命，当年做了两件针对"人"的改革。一是邀请中国人民大学包政、彭剑锋和吴春波三位教授给华为制定了一套人事管理制度，从过去主要依靠人管人，变为用制度管人；二是在公司实行全员下岗再上岗的"优上劣汰"，一次性换掉的中层管理人员就多达三分之一。

第二年春天这两件事做完，员工面貌焕然一新，但任正非觉得似乎还不够。那时候正是香港回归前夕，《香港基本法》是媒体和社会关注的热点话题，任正非脑子里火花一闪，想法出来了："华为也要搞个类似的基本法，一个国家、一个地区需要一部根本大法，一家公司同样需要。"于是，中国人民大学的三位教授被再次请来，任正非充满期待地说："请你们这些大专家来搞《华为基本法》，希望能够明确华为的核心价值观和经营管理的基本法则，以此统一思想、凝神聚气，确保华为长期繁荣发展。"他用一贯豪气的口气表示,给 3 年时间、100 万元经费,搞好了还有奖励。

　　三位专家一听,既兴奋又感觉压力很大,华为把这么重要的事交给自己是出于信任,但国内还从未有企业做过这种事情,任正非眼界又高,要做出满意的文本难度极大。于是,他们又邀请了另外三位同事加入。人多力量大,六位专家花费大量时间、精力深入公司调研,搜集国际知名公司资料,进行讨论、提炼,最后经过无数次修改,《华为基本法》终于在 1998 年 3 月定稿。

　　这部纲领性文件全文 1 万多字,包括公司宗旨、基本经营政策、基本组织政策、基本人力资源政策、基本控制政策、接班人和基本法修改等六章共一百零三条。比如第一章确立的公司核心价值观是:"华为的追求是在电子信息领域实现顾客的梦想,并依靠点点滴滴、锲而不舍的艰苦追求,使我们成为世界级领先企业。为了使华为成为世界一流的设备供应商,我们将永不进入信息服务业。通过无依赖的市场压力传递,使内部机制永远处于激活状态。"最后一章规定了基本法每十年进行一次修订等。文件具体内容在很多网站都能搜到,有兴趣的读者不妨找出来读一读。

　　《华为基本法》有深厚的理论基础,从中能看到德鲁克、熊彼特这些大师思想的影子,借鉴了国际知名公司的治理经验,总结升华了华为过去的实践。基本法制定出来之后,任正非亲自部署公司全员学习,尤其是中层干部必须深刻领会,使之成为整个公司思想和行为的准则。今天,华为很多大的决策和行动都能从中找到依据,比如公司聚焦通信行业的定力和对研发的高投入,基本法里就有这方面的规定:"我们不从事任何分散公司资源和高层管理精力的非相关多元化经营","每年我们保证按销售额的 10% 拨付研发经费,有必要且可能时还将加大拨付的比例"。

　　任正非的做事风格是必须弄清楚使命、愿景、为何做、怎么做这些关键问题。2013 年,任正非的母校贵州都匀一中校长找到他,希望他能向学校捐款,他答应后反问校长一个问题:学校的校训是什么？校长一时答不出来，任正非说：那我找些朋友帮你一块儿想吧。很快，他真找了一批知名的教育专家、院士和企业家，花了整整一天时间讨论出"立志、崇实、担当"六个字的校训。

制定《华为基本法》的同时，任正非还在公司启动了另一场深刻的大变革。1997年，他去美国IBM考察，看到华为与其存在巨大差距，深受震撼，回来后就决定从IBM请专家来全面改造华为。当年，华为销售额41亿元，对方报价说至少要20亿元，但这丝毫没有影响任正非的决心。他坚定地认为，"华为必须虔诚地拜IBM为师，不惜一切代价将其管理精髓移植到华为身上"，唯有如此，华为才有可能成为世界一流的企业，才能逐步走向规范化、职业化和国际化。在此后接近十年的时间里，IMB派出70位专家到华为办公推进公司管理变革，每人每小时的费用为300~680美元。

任正非不惜血本向IMB学习，因为他认为自科学管理运动以来，这些知名公司历经百年锤炼得来的现代企业管理体系，凝聚了无数企业盛衰的经验教训，是人类的宝贵财富。虚心向这些公司学习，是一条实现自身快速成长的捷径。针对学习过程中有些人不正确的态度和做法，任正非还提出了"先僵化、后固化、再优化"的原则，确保学到原汁原味的"真经"。面对这些年全球贸易保护主义抬头的不利环境，任正非在接受媒体采访时曾进一步阐述了他的学习观："如果我们不想死的话，就要向最优秀的人学习……华为生存下来的唯一措施，是向一切先进的老师们学习！"

经过《华为基本法》的锤炼和IMB的改造，华为实现了脱胎换骨、化蛹成蝶的变化，为后来成长为世界级大公司夯实了根基。任正非对此有个精辟的总结："如果没有《华为基本法》，华为会崩溃；如果没有IBM，就没有华为的国际化。"

腾讯：一切以用户价值为依归

腾讯是全球领先的互联网科技公司，世界各地每天有十几亿用户直接使用它的产品，这些领先的科技产品大幅提升了人们的生活品质。腾讯的愿景及使命是"用户为本，科技向善"，一切以用户价值为依归，将社会责任融入产品及服务之中。公司自成立以来，用创新践行使命，不断创造出新的产品，不断提升用户体验。

万马奔腾的创新机制

马化腾是工程师出身的企业家，在读大学阶段就开始编写软件，让腾讯发迹的产品 QQ 就是他带领几个伙伴研发出来的，他对产品研发有丰富的经验和深刻的理解。他深知，研发之道就是必须调动每位员工的积极性，要着眼于为用户创造价值。在他的大力推动之下，腾讯内部形成了万马奔腾的创新局面。

腾讯倡导全员创新，利用"微创新奖"点燃每位员工的创新激情。与很多公司不同，腾讯员工本身就是自己公司产品的用户，最典型的产品是 QQ、微信。这个特点让所有员工都有可能为产品研发出谋划策。腾讯一直流传着两个创新故事，其中一个是关于"群"的产生的。2002 年，一位做产品的技术人员发现用邮件约人吃饭效果不好，开始尝试将 QQ 与"邮件群发"功能结合起来，于是 QQ 群产生了。后来，不但微信借鉴了这项功能，"群"也成了所有即时通信工具的标配。另一个故事是关于微信红包的。广东人有春节派红包的习俗，腾讯在深圳的员工过完春节上班的第一件事，是到总部大厦排队领红包，马化腾会亲自派发。浓郁的红包文化催生了微信红包，2014 年春节前在公司的一次头脑风暴中，有员工提出能不能用微信发红包，于是技术人员马上开发，春节期间用户就用上了微信红包。

腾讯很早就设立了"微创新奖"，之所以加个"微"字，就是鼓励人人参与创新，哪怕提个小创意被采纳了也可能获奖。为了体现这一奖项民间、草根的特点，公司领导一律不参加评奖，用网络投票、专家评选来决定获奖项目。自设立这一奖项以来，每天都有员工提交创意。微信摇一摇、朋友圈广告、微信运动、运动捐步、刷掌支付、"云+税务"实名采集小程序等等，很多我们经常使用的功能，都曾获得微创新奖。

在该奖之外，腾讯还设立了年度"名品堂"和"创始人奖"，这是公司最高荣誉奖，其中"创始人奖"重在表彰那些体现创始人精神、对公司发展具有里程碑意义的创新，游戏《王者荣耀》就曾获得这两项荣誉。

为了营造一个自由开放的工作氛围，腾讯建有内部平台"乐问"，员工可以在里面询问包括产品、技术、生活等方面的问题，哪怕是吐槽公司产品、质问公司管理都行，有什么好的建议也可以发在里面。提问者可选择匿名，匿名经过多次加密，要想"解密"必须经过总裁级的高管审批。但回答者要实名，目的是让大家能够大胆地问，负责任地答。这个平台自建立以来非常活跃，成为公司收集创意、开发和完善产品的重要渠道。

腾讯内部还有一个"赛马机制"，就是同一个项目允许几个团队来做，最后谁跑得快、跑得好就用谁的成果。微信就是这样跑出来的，当年同时有三个团队在研发。《王者荣耀》也是这样跑出来的，在内部战胜了光速工作室研发的游戏《全民超神》，然后获得公司各种资源倾斜，从而成为今天游戏界的奇迹，而《全民超神》则于2019年下线停运。几个团队同时做一件事在外人看起来是浪费，腾讯却认为这是应付的成本。作为主要面向C端（消费者端）的互联网公司，用户体验是公司追求的至高无上的目标，内部竞争、比较是达到目标的重要手段。

在腾讯最早开发OICQ时，由三位以色列科技人员研发的即时通信工具ICQ已经在中国风靡一年多的时间，但没过两年OICQ

就打败了 ICQ。后起之秀为何能够后来居上？这是因为其在功能上更能满足中国用户需求。比如 ICQ 的所有信息都存在用户端，换一台电脑，包括好友在内的信息就不见了，而 OICQ 的用户信息放在云端，在哪台电脑上使用不受影响。跟腾讯 OICQ 同时出现的国内即时通信工具还有 TICQ、GICQ、PICQ 等很多个，最后也在竞争中被淘汰了。这个过程给腾讯一个深刻的启示，优秀产品是在跟同类产品的竞争中脱颖而出的。在公司内部建立赛马机制，实际上是把外部的竞争引入内部，提前预演更能掌握主动权。

鼓励人人创新，建立赛马机制，使得腾讯内部创新活动更加活跃，自下而上的创新成果不断涌现。截至 2022 年 6 月底，腾讯在全球主要国家和地区专利申请公开总数超过 5.7 万件，专利授权数量超过 2.7 万件，其中发明专利占比超过 90%。

微信创新迭代没有终点

微信在诞生的时候，仅有聊天功能，但此后的一年多时间里，就更新了十多个版本，先后增加了手机通讯录读取、多人会话、语音对讲等功能。微信后来一直不断更新迭代，一步步变得更加好用，更加强大，产品"护城河"越来越深。

互联网产品在改善用户体验上有很大便利，企业很容易了解用户需求，产品更新迭代方便，以技术手段实现用户需求之后，马上就可以上线，上线了用户马上就能使用，这是比亚迪汽车、华为通信设备无法做到的。腾讯很好地利用了互联网产品的特性，成功地运用互联网思维进行微信的创新迭代。

在微信产品的迭代升级上，腾讯有很多微创新、小创新，也有一些中创新、大创新。微信推出时主要是即时通信工具，随着用户的增多，其平台价值日渐显现，腾讯发现很多用户希望借此发布信息、文章，就在 2012 年 8 月推出了微信公众号，一下子吸引了很多用户注册。公众号注册用户既有个人也有企业、机关等单位，C

端和 B 端（企业端）两种用户需求不完全一样，个人主要是发文章，而企业类用户除了希望发企业信息，还想在上面与客户沟通交流，于是第二年腾讯把公众号分成了订阅号和服务号。

按照规则，订阅号每 24 小时可以群发 1 次，消息折叠出现在订阅号的文件夹中，用户不会收到微信提醒。服务号每月可以发 4 次，消息出现在微信聊天列表中，用户会收到微信提醒，认证后可以建立微信商城，具有微信支付功能。订阅号使用者包括个人、媒体、企业、政府或其他组织，服务号使用者则不包括个人用户。无论是订阅号还是服务号，所发布的内容都只有订阅用户才能看到。微信公众号已发展成为国内最大的移动媒体信息分发平台，企业借此开展营销活动，个人借此可以进行自媒体创业。截至 2021 年 1 月，微信公众号数量已经达到 3.6 亿个。

2013 年春天，微信用户超过 3 亿，越来越多的用户产生了支付需求，比如有的微信公众号文章希望付费才能阅读，有的人购买微信表情包想使用便捷支付等，另外还有大量与餐饮、购物等商业结合的运用场景。这时候，被誉为"微信之父"的张小龙感觉机会来临，于是安排团队做微信支付。开始做的支付过程比较复杂，张小龙要求在保证安全的情况下必须做得越简单越好，哪怕多一个很简单的步骤对用户来说都会增加不好的体验。最后，经过反复修改的极简版微信支付于当年 8 月上线，绑定银行卡完成账号注册，支付时只需扫对方二维码，然后输入 6 位数字密码即可完成，十分快捷。

微信支付推出后，用户爆发式增长。尤其是大量企业、商店、酒楼、公交公司等机构用户注册之后，人们用一部手机就可以完成购物、吃饭、水电费等费用支付了。微信支付活跃用户已经超过 8 亿，覆盖商户超 1000 万家，作为中国领先的第三方支付平台，它与支付宝一起完成了对中国人支付方式的革命性改变，中国人基本告别了纸币时代。微信支付在给用户生活带来极大便利的同时，也为公司创造了巨大利润,有人根据腾讯财报分析,微信支付一年的收入高达 500 亿元以上。

随着技术的不断进步,人们从过去读文字、读图逐渐迎来了"读"视频时代。2020 年,微信在公众号之外,再次推出微信视频号。这个功能的推出为原来公众号的用户提供了一个用视频表达的渠道,一些个人和商家还在上面做起了直播。用户可以注册视频号上传视频,也可以关注感兴趣的视频号看视频。截至 2022 年 6 月,微信视频号月活规模突破 8 亿。

微信产品自推出以来,除了公众号、视频号、微信支付、企业微信这些大的创新,还有数不胜数的中小微创新。我们使用时会发现过一段时间,微信就会告诉我们有新的功能需要升级,这种持续创新在更好满足我们需求的同时,也使用户跟微信的黏度越来越强,双方谁也离不开谁。

百亿元巨资投向基础研究

2022 年 4 月,腾讯对外宣布启动"新基石研究员项目",将在未来 10 年内投入 100 亿元,支持一批杰出科学家潜心基础研究,做"从 0 到 1"的原始创新。支持的研究领域包括数学与物质科学、生物与医学科学两个领域,鼓励学科交叉研究。资助金额实验类每人每年不超过 500 万元,理论类每人每年不超过 300 万元,并连续资助 5 年。期满之后若评估通过,还可以延期,这样 10 年之中最多的可以获得 5000 万元资助。

"新基石研究员项目"是一项聚焦原始创新、鼓励自由探索、公益属性的新型基础研究资助项目,实施机制上也有很大创新,完全由科学家主导、独立运营,腾讯负责出资。腾讯为此成立了"新基石研究员项目"科学委员会,中国科学院院士、西湖大学校长施一公担任主席,潘建伟院士、谢晓亮院士、张杰院士担任委员会委员,他们都是具有国际视野、在国内外经历过大型科学项目评审的一流科学家。

这个项目还有一个特点是"选人不选项目",把优秀的科学家选出来,给他们充分的科研自由,不设置明确的研究任务,不考核学术论文数量,不设定必须拿出成果的期限。这体现了对科学家的充分信任,尊重了科学研究的规律。

两个月后的7月5日,2022年度"新基石研究员项目"首次开放申报,规定申报人必须符合以下条件:申报时未满55周岁,担任博士生导师5年以上,在中国内地或港澳地区全职工作(国籍不限),每年投入科研工作时间不少于9个月,具有承担基础研究课题的经历并仍处于研究一线。施一公院士认为选出的科学家必须是"雄心勃勃、年富力强、敢于担当,敢于在人类未达之境中全力以赴探索"的。2023年1月,首批入选名单公布,共有991位科学家提出申请,58位获得项目资助。

早在2018年,腾讯就携手多位中国科学家发起"科学探索奖",由腾讯基金会出资,科学家主导,面向基础科学和前沿技术领域,在中国内地及港澳地区全职工作的、45周岁及以下的青年科技工作者中,计划每年评出50位获奖者,每位将在连续5年里获得共300万元奖金,这些奖金可自由支配,截至2023年底共有248位青年科学家获奖。这是国内金额最高的青年科技人才资助计划之一,为"新基石研究员项目"出台积累了经验。

现在,越来越多的企业出资与高校和科研机构合作做应用研究,搞成果转化,但拿出这么多钱资助科学家去做基础研究还十分少见,在项目运作上又完全由科学家主导,这体现了马化腾和腾讯尽心竭力支持国家科技事业发展的大境界、大胸怀。基础研究做起来难度大、周期长、风险高,但基础研究是创新之源,搞好基础研究是建设创新型国家的必由之路、根基所在。相信有腾讯的巨额投入和良好运作机制作为保障,有一批优秀科学家的努力,若干年后一定会涌现出一批杰出的科研成果。

腾讯是一家社会责任感非常强的公司，每当国内发生大的自然灾害时，它总是出现在第一批捐赠者名单里。新冠疫情暴发后，腾讯马上拿出15亿元设立"战疫基金"，其中3亿元专门奖励"战疫"优秀人物。旗下专门设有公益慈善基金会，确保常态化做好公益慈善事业。这些做法都体现了马化腾和腾讯所具有的企业家精神。

比亚迪：新能源汽车全产业链创新

从一块电池做到电动汽车全产业链领域，而且电动汽车销量跃居全球第一，这就是比亚迪。在传统汽车向新能源汽车转换"车道"时，比亚迪以提前布局、自主创新实现了"变道超车"。现在比亚迪已在全球设立30多个工业园，实现全球六大洲的战略布局，成为同时掌握电池、电机、电控及芯片等新能源汽车全产业链核心技术的车企。

掌握全产业链核心技术

比亚迪的起点是做磷酸铁锂电池，因为电池价格便宜、质量又好，成为国际电子企业巨头的供应商。2002年，比亚迪在香港联交所主板上市，第二年成为全球第二大充电电池供应商，行业地位举足轻重。这时候，王传福做出一个大胆决定，以2.7亿元价格收购西安秦川汽车77%的股份，进军汽车制造行业。

当时，包括公司高层在内的很多人都大为不解，认为历经上百年发展，奔驰、大众、本田这些国际汽车巨头在技术、管理、资金等方面的实力无人能够撼动，就连国内那些大企业也是通过跟这些巨头合作的方式进入这个产业的，比亚迪单枪匹马去做是以卵击石。但王传福认为比亚迪此时的业务已接近充电电池产业的天花板，而汽车是万亿美元的大产业。汽车产业有上百年历史，恰恰说明它是成熟产业，不是高不可攀的高科技。搞技术出身的王传福觉得，技术壁垒都是为了给后来者营造一种恐惧感，是逼你放弃的"纸老虎"。只要是人造的，不是神造出来的，比亚迪也可以造出来。更为重要的是，王传福敏锐地意识到不久的将来电动汽车肯定会颠覆传统燃油车，现在必须先人一步布好局。

秦川汽车虽然是个小企业，名不见经传，但拥有德国和日本的生产线，还有200多名工程师，这正是王传福最看重的。收购后，在传统汽车研发和生产之外，王传福给他们压了一个重任，利用比亚迪电池技术研发生产电动汽车。2006年，比亚迪第一款搭载磷酸铁电池的F3e电动汽车研发成功。虽然由于社会上没有充电配套设施影响了这款车上市销售，但比亚迪在纯电动汽车的研发上一直没有停步，因为他们越来越发现这符合国家碳中和的战略方向，一定会迎来行业大发展的春天。从2014年至今，比亚迪已推出以中国古代王朝命名的秦、唐、元、宋、汉等系列新能源汽车品牌，果然越来越畅销。

比亚迪在整个新能源汽车产业链上，从电池到整车生产不仅什么都要自己做，而且还要做出自己的核心技术。王传福认为只有抓住了核心技术，才不会受制于人，才是真正的安全和强大。否则，就如马云所说："如果不掌握核心技术，就是在别人的墙基上砌房子，在别人的院子里面种菜。"通过近30年的努力，比亚迪在新能源汽车的电池、电控、结构和智能化等方面都拥有了核心技术，而且很多技术被国内外新能源汽车企业使用。

第一，刀片电池。这款2020年正式发布的电池采用磷酸铁锂技术，将长度大于0.6米、排列成矩阵的细长电芯，像"刀片"一样插入电池包里面，从而大幅提高电池体积利用率，同样体积可以装入更多电芯。相比三元锂电池，它具有更多优点：一是安全性高，在最严酷的"针刺实验"中，电池表面温度基本不会超过60℃，不起火，不会爆炸；二是能量密度高达180wh/kg，大幅提高了车辆续航能力；三是寿命更长，可以充放电3000次以上。2022年6月，比亚迪宣布成为特斯拉电池供应商，两天后比亚迪市值突破万亿元。

第二，IGBT（绝缘栅双极型晶体管）技术。IGBT 是能源变换与传输的核心器件，在新能源汽车中主要用于控制电压、电流，是电动汽车电驱动系统的核心、中央处理器，决定了整车的能源效率，但这一关键技术长期被国外企业垄断。2006 年，比亚迪在国内率先自主研发 IGBT 芯片，三年后推出首款产品，打破了国外品牌的垄断。2018 年 IGBT4.0 芯片推出，成为国内中高端车用 IGBT 中的领先产品。现在，IGBT 6.0 版本已经推出，标志着比亚迪 IGBT 研发水平进入世界领先行列。比亚迪的 IGBT 技术广泛运用于纯电动汽车和混动力汽车两个领域，而且在混动力汽车领域使用量全球第一。

第三，CTB 技术。这是比亚迪研发的电池与车身一体化技术，这种技术使刀片电池通过与托盘和上盖连接，直接将传统电池变成"底盘"，成为车身的一部分。这样不仅占用空间更小，而且使电池包结构更强，大大提高了车辆的安全性。

比亚迪在新能源汽车领域的核心技术还有很多，比如用于智能辅助驾驶的 e 平台、双向逆变充放电技术等。为深耕核心技术，建立自身的"技术鱼池"，比亚迪建立了多个研究院，拥有研发人员近 7 万人。研究院下面又设立很多研究中心，使得公司产业链的每个领域和环节都有专门的研究力量进行深入研究。比如汽车工程研究院有底盘技术开发中心、车身技术开发中心、电动汽车技术开发中心、汽车智能电子电器与数字化中心等产品研发部门。王传福鼓励所有技术部门不仅要服务好比亚迪，还要把产品和技术卖到世界各地，做大了就上市。截至 2022 年底，比亚迪在全球累计申请专利约 3.9 万项、授权专利约 2.7 万项，位居国内新能源汽车企业榜首。

"合适的"才是最好的

在很多人眼里，高科技企业的创新似乎只能搞高科技，做那些没有太多科技含量的事有失脸面。但比亚迪不这么认为,高科技当然必须下大力气搞,不是高科技的创新也要搞,就看是否有利于企业生存和发展。创新要服务于企业战略,不能为了创新而创新,适合的技术才是最好的。

比亚迪做电池一开始就与国外厂家"能用机器尽量用机器"的做法相反,在生产线上"能用人工尽量用人工",形成了"人工+设备"的生产模式。企业刚起步时缺钱,买不起那些昂贵的流水线可以理解,但到了2000年公司已经有相当实力,要大规模生产自主研发的锂离子电池,比亚迪也没有花1亿美元从日本引进最先进的全自动生产线,而是花5000万美元引进了一条常规生产线回来进行"重组",在生产流程中更多地"嵌入"人工,这让很多人都不理解。那时从日本引进全自动生产线生产电池,在国内一些企业中还是时兴的做法。有一次内地有位领导来比亚迪参观,看到车间里简陋的生产设备和大量的打工仔、打工妹,心里很不以为然:这是什么高科技企业,不就是一个规模宏大的作坊嘛!

不仅是那位内地领导,当时比亚迪给很多人的印象都是很"土"、高科技企业不"高"。但王传福并不在意这些议论,他非常清楚比亚迪要在国际市场上与那些实力雄厚的大企业竞争到市场,能够凭借的最有力的东西只有一样,那就是利用中国劳动力成本低的优势,制造出低成本、低价格的电池,当然质量上也不能输。这样做可以增强企业竞争力,增加社会就业,从贫困农村来的王传福深知每位打工人背后就是一个大家庭。他还给同事们算账,进口一个机械手需要多少钱,每月折旧是多少钱,这些钱能雇用多少员工,算下来的结果是用人工划算很多。

王传福这招效果十分明显。2000年到2002年,比亚迪先后攻下摩托罗拉、诺基亚两大客户,这是中国企业第一次成为它们的电池供应商,被挤掉份额的对手是日本三洋。三洋一块电池卖8美元,比亚迪卖2.5美元,这也逼得三洋一路把价格降到4.9美元,比亚迪也跟着降到2.3美元。这种价格三洋已经要亏损了,日本劳动力成本很高,三洋无法像比亚迪这样再降成本,价格战只能到此为止。而比亚迪把每块电池价格降到2.3美元还有很高的利润,质量上又相差不大,很自然就获得客户,这样它变成了价格战的大赢家。

收购秦川汽车后,比亚迪用生产电池的做法对其生产线进行改造,增加人工比重,让秦川汽车的工人一下子增加了好几倍,但总体成本降低了很多。比亚迪把这种做法称为"流程创新"。

从"流程创新"中我们能看到比亚迪的创新理念,追求实用、效果,不追求表面上的"高大上"。比亚迪在电动汽车的研发上同样如此。在研发纯电动汽车的同时,他们还研发了油电混用的电动汽车。2010年,比亚迪推出全球首款不依赖专业充电站的双模电动汽车F3DM,这款车充电一次的续航里程为100千米,充满电和油之后综合行驶里程达到580千米,平时在城市上下班用电就可以,出远门或者忘了充电就用汽油。为何要在新能源汽车上加使用"旧能源"汽油的功能?这是因为当时整个社会缺少充电设施,而充电设施要建起来远非一日之功,此外还有气候原因,冬天太冷的地区电损太大,不太适合电动汽车。果然混动力汽车推出后,深受市场青睐。后来,比亚迪通过不断改进混动技术,使混动力汽车不仅越来越节能,而且越来越好用,这些年销售数据显示,混动力汽车与纯电动汽车差不多各占半壁江山。

比亚迪的上述做法有两个突出特点:一是牢牢抓住了人口红利带来的成本优势。这也是中国作为后发经济体最大的红利,很多公司跟比亚迪一样以此实现了飞跃式发展。后来随着人力成本不断升高,人口红利渐渐消失,比亚迪也不断调整策略,更多地用自动化机器代替人工,在两者之间动态地找到最佳平衡点。二是实事求是。一切从实际出发做决策,而不是一味追求技术上的高精尖。这样做的目的就是抢占市场,获得企业生存和发展的空间。

中国平安：金融大象在科技领域起舞

很多人知道中国平安是全球资产规模最大的保险集团，总资产已突破 10 万亿元，在金融创新上敢为人先成为行业引领者，但却不太了解它也是一家实力雄厚的科技型金融集团，在科技创新上同样成果卓越。截至 2022 年底，平安科技专利申请数累计达 4.6 万项，在人工智能技术领域、金融科技和数字医疗业务领域的专利申请数排名均为全球第一，集团有超过 3 万名技术开发人员、近 3900 名科学家组成的一流科技人才队伍。

与华为、腾讯、大疆这些高科技公司相比，中国平安从事的是传统的金融行业。但它通过强有力的科技创新，促进了传统产业的转型升级，使得公司业务持续保持增长。

金融插上了高科技翅膀

中国平安之所以在金融科技方面走在世界前列，根本原因是以马明哲为核心的公司管理层在战略上高瞻远瞩，进入 21 世纪不久就确立了深化"金融+科技"、探索"金融+生态"、聚焦"大金融资产"和"大医疗健康"两大产业的发展战略，致力于把平安打造成"国际领先的科技型个人金融生活服务集团"。

1988 年，中国平安在蛇口成立，是改革开放后国内第一家股份制保险公司。它能够从零做起一路高歌猛进成为国内保险行业老大，主要得益于公司诞生在改革开放的最前沿，在经营管理上率先建立了与市场经济相适应的体制机制，这让它在市场竞争中充满活力，占尽优势。但随着市场经济体制在全国的发展完善，平安体制机制的优势在逐步减弱，这时候他们及时把"科技"作为公司发展的长远驱动力，这是战略上的大赢。

有了战略上的指引，平安在战术层面开始了一系列大动作，其中最关键的一招是 2008 年成立全资子公司平安科技，总部设在深圳，在北京、上海、南京等多地设有分公司。深圳是高科技之城，一般来说只要有需求都能找到合适的科技公司来提供服务，作为金融集团的平安专门成立科技公司，考虑的主要是自己的公司血脉相连，能更专业、更贴心地为集团日益增长的多样化业务提供高科技支撑，而且技术掌握在自己手里，就可以很快转化为金融业务上的领先。此外，平安还希望通过技术能力的向外输出，为集团带来新的增长点。

平安科技的总部大楼在深圳南山科技园，它同周围林立的科技大公司一样实力雄厚。公司在人工智能（AI）和云技术上已经形成核心优势，能够提供包括预测AI、认知AI、决策AI在内的系列解决方案。其中以疾病预测模型为核心的预测AI已应用在流感、糖尿病等多种疾病的预测中。在人脸识别、声纹识别、光学字符识别（OCR）、图像识别等认知AI领域，其技术达到世界领先水平。平安脑智能引擎聚焦营销、运营、风控、决策、服务、预测6大服务模块，每个模块可提供标准化应用和定制AI解决方案，为企业多方面的业务赋能。

2018年媒体曾公布平安科技的一组数据，人脸识别技术准确率达到99.8%，声纹识别文本相关准确率达99.7%，两者都位居世界第一，对54种复杂微表情可以实现1秒识别。金融业务最重要的是安全，而要确保安全首先必须准确识别人的身份。当越来越多的业务从线下搬到线上之后，身份识别的需求和难度也越来越大，平安在这方面的技术实现了领先突破。这项技术不仅在集团业务场景中得到了全面应用，而且还运用到了医疗、社保、安防等社会领域，如今深圳每月数十万人领取社保，身份验证技术就来自平安科技。

人工智能需要算力、算法和大数据。平安科技自主研发的平安云是金融行业最大的云平台，不仅为平安集团95%以上的业务公司提供算力，还深度服务金融、医疗、汽车、房产、智慧城市五大集团业务的生态圈,为它们提供 IaaS(基础设施即服务)、SaaS(软件即服务)、PaaS(平台即服务)全栈式云服务。在大数据方面,平安科技目前拥有国内金融机构中规模最大的大数据平台,大数据专家超过 500 人。

平安科技的人工智能技术越来越多地被用于平安生态圈建设。比如,平安颖像平台是一个开放、全面的智能影像组学辅助诊断平台,能够为政府、医疗机构提供"一站式"相关解决方案。随着 CT 检查的普及,越来越多的人发现肺结节,每个人拍摄的影像图片多达数百张,筛查工作如果依靠人工,不仅费时费力而且可能出现遗漏。2018 年初,国际医学影像领域的权威评测 LUNA(肺结节分析)公布测试结果,平安颖像平台的读片技术实现了 95.1% 的"肺结节检测"精度,96.8% 的"假阳性检测"精度,双双刷新了之前的世界纪录。目前,这两项技术已在国内很多医院推广使用。

平安集团每年将收入的 1% 投入科技研发,别小看这个占比为 1% 的投入,如果以万亿元的收入为基数,那就是上百亿元的大投入。2021 年平安收入 1.18 万亿元,那一年的研发投入就是 118 亿元。持续不断的投入带来了丰厚回报,科技不仅促进了集团金融业务升级,也成为集团利润增长点,2021 年平安科技业务收入 993 亿元,同比增长 9.8%。截至 2020 年 6 月底,平安科技估值高达 700 亿美元。

科技赋能两大核心产业

"大金融资产"和"大医疗健康"是平安集团聚焦的两大核心产业,平安集团分别围绕两大产业成立两家公司,用科技为之赋能。目前,两家公司已分别在美国纽交所和香港联交所上市。

健康产业是有无限发展空间的朝阳产业,医疗健康险是一块巨大蛋糕。2014 年平安专门成立健康医疗科技公司,用科技打造良好的业务生态。平安健康建立了以"HMO+ 家庭医生 + O2O 服务"

为基础的独特商业模式，HMO 是源自海外的先进服务体系，为参保人提供全面医疗健康服务。平安健康借助技术手段整合社会医疗资源，截至 2023 年底，已积累内外部医生约 5 万名、合作医院 3.6 万多家、药店 23 万家、健康服务供应商 10 万多家。在"平安健康"App 上，注册用户超过 4 亿。优质医疗资源和独特的服务模式，保证了投保客户能够享受方便、高质的服务，尤其是偏远地区的客户也能通过平安音视频系统问诊大城市名医。

平安健康与平安人寿一起推出的平安臻享 RUN 健康服务计划，包括特色体检、控糖管理、在线问诊、门诊预约协助及陪诊和重疾专案管理，实现一张保单"一站式"医疗健康服务。比如在线问诊服务，资深医生团队随时线上守候，可为客户提供实时医疗健康咨询，还可以根据客户病情开具处方、送药上门。这项业务深受老人和工作繁忙者欢迎，该服务已累计问诊用户上亿人次。这种集团内部门之间业务相互打通，收到了"1+1＞2"的效果，而业务打通的背后都需要科技支撑。

2015 年平安成立金融壹账通，致力于促进保险、银行等金融机构的数字化转型。比如在数字化保险方面，他们推出数字化车险、数字化寿险、数字化健康险三大核心业务，每项业务都有完整的数字化解决方案，比如数字化车险就是由理赔、修配、车主三大服务平台，以及一个理赔核心系统、一个包括开放平台和云服务的基础设施构成，覆盖保险公司车险运营、修配、服务、风控等场景。

"平安好车主"是数字化车险的一个应用平台，曾有一位券商分析师在厦门市对其做过一项随机测试。高峰时段在市中心位置，分析师利用平台进行车险报案，8 分钟后平安产险的查勘人员奇迹般地出现在他面前。面对如潮的车流，居然能够做到这么快速的现场响应，分析师感到很惊奇。原来背后是平安大数据技术在发挥作用，通过对车险事故时间、地点、发案率等数据统计进行分析，公司精准配置查勘人员，从而保证了在客户车险报案后能随叫随到。

对车主来说，从买车险到事故报案所有环节都可以在线上办理，方便快捷。平时出了轻微事故或者遇到紧急状态，报案只需拍照上传事故照片和相关证件，无须查勘人员到现场即可办理理赔。2022年6月1日，四川雅安市芦山县发生6.1级地震。地震发生后，一车主在平安产险从报案到获得4000元赔付，仅仅花了两个半小时。

科技赋能保险，不仅极大地提升了客户体验，同时也降低了公司的人力成本。平安人寿2022年全年赔付410万件，有了数字化平台工具，处理一件赔付案最快只用10秒。技术创新节省了大量人力物力，平安寿险销售代理人员这些年持续减少，2020年末为102万人，2021年末降至60万人，2022年末再降至51.9万人。

2021年疫情期间，平安惠普针对小微企业贷款难，推出了AI智能贷款解决方案"行云"。该系统用真人AI影像技术全程面对面服务借款人，借助无感人脸识别、数据直连、电子签章等技术，让借款授信环节一气呵成，实现无感授信、无感风控，整个过程甚至可以达到零文本输入。"行云"让客户拥有行云流水般的舒适感，借款申请流程平均耗时缩短47%。截至2022年3月底，"行云"已累计服务客户29万，放款金额达656亿元。

平安科技创新不仅让集团业务从获客到后续服务都实现数字化转型，而且还加大其科技能力向社会的输出。比如金融壹账通现有3000多名员工，依托平安集团30多年金融行业的丰富经验以及强大的自主科研能力，为新加坡、阿联酋等20多个国家和地区的金融机构提供数字化技术服务，目前已成为一家领先的面向金融机构的商业科技服务提供商。

中广核：科技自立自强的精彩范例

高铁是我们享誉全球的"国家名片"，可谓众所周知。但却没有多少人知道，在能源领域，我们也有一张令人惊艳的"国家名片"，这就是中国的核电。

与欧美那些核电强国相比，我国核电起步较晚。1994年2月，深圳大亚湾核电站1号机组正式投入运营，这是中国第一座大型商用核电站。1号机组建设时技术几乎全部来自国外，国产化率不到1%。如今，我国核电技术不仅实现了高达95%的国产化率，而且核电站从方案设计、设备生产、施工建设到运营维修全产业链的水平都进入了国际一流方阵，一些指标甚至超过那些老牌核电强国。

中国是能源消费大国，也是能源进口大国，核电具有清洁、稳定、高效的特点，核电技术的自主甚至领先，对确保实现国家能源安全和"双碳"目标，意义十分重大。

在我国核电技术实现高水平自立自强的进程中，有一家总部位于深圳的知名央企发挥了极其重要的关键作用，这就是从深圳这片热土成长起来，如今业务遍及世界各地的中国广核集团有限公司（以下简称"中广核"）。截至2023年9月底，中广核共管理9大核电基地、27台在运机组，并有9台核电机组处于在建或已核准待开工状态，在运和在建（包括已核准待开工）的核电机组占全国在运及在建核电总装机容量的43.18%，规模位居国内核电企业第一。另外，中广核在国内外还有光伏、风能等新能源控股在运装机4717万千瓦。

中广核作为央企，以强烈的使命感，敢闯敢试，通过"引进消化吸收再创新"，成功走出了一条核电技术高水平自立自强的道路，使中国从"核电大国"走向了"核电强国"。

"华龙一号"成为国家名片

深圳大亚湾核电站是中广核最早的"发家之地"，20世纪80年代开始建设1号机组，资金从境外借贷，技术来自法国，连混凝土、螺丝钉都依赖进口，无资金无技术，可谓"一穷二白"。但中广核人对实现核电技术国产化有眼光、有雄心、有自信，更有敢闯敢干的行动，当年轰动全国的"黄金人"故事，就是最好的证明。

1989年至1990年期间，在资金和人手都十分紧张的情况下，为了培养自己的核电人才，大亚湾核电站经过严格筛选和一年半的外语培训，先后派出三批共113名学员远赴法国培训。在一年的培训期里，这些学员像影子一样跟在法国师傅后面学习，每两周考核一次，有两次不及格就要被淘汰。培训成本巨大，平均每人的培训费约为130万法郎，这一费用按照当时的价格可以购买50公斤的黄金，重量接近一个人，因此，这批学员被形象地称为"黄金人"。

培养"黄金人"付出大，收获更大，他们学到了世界上最先进的核电站运营和管理技术，回国后活跃在公司许多重要的技术和管理岗位上，成为核电技术国产化的中坚。另外，他们在培训中与法方结下的深厚友谊，为中法在核电领域的广泛合作打下了坚实基础。我国核电在发展过程中，能够始终与世界一流同行保持密切联系，掌握最新的技术动向。

在大亚湾核电站建设和运营的基础上，中广核大步迈向了自主创新。1997年岭澳核电站启动建设，他们把自主创新的技术融入其中，使得其一期国产化率达到30%。2005年二期建设采用自主设计的二代加核电技术CPR1000方案，国产化率再次跃升至64%。这极大地增强了中广核人的信心。2010年，当发现世界上出现第三代核电技术时，他们做出一个大胆决定，要自主研发最领先的三代技术。

正当中广核集中资源攻克新目标时，2011年日本福岛突发强烈地震，引发核泄漏事故，给全世界重重地敲响核安全警钟。我国马上出台规定，此后新建核电站必须采用三代技术，在安全上提出了更高要求。为了提升安全系数，中广核不断优化技术方案。比如在原有能动的基础上增加非能动安全设计，断电时也能确保核电站安全；采取国际最高标准的抗震设计，可以承受八九级的强震；核岛采用双层安全壳，能抗击商用大飞机的撞击。

在中广核紧锣密鼓地进行研发时,我国另外一家核电央企中核集团也在做类似的三代核电技术研发。于是,国家能源局进行协调,2013年两家开始联手做技术融合,打造中国自主的三代核电技术方案,按照寓意"中华复兴,巨龙腾飞",该方案被命名为"华龙一号"(HPR1000)。2014年8月,"华龙一号"总体技术方案通过国家评审,成为具有完全自主知识产权的三代压水堆核电创新成果。"华龙一号"在技术上达到了国际一流水平,最突出的特点是前面提到的安全设计。此外,它的堆芯燃料组件数量从二代的157组增加到177组,在提高安全性的同时也提升了经济效益;采用单堆布置,这样能更好地实现实体隔离,方便电厂建造、运行和维护。单台"华龙一号"核电机组年发电量近100亿千瓦·时,能够满足100万人的生产生活年度用电需求。

此后,"华龙一号"技术方案走进了我国核电企业的一个又一个施工基地。2023年3月,广西防城港核电站3号机组实现高质量投产发电,这是中广核"华龙一号"示范项目。此外,中广核在广东太平岭、陆丰和浙江三澳等地还有多个"华龙一号"项目在建。预计到"十四五"末,我国投入商业运行的"华龙一号"机组可能超过10台。"华龙一号"技术方案的成功研发和投产,充分验证了我们自主技术的安全性、先进性,为其批量化建设和发展奠定了坚实的基础。在"华龙一号"建设过程中,我们实现了设计、设备、燃料、建造、运行维护等全链条国产化,成本显著下降,同时助力我国核电行业实现高水平科技自立自强。

"华龙一号"实现了安全性与经济性的均衡、先进性和成熟性的统一,其技术先后通过了欧洲用户要求符合性评估认证(EUR)和英国通用设计审查(GDA),提升了我国核电技术的国际影响力。如今"华龙一号"得到了越来越多国家的认可,巴基斯坦、阿根廷、英国、巴西等国家都与中广核达成了合作意向,巴基斯坦甚至已经有"华龙一号"建成运营。"华龙一号"已成为我国核电的一张闪亮名片，我国核电由此实现了与法国、美国、俄罗斯这些老牌核电强国的"并跑"。

技术创新永无止步，在掌握三代核电技术的基础上，中广核又在集中力量系统地实施四代堆型、小型压水堆、燃料、智能核电等领域的创新，为未来更长远的发展锻造更卓越的技术和产品。

高效组织国内外创新资源

实现核电技术高水平自立自强既是公司发展的需要，也是国家战略的需要。为了实现这一目标，中广核在内部打造了一批高水平的创新载体。集团层面设有三个研究院所，包括专注做"从0到1"研发的中广核研究院、专注做"从1到N"研发的中广核设计院、专注做核电运营技术研发的中广核苏州热工研究院，这三个院所是公司研发的主力军，共计有六七千名员工。

中广核还打造了我国首个核电领域国家工程技术中心——国家核电厂安全及可靠性工程技术研究中心，我国首个核电领域全国重点实验室——核电安全技术与装备全国重点实验室，以及国家能源核电站核级设备研发中心等7个国家能源研发中心。此外，还有多个集团级研发平台，比如核电站在役检查技术研发中心、核电仿真技术研发中心等。目前，公司正着力打造中国南方原子能科学与技术创新中心、中广核长三角新兴产业技术创新中心、中广核新能源未来产业技术创新中心三大创新中心。众多创新载体建设，使中广核拥有了核电领域最强大的创新力量。

核电站燃料是放射性铀，安全问题比天还大，任何创新都必须如履薄冰，确保万无一失。另外，核电站从设计、设备、建造到运营、维护，产业链很长，任何企业都很难包打天下，尤其像"华龙一号"这样新型堆型的研发，属于大型科研攻坚，更是如此。核电技术的创新难度和复杂程度非常大，中广核在自身拥有强大创新能力的基础上，特别重视组织国内外创新资源，以我为主进行协同创新。

　　高校和科研院所在基础研究、交叉学科研究，以及突破重大科技问题方面有很强的优势，中广核主动与清华大学、中国科技大学、西安交通大学、中国科学院等建立了长期稳定的合作关系，产学研融合，请它们参与解决核电发展中的技术难题。这些高校院所，在中广核合作者中被称为"亲戚层"。为了让它们更好地参与，近些年来中广核研究院在宏观上系统把控研发任务的同时，对研发任务涉及的技术进行梳理溯源，从而把要解决的研发问题化整为零、科学分解，形成了8个方向共400余个课题的科研项目库。每一个细分的项目就是一道"题"，让合作方根据自身特长从中选题作答。对一些重要项目，中广核还与合作方组建联合研发团队一起攻关。这些合作让双方实现了共赢，比如在科研设施上，中广核与合作方共同规划建设新装置，这些装置既能服务于中广核科研项目研发，又能服务合作单位的教学或科研，合作单位的研发平台、设施则对中广核技术人员开放。据介绍，近年来仅中广核研究院就与外部合作单位共建了6大综合性联合实验平台，有多达80余项重点科研设施可以共享。

　　建设一座核电站需要成千上万种大大小小的设备、材料，"华龙一号"的供应商就有4500多家。为了让这些设备、材料实现高水平国产化，中广核充分发挥核电产业链"链长"的作用，扛起整个产业链自主创新的大旗，与相关企业做好协同创新，中广核把这些合作企业叫"朋友圈"。比如，中广核携手央企中国一重，前者发挥在核电技术方面的优势，后者发挥在设备制造方面的长处，强强联合研发生产了众多核电设备用于"华龙一号"，如今中国一重已经成为国内最大的核电设备生产商之一。为了合作起来更加紧密、长久，中广核作为研发成果的用户一方，在一些合作项目中仍然毫不吝啬地投入真金白银，甚至与对方成立控股公司做研发，做出了不少具有重大意义的技术创新。凡是与外部企业合作的创新项目，只要研发成功，中广核就会马上运用到核电站建设中。这些措施极大地调动了合作方参与的积极性。

核电领域响当当的"和睦系统"就是中广核以我为主、协同创新的精彩案例。总部位于北京的和利时集团1993年成立，2005年中广核看中这是一家国内知名的智能化系统解决方案提供商，与之设立合资公司北京广利核系统工程有限公司（简称"广利核"）。中广核作为控股股东，给广利核定的任务就是自主研发核电站数字化仪控平台，简称"核级DCS"。DCS控制着核电站数百个系统、上万个设备的运行和各类工况处理过程，是保证核电站安全稳定运行的"神经中枢"，研发难度可想而知。广利核充分利用该项研究成为国家863计划课题、国家重大专项课题带来的资源优势，攻克了多项技术难题，终于在2010年发布了我国首个具有自主知识产权的DCS——和睦系统，使我国成为当时国际上第四个拥有该项核心技术的国家。2016年7月，"和睦系统"通过了国际原子能机构专家团长达10个月的独立评审，顺利拿到了国际市场的通行证。目前，全球具备从研发、制造、鉴定到运维服务全链条的核电DCS配套能力的企业，只有中广核和日本三菱两家。"和睦系统"已在国内多个在役机组改造以及新建"华龙一号"项目中得到运用，运用机组达20多台。

除了在国内广泛开展合作，中广核还与法国的核电巨头法国电力集团、法国原子能和替代能源委员会（CEA）、法国核电规范标准协会（AFCEN）等建立长期合作关系，开展项目合作。

协同创新是一种重要的创新模式，突破了创新主体间的壁垒，汇聚多方资源，发挥各自优势，形成1+1>2的创新效果。中国高铁就是在国家战略指引下，大规模协同创新的成果。中国中车是项目的主要承担单位，但参与项目的重点高校多达25家、科研院所11家、国家重点实验室和工程研究中心51家，参与研发的院士、教授分别多达68名和500多名，工程技术人员超过2万名。在重大项目研发中,企业善于利用协同创新,往往可以更好更快地取得成功。

既是公司,也像"大学"

"人才是第一资源。""企业发展,人才先行。"这是中广核的人才理念,从公司成立初期培养"黄金人"开始,这样的理念就刻入了企业的基因里,落实在一系列实实在在的行动中。

核电是技术密集型行业,对人才的要求高,目前国内只有三家核电公司,这就决定了企业必须花大力自己培养人才,很难从社会上招聘或从其他企业挖人。中广核在企业人才的培养模式上有很多创新,整个企业就像一座特殊的大校园。

中广核对人才培养的理解与很多企业不同,核心理念是"培养人,而不仅仅是培训人"。他们认为,培训注重让员工具备做某项工作的能力,而培养则更注重人的全面发展,将人当作资本、资源、财富,进行长期、系统、有计划地提升,真正做到以人为本,使员工与企业共同成长。

人才培养需要有专门机构来具体负责,中广核在企业成立时就设有专门的培训处。2005年成立的核电学院,后来升级为中广核大学,并针对不同类型的人才培养分设管理、核电运营、核电工程、核电科技、核燃料和新能源六大学院。如今中广核大学更名为中广核管理培训中心,与中广核党校融为一体,由公司董事长杨长利担任校长,亲自抓人才培养。

干任何事情,运作机制都极其重要。中广核建立了一套科学、严谨的运作机制:培训、考核、授权、上岗。这八个字的内涵是:员工待遇跟所在岗位挂钩,任何岗位员工上岗都必须经过授权,要获得授权就必须通过考核,要通过考核又必须接受培训。因此,这里实行全员培训,不接受培训就没机会上岗。对员工来说,这条职业发展路径既充满挑战,又富有极强的吸引力、驱动力,目标清晰、确定。对企业来说，这样的设计确保了所有在岗员工的素质，有利于企业经营、提高效益。在这种机制下，中广核形成了"岗位练兵、训战结合"等八大特色的培养方法，打造了设施、课程等四大资源平台，让人才培养战略落到实处。

我们来看一个具体的例子。一位从事核电站运行的新员工要成为该系列的"高级操纵员"，一般要7年多时间，通过300多次考试。在第一个3年里要经过技术理论、基本安全等一系列培训，考核通过成为"学习操纵员"。在担任学习操纵员的一年半时间里，要接受操纵员影子培训等多项培训，并考取国家核安全局的操纵员执照考试，全部通过后才能成为"操纵员"，有人说仅这个过程的难度就不亚于培养一名飞行员。从操纵员到成为高级操纵员，还要经过3年时间，中间要通过"学习高操选拔""学习高操培训"，再通过国家核安全局的执照考试，合格后成为"高级操纵员"。对运行人员这7年多的培训、考核、上岗，中广核制订了细致的培养计划，涉及培养内容、时间和方式等方面，像高校培养人才一样严格。

那么多岗位上岗都要实行培训，培训内容怎么确定？中广核的做法是发动全公司的力量，把所有岗位的任职要求、应知应会内容都梳理成培训大纲，从而形成相应的培训课程。这样下来，培训课程数量十分惊人，目前共开发面授课程超过1.6万门，网络课程超过0.7万门。这项工作做起来很难，这么多课程是公司久久为功、长期积累沉淀下来的。

中广核人才培养方式丰富多彩，有校企联合、影子培训、训战结合、线上培训等多种方式。他们与国内数十所高校合作，定向培养博士、硕士、本科和专科等不同层级的人才。比如与华北电力大学等采用"订单＋联合"的方式培养核电领域的本科生，公司在大三学生中进行预招聘，签订协议，并与学校共同制订大四时的培养方案，一些课程直接由公司派人来上。学生毕业后直接到中广核上班，他们在工作中能很快上手。所谓"影子培训"就是师傅带徒弟，这也是早期"黄金人"从法国学回来的方式，师傅要根据培训任务耐心给徒弟讲解、示范，做好传帮带。"训战结合"就是模拟一个特定场景，比如突然发生强烈地震，让学员现场应对，老师根据每名学员的反应进行反馈指导。为了改进培训效果，他们把那些可能发生的事故都尽量设置成了培训场景。

公司中的岗位有科研、运行、维修和行政等不同系列，他们还根据不同系列的特点进行有针对性的培养。比如，为了让科研人才更好成长，公司建立起从中青年专家、资深专家到首席专家、院士的高端科技人才发展通道；设立了大师工作室、博士后工作站、青年创新工作室；针对本土、外派和海外属地三类员工，实施"鹭越重洋"国际化人才培养计划。

中广核建立了一支高素质的师资队伍，在内部师资中，目前专职技术教员超过200人，兼职专业技术教员超过2800人，兼职管理内训师200多人。负责培训的专职管理人员有340多人，兼职的超过760人。这些教员本身也需要经过培训才能持证上岗，分为铜牌、银牌、金牌和钻石不同级别，最高级别为钻石教员。负责培训的人员如此众多，可见公司对此项工作的重视。

中广核对培训设施也舍得投入，仅在大亚湾核电基地就建成了总投资达20亿元的国内核电行业最完备的培训设施。这些设施包括核燃料操作培训设施，以及DCS、原理、多功能、严重事故、事故后分析等各种模拟机设施。其中，核燃料操作培训设施目前全世界仅有两个，另外一个在法国。这些模拟机可以为培训提供真实的场景，参训人员培训完就可以直接上岗操作机器，培训完全融入了公司生产。

在这种完善的培养体系下，很多员工都得到了能力提升、事业发展的大好机会，周创彬就是其中一位。1991年他加入中广核时学历只是中专，经过企业培养和个人努力，他很快成为核电调试领域的专家。2015年，他成立了"周创彬劳模创新工作室"，从事科技研发、技术支持等方面的工作，取得多项零的突破：首次开发出我国核电站数字化运行程序，首次实现控制电源失电试验自主化等。他共取得发明专利 19 项，其中一些专利是参与"华龙一号"研发时创造的。周创彬为我国核电调试技术达到国际先进水平立下了汗马功劳，他的工作室因此入选了"广东省劳模和工匠人才创新工作室"。

目前，中广核员工总数为 4.7 万人，其中技术人员约占 91%，有多名院士。他们是我国核电创新的一支劲旅，创造了中国核电事业的奇迹。

大疆：从深圳小仓库"飞"到全球

无论是消费级无人机还是工业级无人机市场，都是 21 世纪之后才蓬勃兴起的，这让 2006 年创立的大疆在创新起点上与世界上其他公司没有多大差距，一开始就与世界先进水平并跑，在并跑中又很快实现了领跑。这与华为、迈瑞医疗等公司不同，它们创立时，世界上早就有巨人般的同类公司存在了。

大疆在全球市场的占有额早就过半，而且国外份额超过国内，能够在如此短的时间内成为行业领跑者，汪滔给了中国创新创业者巨大的信心：站在同一起跑线上竞争，我们有能力跑在世界前面！

潜心突破核心技术

汪滔和马化腾既是科技方面的专家，也是知名的企业家。两人创新创业的故事类似，从小对科技都很痴迷，读大学时开始在感兴趣的领域做研发，很年轻时就开始成立公司创业，公司早期的技术和产品是靠自己一手打造出来的。有点不同的是，腾讯研发的主要是软件产品，大疆是软硬件结合。

对汪滔来说跟无人机结缘有些偶然，他曾对媒体透露自己小时候看漫画《动脑筋爷爷》，里面画着一架红色的直升机，从此就迷上了它。1996年初中毕业时因为中考成绩优异，父亲给他买了一架期望已久的航模直升机作为奖励，这让汪滔高兴坏了，天天拿着到处飞。当时的航模飞机操作复杂，飞行很不稳定，有时还莫名其妙地掉下来，汪滔边玩边开始想象有朝一日能对其进行改进。后来，他考上了华东师范大学电子系，不久发现自己感兴趣的机器人和飞行控制方面的课程不多，学不到自己想学的东西让他十分痛苦，大三时他终于下决心选择退学，从这可以看出他对兴趣的执着追求。

退学后的汪滔非常幸运地又上了香港科技大学电子与计算机工程学系，可以在里面学到自己想学的东西，从此迎来了人生的重大转折。2005年做毕业课题设计，他选择做一款直升机控制器，有同学和老师劝他放弃这个难度极高的课题，担心风险高做不出来会影响他毕业。但他坚决不肯，并说服老师给了他一笔课题费，这也再次表现出他执着的个性。结果毕业演示时，他遥控的直升机一头从空中摔了下来，只得了一个刚刚及格的C等成绩。

这次失败虽让他有些沮丧，但没有浇灭他的热情。毕业后的那个暑假，他继续琢磨自己的作品，结果功夫不负有心人，他设计的遥控直升机飞了起来。此后，他通过网络把这件作品卖给了一位美国发烧友。没过多久，这位发烧友发来一组无人机拍摄的摩托车比赛视频，这让汪滔惊喜地看到了无人机在航拍方面的巨大潜力，坚定了他要继续研发下去的决心。

香港科技大学教授李泽湘是机器人与自动化领域的著名专家，也是一位成功的创业者，1999年就在深圳创办了固高科技公司。当得知毕业成绩不佳的汪滔想继续读研时，他慧眼识珠，果断说服校方给他发了录取通知书。汪滔在2006年读研时创办了大疆，最初在福田车公庙一间不足20平方米的仓库里办公，后来搬到莲花北居民楼的一套住宅，一边在香港读书一边创业。

这时候，汪滔已经瞄准了消费级无人机方向，而要做出高水平的产品首先要突破悬停技术，让无人机能随时在空中保持不动，这样才能飞得又稳又好。而受空中气流等多种因素影响，要让无人机做到这点极难。那段时间，汪滔白天上课，晚上研发，只要想起来什么事，哪怕是在深更半夜，都会打电话给合作伙伴讨论。他遇到的困难不仅体现在技术突破上，经费也捉襟见肘，2007年没有一分钱收入，公司曾经差点揭不开锅，一起创业的三位伙伴全部选择了离开。这时，他的老师李泽湘再次伸出援手，联合其他人一起投进来100万元，并动员自己的多位学生加入公司。

有了资金和人才方面的鼎力支持，2008年大疆终于突破了悬停技术的重重难关，推出了一款较为成熟的无人机飞控系统XP3.1，使用该系统的无人机可自动在空中自由悬停。这款产品的推出让大疆有了不错的收入来源。后来，汪滔了解到国外企业已开始推出四翼无人机，销售火爆，而大疆研发的是无人直升机，这让他马上产生一种危机感，意识到多旋翼无人机才是未来发展方向，于是立即组织力量向多旋翼研究倾斜。2011年9月，大疆推出了第一台多旋翼无人机"悟空"（WooKong-M）。

要实现无人机空中拍照，必须解决云台和图像传输技术，云台主要用于固定相机，防止抖动以便稳定拍出高质量的画面。这种"静"的技术与悬停一样，是消费级无人机技术中的"喜马拉雅山"，攀上去很难。对于云台和拍照技术，汪滔曾想与美国GoPro合作解决问题，这是一家著名的运动相机厂商，其相机在冲浪、滑雪、极限自行车及跳伞等极限运动中被广泛使用。但对方要价太高，这让汪滔下定决心自己研发，技术掌握在自己手里将来也不怕被卡脖子。经过无数次殚精竭虑的试验，2012年汪滔终于成功地使用无刷电机直驱来控制云台，实现了云台的高度稳定，他把这款云台命名为"禅思Z15"，这是全球第一款无刷直驱陀螺稳定增稳云台。

而对于图像传输技术，汪滔则找到了上海一家公司合作，他们研发的图传系统芯片技术在国内外领先。至此，大疆已经掌握了消费级无人机飞控、摄像、图传三个关键系统的技术。2012年在德国纽伦堡举办的国际玩具展上,整合了这些黑科技的"悟空"多旋翼无人机一亮相,就震惊了现场观众。演示中,无人机无论怎么改变姿态,相机镜头始终像翱翔的雄鹰盯住地上的猎物一样聚焦。此后,订单雪片一样飞来,这一年大疆营收过亿元,终于实现了盈利。

第二年,他们又推出了更先进的多旋翼无人机"精灵"(Phantom 2 Vision),其相机与云台、机身完美融合在一起,拥有智能方向调控、失控返航、低电压保护等功能,在空中比"悟空"飞得更灵动,在美国《时代》周刊评选的2014年十大科技产品中,位列第三位。"精灵"在北美市场定价只有1000美元,真正让无人机从发烧友群体走进了数以亿计的普通消费者中。自此,大疆在消费级无人机领域的世界霸主地位开始确立。

不断拓展应用场景

作为理工男的汪滔最崇拜乔布斯,"人活着就是为了改变世界"是乔布斯的名言,这个理念深深地影响了他。而企业家改变世界的手段,就是创造出更多出类拔萃的产品,用汪滔的话说就是"做的事情很单纯,就是埋头苦干,一门心思做出卓越的产品,踏踏实实地创造社会价值"。

汪滔坚信大道无疆、创新无限,即使已经在世界消费级无人机领域成为老大,他也丝毫没有放慢创新的脚步,一方面深耕消费级无人机领域,另一方面拓展工业用无人机市场。

最近几年,大疆每年都要发布十多款新产品,在消费级无人机方面,除了"精灵"的多个升级版本,新推的产品多达7个系列,比如Mavic系列、Air系列、Mini系列、Avata系列等。每个系列都各有特点,推出的每一款新产品,不仅会增加新的功能,而且在相机品质、续航时间、飞行速度、图传速度和距离等方面,都会实现对之前产品的优化超越。比如2022年11月推出的Mavic 3

Classic 无人机，搭载了瑞典传奇品牌哈苏相机，首次引入双摄影像系统，续航时间长达 46 分钟，15 千米内可以高清图传，并且实现全向避障、高智能返航。

在消费级无人机领域积累了飞控、云台、图传等方面的技术之后，大疆就开始谋划如何把这些技术运用到新场景中，研发出工业级无人机。他们首先进入的是农业植保领域。2014 年，大疆组织农业团队开始研发。农业植保应用场景不同于消费级无人机的应用场景，非常复杂：有的是在大平原上动辄几十亩、几百亩的大田作业，有的是在山旮旯里面积很小而且不规则的土地上使用；有的要喷洒农药化肥，有的要检测农作物生长情况；作业对象有的是成片的水稻、麦苗，有的是一棵棵橘树、桃树。除了应用场景复杂，全世界的农业都是利润微薄的产业，对投入成本非常敏感，所以植保无人机作为现代化的生产工具，必须实用、好用、耐用，价格还要便宜。大疆明白研发这样的专业无人机必须有行业专家参与，仅靠 IT 工程师不行，于是在团队成立时就招聘了中国科学院系统懂农业的专家，他们与技术人员成天泡在一起。在性能上，大疆给植保无人机确定的研发目标是"飞行寿命与可靠性是航拍机的 50 倍以上"，而且绝不做成"演示产品"，第一款产品就必须能在田野中投入使用，这是极大的挑战。

2015 年 11 月，大疆宣布首款农业无人机 MG-1 研发成功，第二年正式推向了市场。MG-1 配备了八轴动力系统，载荷达到 10 千克，每小时喷洒作业量可达 40~60 亩，效率是人工的 40 倍以上，在防尘、防水、防腐蚀方面达到工业级标准。其定价远远低于市场预期的 10 万元以上，每架只售 52999 元，这样的定价一方面是要让利于农，另一方面也是要把那些潜在竞争者挡在门外。

植保无人机研发出来了，但销售又遇到困难。农民在生产中非常需要无人机，但中国很多农户生产规模小，专门花几万元买一架无人机自己来用在经济上不划算。另外，农民也很难掌握这些现代化工具。大疆无法按过去的方式售卖，就创新销售模式，在农村青年中培植保团队和无人机飞手，让他们购买无人机后去给农民提供服务，通过向农民收取服务费获取收益。这种模式既减轻了农民负担，又让乡村青年多了一条创业路，大疆无人机也借此走向了更广大的农村。

汪滔是高度自负的完美主义者，不做则已，要做就做到最好，他曾多次说过大疆要做无人机行业的"宇宙第一"。这些年大疆通过技术创新使农业无人机功能不断升级，远远超过了第一代机。比如最新推出的 T50 无人机，配备的高精度雷达可精准描绘地形和感知障碍物细节，能够高度智能化作业，喷洒时载重 40 千克，播撒时载重 50 千克，大田喷洒每小时可完成 320 亩作业量，播撒时一次能装一袋肥料，1 小时能播撒 1.5 吨。大疆无人机已在世界各地 100 多种农作物种植区实现了规模化运用，在农药喷洒、肥料播撒和农田测绘、运输等应用中，节约了大量人力、物力，极大地提高了农业现代化水平。截至 2022 年 9 月，大疆农业无人机全球销量突破 20 万台，累计作业已超过 30 亿亩次。大疆的梦想是在未来覆盖全球所有可飞防作业的耕地和林地。

大疆在农业之外还研发出用于巡检高压线、桥梁等野外设施的巡检无人机，用于地图测绘的测绘无人机，用于教育领域的教育无人机及机器人等。此外，大疆很早就意识到在天上飞行的无人机与在地上行驶的智能汽车在技术上关联度非常大，都是要解决传感器、动力系统、算法、算力、数据等方面的关键问题。因此，2016 年大疆就开始研发自动驾驶技术，2021 年春天正式注册"大疆车载"商标并推出相关业务，现在全球首款搭载大疆车载智能驾驶系统的五菱 KiWi EV 已量产销售。

在创新上，大疆从汪滔费尽心思研发出直升机飞控系统到把无人机变成一个"会飞相机"，再到在消费级无人机技术基础上不断拓展新的应用领域，以至在汽车自动驾驶上取得突破，最终造就了一个"大疆帝国"。能够成功地不断拓宽领域,除了追求梦想和实干,还因为大家看到了"技术相通"的秘诀,很多高科技产品虽然在功能形态上表现不同,但背后依赖的技术是相通的,都来自IT、互联网、大数据和人工智能等关键领域,一旦掌握了这些核心技术,就可以开拓出一片广阔的应用空间。

汪滔的成功也让李泽湘感慨地说:"以前我招学生,都是找最好学校的、成绩最好的,最后发现错了,工程意识比成绩更重要。"从这里我们可以看出工程意识对创新创业多么重要。

传音:炼成"非洲手机之王"

对国内很多人来说,这是一家神秘又神奇的公司。如果不是前些年在科创板上市,就连在公司总部所在地深圳,人们对这家公司都知之甚少,更别说在其他地方了。但在非洲,它就像华为、比亚迪、小米在中国一样,家喻户晓。它的广告遍布非洲的机场、城市道路和乡村屋舍,其手机产品在非洲市场占据了半壁江山,被称为"非洲手机之王"。

这就是深圳传音控股股份有限公司(简称"传音"),一家市值超过千亿元的科技公司。IDC是全球知名的市场研究、分析和咨询公司之一,专注于信息技术、电信和消费技术市场。据IDC统计,2022年传音在全球手机市场出货量达1.56亿部,占有率是11.7%,位列全球手机品牌厂商第三名。传音从创立至今,走了一条与很多企业不同的创新发展之路。

扎根非洲搞创新

竺兆江是传音创始人。1996年他从南昌航空大学毕业后,进入波导公司做寻呼机和手机的销售工作。这位精明智慧的销售员,善于从客户角度思考问题,尽力为其提供称心的服务。因此,他的销售业绩十分亮眼，职位不断升迁，他也在 2003 年成为波导公司高管，负责波导海外手机业务。这让他有机会去包括一些非洲国家在内的数十个国家，对当地市场有了比较深入的接触了解。

当年波导手机在国内如日中天，风头无两。但竺兆江不甘于在别人的平台上打工，心中早有创业的梦想。2006 年梦想终于变成现实，他与几位同事一起创立传音，立足非洲做手机业务。在不到十年的时间里，其在非洲市场的出货量就超过了 1 亿部，非洲市场占有率位居第一。

非洲有约 60 个国家和地区，是世界第二大洲，人口超过 14 亿。当年，国际上那些手机巨头的目光主要盯在经济富裕地区，因此非洲很多地方是待开垦的处女地。作为弱小的新入局者，选择这样一片蓝海开始创业，无疑十分明智。

但怎样去开拓这样的市场？作为有十年产品销售经验的创业者，竺兆江有一套自己的战略战术。他深知决定企业兴衰存亡的是用户，企业发展必须以用户为中心，围绕用户搞创新，围绕用户需求做研发。非洲幅员辽阔、国家众多，总体上属于经济不发达、基础设施薄弱、消费能力有限的新兴市场，与中国市场有很大不同。决不能简单地把中国生产的手机出口到非洲销售，要深度本地化，深刻理解非洲人的需求，从而精准地满足其需求，把传音做成一家"非洲公司"。

在我们国内，电信基础设施统一、完善，从繁华的城市到偏远的乡村，几家大运营商都有较好的信号覆盖。在非洲却不是这样，电信运营商总体上数量多、实力弱，每家覆盖范围不大，跨运营商之间收费很高，甚至有些地方没有手机信号。针对当地的情况，传音研发了"四卡四待"手机，一部手机有四个卡槽，可以同时放四张电话卡，为用户解决跨运营商收费高和信号弱问题。

国内的供电网络很早就基本实现了村村通，电压稳定。但非洲很多地方至今没有通电，通了电的地方电压也不稳定，手机充电麻烦。传音针对性地开发了低成本高压快充技术，而且加大电池容量，使手机能够超长待机，减少频繁充电带来的烦恼。

非洲人喜欢音乐舞蹈，很多人能歌善舞，传音就加大手机音响的攻关研发，为用户提供卓越的听觉体验。他们专门开发出"Boom J8"等机型，使手机音响有小型低音炮的效果，用手机就能边听边舞。为了增强听觉效果，他们还为手机配备了头戴式耳机。

手机在有了摄像头之后，便成了人人喜爱的随身"相机"，自拍风靡全球。拍照时，光线稍暗对黄种人和白种人影响不大，但在非洲黑人占绝大多数，光线对黑人影响很大。为了解决这一痛点，传音结合深肤色影像引擎技术，定制相机硬件。与一般手机用面部定位不同，他们研发出基于眼睛和牙齿来定位的拍照技术，并增强曝光功能，让黑肤色的人也能用传音手机拍出满意的照片，即使晚上光线不足也能自拍。另外，传音还用人工智能技术来优化肤色表现，提供更自然、更符合地域特色的美颜效果。这些智能算法能够识别不同的肤色，并根据拍摄对象的特点调整美颜程度。

为了更精准地服务不同用户，传音实行多品牌战略，精心打造了三大手机品牌。2006 年推出定位中等收入人群的 TECNO 品牌，2007 年推出定位基层消费者的 itel 品牌，2013 年推出定位年轻群体的智能机品牌 Infinix。在非洲著名的商业杂志《非洲商业》（*African Business*）发布的 2022 年度非洲消费者最喜爱的品牌百强榜单中，上述品牌全部上榜。

传音不仅在产品研发上充分"本土化""非洲化"，在定价、营销方式上也是如此。非洲消费水平低，消费者对价格极度敏感。传音就充分利用中国产业链的优势，降低成本，为非洲消费者提供高性价比的手机。据介绍，传音很多手机的售价都在 100 美元以下。在营销上，传音也始终和非洲本地公司一样以线下为主，而且采取在国内早就淘汰了的"刷墙"方式。走在非洲的城市和乡村，能看到很多房屋的墙上都有传音的广告。

在非洲很多地方，传音已经深度融入当地，不仅提供好用的产品，还通过在当地设置生产线为当地人带来就业和外汇收入。埃塞俄比亚工业部一位副部长就曾感激地说：传音是埃塞俄比亚有史以来第一家将产品出口到海外从而帮助当地赚取外汇的公司。

持续升级，不断拓展

从世界范围来看，非洲手机市场无疑处于中低端水平。传音聚焦非洲，但并不满足于将业务仅限于非洲，更不满足于仅仅提供中低端的技术和产品服务。他们在技术上追求不断升级，在产品上打造多品种的传音生态，在市场上不断向外拓展。

传音进入非洲市场，一开始主要提供技术和功能相对简单的功能机。发展几年之后，随着手机技术的发展和用户需求的升级，传音推出了自己的智能手机产品。最近这些年来，他们利用在深圳、上海和重庆建立的研发中心，加大了在智能手机技术方面的研发，很多技术和产品处于行业领先水平。

操作系统是手机的"大脑"，传音与谷歌等公司合作，在安卓手机系统平台上进行二次开发，专门为非洲用户定制化开发了 HiOS、itelOS 和 XOS 三个智能终端操作系统，分别运用于传音的三个手机品牌。这些操作系统各有特色，比如 HiOS 在用户界面上进行了大量优化，包括增加了更加鲜明的本土元素、图标和布局，让用户界面更加亲切和易用。现在，传音 OS 系统已成为当地主流的手机操作系统。

最近几年，传音不断推出技术更先进的智能手机。2022 年 10 月，TECNO SPARK 9 Pro 运动版手机面市，这是一款针对年轻用户和运动爱好者设计的智能手机。该款手机性能优越，功能契合运动爱好者需求，包含健康管理和运动追踪功能，帮助用户跟踪他们的身体活动和运动表现；配备高分辨率的后置相机和前置自拍相机，支持多种摄影模式，特别是在运动或低光环境下依然能够拍出清晰、生动的照片和视频；长续航，轻薄便携，适合户外长时间使用；外观现代，创意感十足，符合年轻人审美取向。

2023年，传音先后推出了首款左右折叠智能手机TECNO Phantom V Fold、首款翻盖式折叠旗舰手机TECNO Phantom V Flip 5G、超清前摄旗舰手机Infinix Zero 30 5G。这三款手机展现了传音在智能手机市场中的创新和多样化策略，强调了折叠设计、5G技术和高清摄影等前沿技术的应用。通过这些产品，传音进一步巩固了其在新兴市场的领先地位，并且展示了其渗透中高端市场的雄心。

传音还加强了AI语音助手、变色龙虹彩技术、大模型、AI影像优化等领域的研发力度，并取得显著进展，有些技术已经在产品中得到运用。传音手机可以给用户提供较好的多语言语音助手体验，部分智能手机已经搭载大模型技术，功能和性能得到较大增强。

对手机来说，软件的功能适配和生态非常重要。传音结合国内外火爆的软件应用，针对非洲用户的特点进行开发，推出了一系列应用程序，目前月活跃用户数超过1000万的就多达十几个。比如音乐流媒体平台Boomplay、新闻聚合平台Scooper、综合内容分发平台Phoenix、短视频平台Vskit和移动支付平台Palmpay等。Boomplay月活跃用户数在2022年底已经接近7000万，Vskit的月活跃用户数已达到3000万，被称为"非洲抖音"。传音这些应用程序在国内外都能找到成熟的"范本"，Boomplay类似于QQ音乐、Scooper类似于今日头条等。从创新的模式来看，传音很好地运用了模仿创新，这也是中国企业在过去的发展中所走过的路，只不过传音现在是在非洲做这样的事情。

在手机领域取得巨大成功的同时，传音借助手机建立的品牌影响力，努力打造以电子产品为主的传音产品生态。比如，推出智能手表、健康监测手环等智能穿戴产品，智能冰箱、智能灯泡、智能插座等智能家居产品，耳机、蓝牙音箱等音频产品。"成为新兴市场消费者最喜爱的智能终端产品和移动互联服务提供商"是传音的企业愿景。

在市场领域，传音并没有把自己完全局限于非洲，在深耕非洲市场的同时，向南亚、东南亚、西亚等新兴市场拓展。目前，传音在巴基斯坦、孟加拉国和菲律宾智能手机市场中的出货量均排名第一。

据传音发布的 2023 年业绩快报，其全年实现营收 623.92 亿元，同比增长 33.9%；归母公司净利润 55.03 亿元，同比增长高达 121.6%；扣非归母公司净利润 50.68 亿元，同比增长 129.36%。营收和利润多年保持高增长，尤其是利润增长远远超过营收增长，这与公司产品升级和市场拓展密不可分。

客观上来讲，非洲等新兴国家和地区的创新环境相对较差，人才、资金、技术、产业链等创新资源跟中国国内有较大差距。但同时应该看到，在企业创新生态中，"用户"是不可或缺的重要资源，创新成果要通过用户购买使用才能实现最终价值，在这一点上，非洲等新兴市场有自身的优势。非洲有巨大的人口基数，而且从世界范围来看，还是人口增长最快的大洲，未来几十年都会保持人口高增长的趋势。人口是重要的生产要素，更是重要的产品消费力量。据 IMF 预测，2024 年非洲、南亚、东南亚等地区 GDP 增速大多会在 5% 以上，而发达市场只有 1.4%，因此对在这些地方重点布局的传音来说，这构成了一个难得的发展环境。只要继续充分利用好中国以及非洲、南亚等新兴市场各自的优势，传音就会收获更多更大的创新发展成果。

大企业是创新的辐射源

2022 年 9 月 26 日，深圳一博科技在创业板挂牌上市，这是南山区第 200 家上市公司，很多人注意到其创始团队全部来自华为，有人认为是"华为基因"成就了这家公司。

一博科技董事长汤昌茂 1998 年加入华为，2002 年辞职与同事柯汉生一起创业，不久后又有 5 位华为同事加盟。汤昌茂是电子工程专业出身，在华为先后担任 CAD（计算机辅助设计）研究部工程师、高级工程师、硬件组经理，是响当当的科技专家。一博科技聚焦 PCB 设计和制版领域。PCB 中文名叫线路板或印制电路板，作用是承载电子元器件，使电子元器件与电路板连通，从而实现预定的功能。从日常使用的家电到航空航天使用的宇宙飞船，几乎所有电子产品都会用到 PCB，因此它是电子产品中非常重要的部件。一博科技与华为一样，坚持科技驱动，高度重视研发，目前在海内外设立了十余个研发机构，在全球有研发工程师 700 余人。PCB 设计是直接影响着最终产品性能的关键指标，一博科技在设计能力和水平上位居行业领先水平，成为行业龙头企业。

谈起公司多位创始人有华为工作经历对创业的影响，汤昌茂直言帮助很大，在华为的工作经历开阔了他们的视野，让他们了解到前沿技术、科技发展方向，并懂得用人之道。如今，一博科技与华为在业务上还是合作伙伴。

华为、腾讯、比亚迪、TCL 华星、迈瑞医疗等深圳大公司已经成为培养创新创业人才的"黄埔军校"，这些企业每年都有一些人离职创业。2013 年底，从腾讯离职的人员还成立了"单飞企鹅俱乐部"，据统计，截至 2015 年底，"单飞企鹅"数量接近 2 万人，其中很多都是出来创业的。比如基于达人境外旅游业务的知名网络平台"8 只小猪"，早期团队成员中六成来自腾讯。

有时候大企业推出一款新产品，就会在社会上带动相关的创新创业活动，腾讯小程序就是这方面的一个典型案例。微信小程序与 App 不同，它放在微信平台上，用户扫一扫或搜一下即可打开应用，无须下载安装，使用非常便捷，这本身就是微信的一项创新。2017 年 1 月小程序推出后，吸引了大量企业、政府、媒体和其他组织或个人申请注册，根据自身需要开发不同功能的小程序。比如：很多餐馆开发小程序，在上面开展花样繁多的营销活动，将客户引导到线下门店消费；很多企业开发小程序，以此作为宣传企业和服务客户的平台。连麦当劳、肯德基、拼多多、美团外卖、饿了么这样的知名企业，在微信上都有自己的小程序，而且活跃度非常高。微信小程序在IT行业已经影响大量普通程序员，2022年腾讯一季度财报显示，微信小程序日活跃账户数已突破5亿，从事小程序开发服务的相关从业人员已达到300万。腾讯既是小程序创新链的创造者，也是其中的链主。

在软件行业，"开源"通过开放源代码让用户可以在其基础上修改和学习，从而促进软件技术升级和产业发展，开源已经变成一种最先进和最活跃的协同创新模式。大企业在开源创新中发挥着领头羊的作用，比如华为，这些年先后开源了EdgeGallery、MindSpore、openEuler、openGauss、OpenHarmony等多个平台级基础软件项目，获得众多厂商、开发者、研究机构和高校的深度参与，这对夯实数字基础设施生态底座意义重大。

大企业不仅对创新发挥了人才溢出和技术溢出的作用，还提供了资本上的支持。腾讯每年的利润有上千亿元，旗下的投资公司资本实力雄厚，投资的企业数以百计，知名的就有京东、唯品会、美团、拼多多、哔哩哔哩等数十家。不仅这些大公司本身是资本的输出者，这些公司的很多创始人、高管有钱之后也做起了投资。唐欣曾是腾讯无线部门的一名高管，2010年离职创立深圳市英威诺科技有限公司，自主研发智能化推荐引擎技术，实现信息内容的精准分发。他创业获得的第一笔天使投资就来自腾讯最早的创始人之一曾李青，2007年曾李青离开腾讯后创立投资公司从事天使投资，投了很多初创企业。现在，英威诺已成为国内手机厂商覆盖率最高的内容分发平台。

大企业还通过举办有影响的活动来促进整个社会的创新创业活动。大疆发起并承办的RoboMaster机甲大师高校系列赛，已经发展成为全球规模最大的机器人赛事之一。大疆为来自国内外高校的学生参赛团队提供动力系统、电池等机器人基础部件，其他包括机器视觉在内的自动化操控部分，则由参赛学生自己完成。最近几年，这一比赛每年吸引全球 400 余所高校参赛，数万名参赛选手通过大赛成长为青年工程师，大赛组织方还与数百所高校合作开展了各类人才培养、实验室共建等产学研项目。

最近十几年来，腾讯一直支持全国高校建立以互联网产品创新为核心活动的创新俱乐部，目前已经遍及北大、清华、深圳大学等数十所高校，俱乐部会员数以万计。腾讯有专人负责为俱乐部成员提供社会实践和项目研发机会，帮助他们提升技术能力和综合素质，每年还评选优秀俱乐部和优秀成员。

大企业带来的不仅是数量可观的 GDP、税收和就业，对区域创新的带动和辐射作用同样巨大，它们是各地争抢的香饽饽。

中小企业创新"铺天盖地"

奋达科技：痛点解决了，创新成功了

奋达科技是 A 股上市公司，以研发和制造扬声器起步，经过 30 年发展，产品覆盖电声产品、健康电器、智能穿戴、智能家居以及无线耳机五大领域，业务模式以做 ODM（原厂委托设计）、OEM（原厂委托制造）为主，客户包括阿里巴巴、沃尔玛、飞利浦等国内外知名品牌。

长期做 ODM、OEM 让奋达科技深刻体会到，自己研发产品然后给其他企业贴牌带来的利润，要远远高于纯粹代工的 OEM 的利润。客户设计好产品，你去做 OEM，只是挣个加工费；而做 ODM 除了加工费，还能挣到创新带来的溢价。比如同样一种产品，如果纯粹做代工收费，可能每件只能收 10 元，而自己研发的每件就能多卖两三元甚至更多。这让奋达科技有一种内在的驱动力去做创新，视创新为企业的生命，而不是在"加工费"上打价格战。

怎么去做创新？奋达科技董事长肖奋认为，首先必须明确创新的目的。他在接受采访时说："企业创新就是要解决用户痛点，为用户创造价值，满足市场需求，这样才会带来可观的回报。"奋达科技的创新项目有的来自B端客户，有的来自消费市场，有的来自员工创意，但都离不开最终为用户解决痛点、创造价值这一根本。肖奋得出这样的认识是因为曾经有过惨痛的教训。他第一次创业时合作伙伴是位老同志，有计划经济时代国企管理的丰富经验，但不懂市场经济，在经营上只顾生产不顾市场，结果生产了30万只喇叭卖不出去，企业亏得一塌糊涂。

为了贯彻用户至上的经营理念，奋达实行"倒金字塔"式的服务式管理。肖奋介绍时画了一个倒金字塔，从上到下依次是客户、员工、基层、中层、高层、董事长，从下到上，一级服务一级，确保最终的服务对象是最顶层的客户。奋达主要面对的是B端客户，服务好了它们就相当于服务好了产品最终的用户。为了体现这种服务意识，肖奋跟公司管理层商讨事情，经常是自己跑到下属办公室，而不是让秘书把对方叫到自己办公室。

2010年，奋达的一位员工注意到一些大牌影视明星把头发做成波浪形，这使得女明星看起来飘逸感十足，男明星看起来奔放有力。明星是社会时尚的引领者，这位员工意识到这种波浪形发型会很快受到追捧。但在美发电器行业多年的从业经验告诉他，这种发型是专业美发师用专业卷发器花费好几个小时才能做出来的，如果能做出一种普通消费者在家就能使用的便捷式卷发器，一定会大受欢迎。员工的想法得到公司认可，一支研发力量很快组织起来并对这一产品进行攻关。

家用的卷发器与美发店用的差别很大，研发起来并不容易，直到第二年，一款自动声波卷发器才实现量产。这款产品最短只花

10分钟就能使头发"变出"波浪，在公司内测时大家都非常满意。意大利每年4月都会举办国际美容美发用品展，这是该行业顶级的全球性展会。有了好产品，奋达去参加展会显得非常自信，订了面积是三个标准展位的展台。这款自动声波卷发器果然成为抢手货，由于要参观和试用的人太多，现场不得不实行排队叫号的方法。此后，这款卷发器在世界各地大卖，每年销售量多达100多万件，客户包括飞利浦等大牌企业。后来这款产品经过多次改进，已经能做出四种发型。

创新就如同在跑步机上运动，脚步只能永远向前。在卷发、烫发、吹发等美发电器领域，奋达不断寻找用户痛点，每年都要推出多款新产品。要使头发出现想要的各种发型，美发电器吹出来的热风温度要达到200多摄氏度，时间长了电器外壳温度太高容易灼伤人，使用者的头皮也被吹得难受。为了解决这个痛点，奋达研发人员花了大约3年时间才于2021年推出了一款双风道产品，一个风道吹出热风让头发变形，另一个风道迅速吹出接近常温的"冷风"定型，这样两种不同温度的风交替出现，既达到了美发效果，又降低了电器灼伤人的风险。这款产品获得了包括PCT国际专利在内的多项专利，成了市场上的热销品。

对中小企业来说，产品创新多数情况不是技术上惊天动地的突破，而是那些丰富多彩的微创新，比如在制造上使用点新材料、在外观上搞点新样式、在结构上做点新变化，或者把其他产品的部分功能"移花接木"到新产品上等，只要能赢得市场，都是好创新。

差异化是创新和赢得市场的重要手段，确定研发项目必须先充分调研市场，因此公司经常组织研发人员到国内外调研考察。有一段时间户外电源设备开始旺销，奋达发现市场上的产品多数只有单一的充电功能，马上就找到了创新点。用户在户外使用电源设备的很多时候是家庭成员或朋友一起出去旅游休闲，奋达是做音箱起家的,首先想到在电源设备上加上音箱,并且使其能够用无线方式与手机和平板电脑等连接,这样移动电源同时也是移动音响了,用户就可以在户外用电的时候听歌娱乐。奋达生产的产品很多都是外销大过内销,这让奋达在研发时会充分考虑国外消费者的需求。欧美日等国家和地区有一套成熟的应急发布系统,其中一个重要渠道就是广播。于是,奋达在电源设备上又加了无线电广播收听功能,如果突发山火、地震、海啸、飓风等自然灾害,用户在户外可以及时收到警示信息。这些新增功能看似简单,却与其他产品有差异,给奋达带来了不错的销量。

做好创新要靠一套好的体制机制。2002年奋达正式发文设立员工创新奖,规定只要在公司理念、制度、产品、技术、材料、服务等十几个方面有所创新,都可以申请。除了奖金,某些重要的创新还用获奖员工名字来命名,增加了获奖者的荣誉感,比如"张三工艺""李四方法"等。集团层面的创新奖每年评选一次,在全公司大会上对获奖者予以隆重表彰。这项措施极大地激发了全员创新的积极性,不仅研发人员在技术方面进行创新可以获奖,任何岗位的员工只要有新创意并给公司带来效益都能获奖。比如,一位技术总监2018年带领几位员工做公司的成本控制,根据先进的IPD(集成产品开发)管理对公司生产、研发的流程进行改造,降本增效,还成功规避了一些亏损项目,3年为公司节约6000万元,因此多次获得创新奖,获奖最多的一年包括奖金在内的奖励超过了年度工资。在奋达集团内部,一些分公司和部门还设有自己的创新奖,这大幅增加了创新奖的获奖覆盖面,为更多员工带来成就感。

做好创新要靠人才。肖奋一直把优秀人才当作事业合伙人来对待,体现了一位企业家的格局和境界。2010年公司做股改准备上市时,作为公司创始人和绝对控股的大股东,他专门安排让39位员工持有了公司股份,上市后这些人基本上都变成了千万甚至亿万富翁。从上市至 2022 年，公司又进行了三四次股权激励，更多人拥有了公司股份。肖奋认为"只有让骨干员工享受企业成长的成果，企业才能持续发展"。在用人方面，肖奋一直重视人才培养和唯才是用。吴细凤原来是一名销售员，刚进公司时业务也不会做，但经过培训很快上手，业绩快速上涨。肖奋发现她是个人才，着意加以培养，她从业务经理一步步成长为美发分公司总经理，管理数千人的团队，2021 年实现销售收入 10 多亿元。

吴细凤在担任总经理之后，也把唯才是用的做法贯彻到美发分公司。她发现做研发的男青年魏绵嘉平时不爱说话，但说起产品来就滔滔不绝，而且思路清晰独特，理论性还很强。魏绵嘉的太太也在公司工作，说他在家也是这样。吴细凤进一步观察后觉得这就是一个创新狂人，肚子里成天琢磨的就是公司产品。虽然魏绵嘉是研发人员中唯一没有高等教育学历的，但吴细凤还是果断把他提拔为研发部一个创新组的组长。魏绵嘉不负众望，2019 年以来带领小团队做了 30 多个创新项目，每个创新项目都获得了国家专利，其中出了很多爆品。

搞创新就意味着要面对风险，如果没有宽容失败的环境，风险就会让创新者承担。为了让创新者无后顾之忧，奋达在制度上给创新者以保障。比如，创新项目考核激励既看最后结果，也看过程，每完成一个阶段的任务和取得一定程度的进展，在考核时都能获得肯定和相应奖励。就是说，即使整个项目最后失败了，过程中的付出也能得到相应回报。有些项目可能刚做出来时市场效果不太好，但过几年突然火了，公司会及时根据新情况补齐奖金。绝不让认认真真搞创新的人吃亏，是奋达一直坚持的理念。

"看到客户拿到我们辛苦研发出来的产品两眼发光、爱不释手，就是我们最高兴的时候。"吴细凤说出了很多奋达人的心里话，这也是创新的目的所在。

中科蓝讯：以火箭速度"造芯"

深圳中科蓝讯是一家专注无线音频 SoC（系统级芯片）研发、设计与销售的高科技公司，是无线音频 SoC 领域的主要供应商。公司从创立到在科创板上市成为中国 IC（集成电路）独角兽，仅仅用了 6 年多时间，这种火箭式的发展速度让人在惊讶的同时不免发问：是什么成就了企业的发展奇迹？

很多人都知道深圳是一座年轻的城市，这座城市的居民不仅平均年龄小，在心态上更年轻。2016 年，在深圳一家电子科技公司担任总经理的黄志强刚好 60 岁，虽然到了法定退休年龄，他却没有一丝一毫想退休的意思，反而像年轻人一样激情满怀地开始了自主创业，他发现了一个极佳的创业机会。

黄志强是福建莆田人，高中毕业后在福建一家电子厂工作，从普通技术工人一直做到厂长。这时候，他发现深圳这片改革开放的热土更适合自己，就毅然辞职闯到深圳，先后在多家电子企业担任高管。这期间，他见证了国产音频行业的变迁，也深刻感受到了行业"缺芯少魂"之痛，辛辛苦苦生产出来产品，利润的一大半被外商赚走了。造出中国人自己的芯片，不再受制于人，这个想法在他内心越来越强烈地萌动着。

激发黄志强梦想种子落地的是苹果公司 2016 年发布了第一代 AirPods，每部售价高达 1000 多元。这是一款 TWS 耳机产品，TWS 是指真实无线立体声，与传统有线耳机相比，特点是没有连接线，立体声音质效果更好，使用起来方便。长期音频行业的工作经验让黄志强立即意识到这是一个引领未来的新产品，将引爆一个巨大的音频行业细分市场。黄志强当时想，在这种新产品刚出现时就切入市场是最佳时机，自己在音频行业有很好的人脉关系和客户资源，如果为 TWS 耳机研发专用芯片肯定不愁销路，而且过往经验告诉他芯片利润一直不错。于是在 2016 年底，他果断成立了中科蓝讯科技股份有限公司。

芯片作为高科技产品，技术含量非常高，黄志强深知自己的长处是公司战略、市场开拓、发展经营，研发芯片必须找专业人才。刘助展在自动化专业本科毕业后一直做芯片研发工作，曾在行业知名的建荣集成电路科技（珠海）有限公司做到技术总监，当时33岁，属于年富力强的技术专才。黄志强跟他谈了自己的设想，两人一拍即合，随后很快组成了十几人的创业团队。黄志强对刘助展充分信任，聘其担任公司副总经理兼技术总监，负责无线音频SoC主控芯片的研发。

研发芯片首先要选择技术架构路线。国际上有几种芯片架构，各有优缺点。技术上成熟而且使用最多的是1985年推出的ARM架构，但它不开源，源代码封闭，要收取不菲的专利费。RISC-V是2014年才定型的开源架构，不收费，具备较强的可配置性和延展性，有利于用户进行个性化开发，但相关的编译器、开发工具和软件开发环境以及其他生态要素还在发展之中。作为初创公司，中科蓝讯选择了研发成本低的RISC-V架构，他们相信RISC-V的不足会随着时间不断得到完善，而它的优势当时就能直接为产品研发带来好处。现在看来中科蓝讯的选择是有眼光的，如今华为、阿里等越来越多公司开始选择RISC-V架构。

目标明确、团队过硬、路线清晰，剩下的就是一心一意进行技术攻关。TWS耳机芯片研发的难点是降低功耗和噪声，增强信号的稳定性，经过团队的不懈努力，这些难关被一个个攻克。2018年3月，中科蓝讯首款芯片流片成功制造。从企业创新角度来说，把产品卖出去才能真正实现创新成果的价值。在芯片销售上，中科蓝讯采取了非常务实的策略，把销售对象锁定在白牌市场。所谓"白牌"，是指一些厂商生产的非知名品牌或非自有品牌产品。苹果推出首款AirPods之后，正如黄志强预料的那样，国内很多厂商开始跟进生产白牌TWS耳机。白牌市场非常大，甚至超过品牌市场，而且国内白牌产品销售渠道主要在华强北,这里有黄志强经营了十几年的客户网络,他想先在这个市场把产品卖出去,有了实力再往高端走,这样更加实际。另外,作为一家新出现的芯片公司,中科蓝讯直接去找品牌厂商合作有难度。这个策略让中科蓝讯很快占领了白牌TWS耳机芯片市场的较大份额。

在产品销售上,黄志强的另一招妙棋是大胆押注2019年市场,他判断TWS耳机这一年会大爆发,因此提前大幅增加晶圆采购量。结果正如他预测的一样。因为提前购买晶圆并做好了生产计划,中科蓝讯能够及时满足市场爆发式增长的需求,而且规避了晶圆市场"价涨货少"带来的成本增加。2019年中科蓝讯销售增长几十倍,净利润增长207倍至1.49亿元。

TWS耳机芯片在白牌市场打开一片天,销售快速增长的时候,中科蓝讯在一年多时间内连续启动了A轮和B轮融资,吸引了元禾璞华、中金公司、中芯聚源等创投机构的数亿元投资。借助资本的力量,中科蓝讯成倍地增加研发经费,从2018年的1113万元增加到2021年的7667万元,打造出新一代"蓝讯讯龙"TWS耳机系列芯片,功耗和噪声进一步降低,并在业界率先提出了"四双"新标准,即"双发(同时向左右耳机发射信号)+双高清(高清音乐和高清通话)+双低(低功耗和低延时)+双稳(稳定性能和稳定出货)"。同时,公司增加新产品线,研发出蓝牙音箱芯片。在市场销售上,中科蓝讯开始拓展品牌TWS耳机市场,不断增加市场份额,产品进入传音、飞利浦、联想、创维、摩托罗拉、Aukey、网易等品牌厂商供应体系。2019年至2022年,中科蓝讯在4年时间内卖出了近30亿颗芯片。

2022年7月,中科蓝讯在上海科创板上市,融资27.5亿元。作为TWS耳机芯片市场领军企业,中科蓝讯如今在市场份额和技术上都处于国内领先水平,市场份额超过三成,蓝讯讯龙系列芯片于2022年推出了第三代版本,工艺制程从55nm已经升级为22nm,

功耗、射频、通话环境降噪和主动降噪等性能进一步优化，大幅提升了用户体验，公司规模更大，创新能力变得更强。上市融资之后，公司在物联网领域的芯片产品研发力度进一步加大，未来将致力于提供优质高效的 AIoT 解决方案，依托蓝牙、Wi-Fi 等无线传输技术实现物与物的连接，通过音频、视频等媒介实现人与物的交互，为实现万物智能互联的人类理想贡献一份力量。

钱海：打造跨境支付中国品牌

深圳市钱海网络技术有限公司是一家致力于为跨境外贸、旅游航空、数字游戏等提供全球数字支付技术解决方案和服务的国家高科技企业，是国内唯一一家拥有全球数字支付技术和业务资质全牌照的 FinTech（金融科技）公司。钱海作为国家专精特新"小巨人"企业，其系统平台已覆盖 200 多个国家和地区，服务全球电子商务网站数十万个，覆盖用户交易额每月超过 5 亿美元。

2014 年 5 月，刘超峰和杨新芳一起在南山区高新区创立钱海，那时跨境电商猛增带来跨境支付需求的爆发式增长，而跨境支付业务又都被欧美公司垄断，很多人看到其中蕴藏着非常大的历史性机遇，纷纷涌进跨境支付领域创业。但并不是每个人都能把握好机遇，虽然这些年电商业务始终保持高速增长，但当年创业的跨境支付企业却倒闭了不少。

在大浪淘沙的市场中，钱海以创新形成公司的核心竞争力，精心打造了国内覆盖币种和场景最多的全球数字支付和运营支撑系统，以及相应的智能风控体系。另外，公司始终把安全运营放在第一位，既快速响应市场的变化和客户需求，又小心谨慎走好每一步，创新的脚步走得很稳。这样不仅活了下来，而且发展成业内的头部企业，其中跨境收单业务位居国内第一。

刘超峰介绍，要开发一套服务全球卖家和买家的数字支付系统非常不易，专业性、技术性都很强，是一项系统复杂的创新工程。首先，要获得国际金融行业的安全认证。钱海要在全球从事收单等方面业务，就必须了解世界各地的监管要求，并且获得相应的资质认证。成立两个月后，公司拿到了第一个国际金融行业的安全认证 PCI LEVEL 1，此后又陆续获得了 Visa、MasterCard、Discover、JCB、Google Pay 和 Apple Pay PSPs 等认证服务商或收单机构的认证资质。这些认证在世界上都属于最高级别，钱海拿到这些牌照就意味着可以在全球进行跨境支付业务。

其次，要解决不同币种和不同支付产品的支付问题。全球有两百多个国家和地区，每个国家和地区有不同的法定货币。钱海支付系统从最主流的美元、英镑、欧元等货币收单做起，如今已经能支撑世界各地 140 多种货币的收单。除了货币不同，世界各地消费者使用的支付产品多种多样，比如中国就有支付宝、微信支付、银联、云闪付、壹钱包等很多种。为了保证消费者支付便利，钱海支付系统目前已经能够支撑全球 500 多种支付产品、10 多种结算币种和 20 多种支付语言，能够支撑的货币和支付产品种类在国内跨境支付公司中名列第一。

再次，要适应不同支付场景的需求。不同国家、不同行业、不同货品的支付场景不一样。概括来说，有的是线上，有的是线下，有的是两者深度结合；有的是用手机支付，有的是用 PC 支付，有的是在电视上支付；有的卖服装，有的卖机票，有的卖游戏产品；等等。钱海针对不同场景，采取不同的技术处理方式。2019 年，香港国泰航空找到欧洲一家知名跨境支付公司，让其解决世界各地旅客购买机票的支付问题，结果这家跨境支付公司说要半年才能完成。于是国泰航空找到钱海，因为对国内外旅客购买机票的消费习惯和相关监管规定都非常熟悉，钱海只花了一个多月的时间就解决了问题，现在钱海支付系统每天都在为国泰航空售票业务提供服务。

最后，要与买卖双方的支付链条无缝衔接。钱海要把钱从买家手里转到卖家手里，就必须在技术上与两者的系统对接。消费者背后有银行或卡组织，卖家后面就更复杂了。比如一家跨境电商内部有财务管理系统，外部还与采购、物流等联系在一起。钱海支付系统都必须与之打通对接，消费者购买商品付款之后，信息要及时传给电商相关的系统。除了解决钱款的支付问题，钱海还要为卖家提供数据分析，帮助卖家不断提升业务量。

跨境卖家与买家之间的交易不可能面对面进行，这样就更容易出现欺诈行为。德国 Statista 数据显示，2022 年全球电子商务因在线支付欺诈造成的损失预估达 410 亿美元，2023 年这一数字预计增长至 480 亿美元。交易首先要保证安全，风控成为电商企业的生命线。依据实际业务定制相匹配的风控模型以及应对层出不穷的新型风险，成为跨境支付必须解决的问题。

因为国内的服务场景差别不大，中国国内金融领域风控模式都差不多。但跨境支付面对的国家和地区众多，情况异常复杂。而且在整个支付链条中，风控通过率并非越高越好，也并非越低就意味着风险越低，其中"度"的把握需要丰富的专业知识和高超的技术手段。钱海通过多年沉淀与打磨，打造出基于"AI+ 大数据"的智能实时风控系统，将服务 30 多个细分行业的经验及风险规则构建成多维度的特征库，并由 AI 机器人持续学习新算法，形成可快速调整的交易风控模型，在兼顾商家收益与风险的前提下，提升整体风控能力。杨新芳介绍，这套实时风控系统能以每个消费者为基础，侦测消费者的行为是否存在异常，对消费者进行数字画像，实时区分出可信任的消费者和潜在欺诈者，确保交易的安全高效。

打造了一流的支付系统和风控系统，让卖家和买家可以更安全、便捷地进行交易，使得钱海的客户量这些年均以两位数的速度增长。钱海的客户不少是国内外知名企业，比如国内企业 TCL 集团、腾讯、安克创新、影石创新、傲基、万兴科技、虎牙直播等，境外服务对象有包括全球免税店巨头瑞士杜弗里公司、韩国新罗集团、德国海内曼集团等在内的很多世界级大公司。

钱海在自身发展上特别注重安全性。公司倡导规则文化，因为全球不同的目标市场有着文化、监管、技术、服务等的差异和不同要求，所以公司要求所有员工首先要学会遵守目标市场的规则。每创新一项新业务，每接收一个新客户，首先想的是安全，对不安全的业务宁愿不做。刘超峰说，现在回过头来看，一些跨境支付创业公司倒闭就是因为太激进，在安全问题上犯下大错。钱海始终保持平稳发展，短时间看好像慢了，长时间看，慢反而就是快。

对钱海这样的金融科技公司来说，创新只靠科技还不行，必须做到科技与专业高度结合。公司既需要IT、互联网、大数据和人工智能方面的高科技人才，又需要懂国际金融规则和跨境电商业务的专业人士。专业人士根据客户需求设计解决方案，技术人员用高科技手段来实现。钱海创始团队的背景非常好，刘超峰是运营高手，创建钱海之前就曾成功创业。杨新芳创业前在跨境支付公司工作过，是国内跨境支付领域知名专家，业务十分娴熟。创始团队中还有IT、互联网等技术过硬的人才。这样合理的人才结构确保了钱海早期在研发上少走了很多弯路，同时也赢得了投资机构的认可，创业不到一年，就获得了基石资本数千万元A轮融资，解决了发展资金问题。

为了吸引人才，留住人才，钱海从创立开始就拿出20%的股权作为员工期权池，并从年终红利、期权红利和股权激励多个方面激励员工的创业精神。公司还利用在香港和深圳建有双总部的有利条件，从香港寻找优秀人才。此外，公司还与香港城市大学、清华大学经管学院、中山大学等建立合作关系，从高校获得更多人力和智力资源。现在钱海集聚了一大批专业和科技方面的人才，技术团队有上百人，已经获得127个软件著作权和专利。

在南山高新区联合总部大厦51楼，从宽大的落地玻璃窗向外望去，有点坐在飞机上向下俯视的感觉，深圳湾的繁华景象尽收眼底。刘超峰在办公室接受访谈时感慨地说,在这样高度的大楼里办公,时刻提醒钱海人,作为一家在全球开展业务的国际化公司,钱海必须站得高看得远,要有全球的眼光、知识和思维,同时也要有成为世界一流公司的高远目标。

安健科技:DR 设备的领跑者

深圳安健科技是中国医用数字化 X 线影像(DR)设备领域的开拓者和领军者,在全球 DR 数字化、动态化和三维化浪潮中,也是弄潮者和领先者,为高端 DR 设备国产化做出了卓越贡献。

杜碧从武汉大学物理专业硕士毕业后,来到深圳安科公司工作,这是国内成立较早的一家科技医疗器械公司,迈瑞医疗创始人李西廷也在这里工作过。杜碧工作中发现高端 DR 设备基本被国外垄断,价格动辄数百万元一台,让中国 80% 的县域以及乡镇医院都无力购买,患者只能去有实力的大医院做检查,这也是造成"看病难、看病贵"的关键原因之一。在医疗设备数字化大趋势下,中国急需本土化的 DR 设备,科班出身的杜碧觉得自己应该为此扛起责任、做出贡献,2002 年,他辞职成立安健科技开始自主创业。

做一个创新型科技企业很不容易,生存要钱,研发新产品更要钱。为了活下去,公司起步时没有直接去研发 DR 设备,也没有去做产品代理,而是去做了一种医用扫描仪。那时患者在医院之间转院,转进的医院要对患者之前拍摄的胶片进行扫描建档,进口扫描仪很贵。杜碧发现这是一个很好的赚钱机会,就带三四个人很快研发出了国内第一台医用扫描仪。后来市场销售果然很好,公司赚了创业的"第一桶金"。

资金上有了一定保障,安健开始走上一条循序渐进的 DR 设备研发之路。DR 整机需要探测器、X 线球管、高压发生器三方面核心技术,当时基本上都由外企掌控,国内还没有完整的自主产业链。

安健没有一步到位去研发 DR 整机,而是选择了首先攻关探测器技术。探测器的作用是把 X 射线先变成电信号,再由软件系统处理成影像,是 DR 设备核心的部分。探测器占了 DR 整机成本至少五成以上,一旦研发成功,公司除了自己用于开发整机,还可以出售给其他厂商,获得进一步发展的资本。

研发探测器过程并不容易,国内没有任何可参照的产品,国外技术对中国企业严密封锁,差不多一切都要从零开始做起。经过一年多的努力,2004 年安健终于自主研发出国内首台探测器。不过技术上还是当时行业普遍使用的静态成像,安健发现用它组装成 DR 整机用于筛查诊断时,不可避免地会出现漏诊误诊现象。2009 年,日本一家企业研发出全球首台采用动态成像技术的高清数字化 DR,在市场上引起轰动。动态成像能在瞬间低剂量高速度获取多帧 X 线影像,通过软件系统处理后快速输出一段连续的动态摄影图像,让医生能够多角度动态观察病变在组织器官运动状态下的变化,从而更好地做出临床诊断,提高诊断的准确率。国外竞争对手在技术上的突破让安健压力倍增,如果不能跟上世界最先进的技术,企业很容易被市场无情抛弃。

随后的几年里,安健为此投入上亿元资金,组织骨干团队进行技术攻关。他们先后设计了 400 多个不同方案,一个个进行验证,寻找最优的那一个,图像分析和演算进行了几百万次,团队人员经常通宵达旦工作。其间公司还遭遇现金流困难,杜碧毫不犹豫抵押自家房产进行贷款,补充现金流,给员工发工资和维持公司正常运营。功夫不负有心人,2011 年,他们终于自主研发出了中国首台动态探测器,各项技术指标达到国际领先水平。此后安健又先后攻克 X 线球管和高压发生器的技术难关,成为国内第一家完全掌握 DR 核心技术的医疗器械企业,实现全产业链技术自主可控。

十年磨一剑,2013 年安健终于推出了中国第一台拥有自主知识产权的高清数字化多功能动态 DR 整机。这款设备集拍片、透视、造影于一身，质量一流，而价格与国外产品相比大幅降低，深受市场欢迎，让那些经济实力较弱的县域和乡镇医院也用上了先进的 DR 设备。现在安健动态成像技术能在 17×17 英寸的成像幅面下实现 0.8 秒快速动静切换，点片像素高达 940 万，清晰度比之前大幅提高，被广泛应用于床式、悬吊式、双立柱式、臂式 DR 设备中。安健的设备受到了国外医疗机构欢迎，进入法国、泰国、印尼等全球 70 多个国家和地区的很多医院，累计销售 4000 多台（套）。

站上了世界 DR 技术领域金字塔的塔尖，安健并没有停下创新的脚步，它深知客户需求永无止境，技术创新没有终点。DR 设备的用户是医院，为了了解用户需求，安健与四川大学华西医院、北京协和医院、深圳市人民医院等数百家高水平医院保持着良好合作关系，主动听取一线医生的意见，获得最真实的需求信息。在这个过程中，一些医生反映动态 DR 设备虽然在诊断准确率上比静态设备大幅提升，但二维平片的物理成像原理导致影像中患者组织部位重叠，还是会有极少数漏诊和误诊情况出现。于是，三维立体 DR 的研发被安健提上日程。

2021 年，安健科技隆重发布立位三维锥形束 X 线摄影多功能检查系统 WR-3D，这在国内是第一家，国际上只有西门子拥有这项技术。这套系统有很多特点和优势：首先，影像由二维变为三维之后，可以获得被检查部位横断、矢状、冠状多方位图像信息，医生看起来更真实直观，一定程度上弥补了清晰度不如 CT 的不足，可以极大地降低漏诊、误诊率，更有利于医生做临床诊断以及制订医疗方案。其次，采用立位方式使人在检查时器官处于自然负重状态，比如脊柱、腿关节等器官躺式检查和立位检查状态不一样，拍摄出来的影像也有区别，而立位更容易看出这些器官的病变，目前 CT 和磁共振成像检查只有躺式。第三，该设备基于安健自有的动态数字化 X 线摄影技术，剂量辐射水平远低于 CT，这对短时期内需要做多次检查的患者来说，可以减少辐射带来的伤害。这款三维立体 DR 设备在华西医院等医疗机构使用时，得到了非常好的反馈，已成为安健一款标志性产品。

安健经过 20 余年发展，已经在深圳、东莞、重庆、杭州建立了研发中心、生产基地，成为世界上十大 DR 设备厂商之一，最近 10 年来市场占有率在国内企业排名不是第一就是第二。安健在创新创业上之所以能取得成功，首先是他们有梦想、有情怀。安健的愿景是做"X 线创新技术全球引领者"，使命是"修已安人，健康全球"，品牌价值主张是"一束微光，洞悉生命"，目标追求高远宏大。其次是重视人才和研发。安健拥有国内 X 线检查行业规模最大的研发团队，研发人员超过 200 人，每年研发投入占公司收入的比重为 15%。然后，他们始终贴近用户、贴近临床做研发。最后，他们围绕目标百折不挠、矢志不渝。安健从创建至今一直聚焦医疗器械细分领域的 DR 技术，20 多年从未改变。

深圳国显：以大客户战略倒逼企业升级

打开深圳市国显科技有限公司（简称"深圳国显"）的官网，查看公司"发展历程"，你会发现这家企业从 2006 年创立至今，走过的创新发展之路在深圳企业中很有代表性：最初从贸易起步，然后转向实业，再转型升级为科技公司，如今逐渐成为国内显示行业的标杆企业。在规模上，深圳国显每五年就迈上一个新台阶，营收从亿元级到 10 亿元级，再迈向 50 亿元级，如今正在冲击百亿元级企业的目标。

深圳国显的创始人欧木兰 18 岁闯到深圳，在港资电子厂打工，凭着聪明才智和勤奋努力，用了 10 年时间成为公司总经理。让很多人意想不到的是，她没有留恋这个令人羡慕的岗位，毅然拿着 10 万元积蓄辞职创业，做起当时火热的 DVD、MP3 和 MP4 等产品的芯片生意。在创业期间，她敏锐地发现电子业已经从"听"的产业转为"看"的产业,于是在2006年成立深圳国显做起了显示屏生意。

一开始公司并没有自己的生产基地,还是用做贸易赚钱的思路来做显示屏。2007年,她考虑移民国外时,偶然看到了稻盛和夫的著作《活法》。"人活着的意义是什么?""人应该怎样活着?"看了书中对这些哲学问题的深层次思考,欧木兰醍醐灌顶,停止办理移民手续,下定决心把深圳国显办成一家受人尊敬的企业,为国家显示行业的发展做出贡献,从而实现自己的人生价值,而不是仅仅为了赚钱。

人生的目标和境界变了,办企业的方式随之变化。她开始招聘技术人员,组建研发和设计团队,企业逐步形成自己的技术支撑和品质控制能力。2008年,深圳国显就量产了自己的产品,在业务上从百分之百做贸易转型为一半做贸易一半做制造。第二年,为了10.1英寸液晶显示模组的研发可量产(这在当时是国内模组厂首款实现定制化量产的中尺寸产品),深圳国显在生产基地建设上投入了更多资源。欧木兰投入所有人力物力,终于在平板行业率先成功推出此款产品。深圳国显成为国内模组厂家中第一个供应中尺寸显示屏的企业。此后,深圳国显立足中尺寸显示屏这片蓝海,取得了一个个骄人的业绩。2010年,欧木兰果断结束所有贸易业务,把时间精力全部投入显示屏制造。随后两年,公司不仅实现了更多定制化产品线的落地,推动了行业的创新尺寸变革,而且建立起比较成熟的制造体系。

国内显示行业起步较晚,那时候整体上处于对标国际先进水平进行模仿创新的阶段。深圳国显在创新上并没有亦步亦趋,表现得相当大胆、有勇气。比如,苹果公司推出7.85英寸平板电脑iPad mini之后,深圳国显开始设计自己的平板电脑显示屏。研发团队做了大量调研后认为,从设计趋势来看,平板电脑应该很薄、很轻,像MP3、MP4一样方便携带和使用。因此,不同于苹果等公司的产品形态,他们在大小上采用了 6.95 英寸的尺寸,并且采用了当时几乎没有厂家使用的竖屏设计。之前平板电脑都是横屏设计,用户横着看,由于侧面装有芯片,四周要留比较宽的边,因此可视区面积就相对小一些。而竖屏设计芯片装在最下面的部分,边框占用的面积整体上比横屏设计要少,可视区面积相对就大,这样屏幕可以适当做得小一些。这种独家创新使得 6.95 英寸显示屏推出后,马上成为市场争抢的爆品,给公司带来了丰厚的利润。因为这款产品,深圳国显在业内名声大噪。

尝到了创新甜头的欧木兰并没有陶醉其中。作为企业掌舵人,欧木兰希望建立一套机制,让深圳国显成为一家真正优秀的企业,能够始终保持创新的动力和活力,而不是靠偶尔冒出一两个爆品活着。

打造一家优秀的企业从何着手?欧木兰为此冥思苦想。她是一位出色的销售员,深知客户对企业的价值,客户不仅是企业的衣食父母,从某种角度说也是企业发展的"引路人",因为客户的需求引导着企业的行为。客户是分层的,不同客户需求不同,不同需求对企业发展的带动是不同的。思考清楚其中的逻辑之后,2013 年欧木兰做出了一个影响深远的"换客户"决定,大力推进大客户战略,拒绝原有的"白牌"客户,拓展品牌客户,以客户升级驱动深圳国显升级。

深圳国显处于产业链中游,做的是 B2B 业务。欧木兰驰骋商场积累下来的主要是"白牌"客户,这些客户没有品牌和商标,在市场中处于较低端。当时平板电脑发展迅猛,深圳又是国内"白牌"产品出货量最大的地区,深圳国显有大量"白牌"客户,活得还算滋润。但这类客户靠低价生存,对上游的要求就是便宜,做这类生意的企业很难在产品研发、企业管理、品质提升上有大的作为,想成为一家优秀企业非常难。

而品牌客户的订单一般都比较大,相对稳定,而且因为其产品有品牌溢价，向上游采购原材料时可以承担更高的价格，这些都是明眼可见的好处。但在获得这些好处的同时，也要满足品牌客户一系列的严苛要求。品牌客户会对供应商的整个制造流程实行监控，从研发设计、选材制造到产品检验检测，再到最后的产品交付，都会设定标准、提出要求，以确保产品的品质一流。

跟大客户合作，首先要面对它们的"审厂"。国显人至今记得第一家来审厂的大客户是中国台湾的一家个人电脑品牌，仔细看了一圈之后，客户竟然提了近两百个需要整改的问题。客户还没走，他们的整改就开始了，没日没夜地干，直到让对方完全满意。这次审厂，让国显人蜕了一层皮，也使企业制造、质控和管理体系上了新的台阶，为他们后来赢得美国、韩国等地的大客户奠定了基础。

大客户对供应商的监督在审厂之后并不会结束，它们还会对企业平时的生产进行检查。这种检查很多是临时通知的突然袭击，查起来十分严格。比如有的会拿一块白布进入工厂，专门找那些容易弄脏的犄角旮旯抹一抹，如果白布上留下一点污渍，那就说明生产环境不符合要求，管理有漏洞，就得整改。

深圳国显实行大客户战略之后，不久就在内部引起了强烈的质疑，一些人认为原来活得好好的，现在让大客户搞得压力太大、麻烦不断。尤其是拒绝了"白牌"客户，获得大客户又难上加难，公司销售额立马遭遇滑铁卢，从四五千万元断崖式跌到一千万元，这时候反对声音更是汹涌而来。面对这些，欧木兰毫不退缩，在反复做好宣传解释的情况下，她认为那些始终思想顽固的反对者也没有必要留下，所以那个时期离开的员工多达两成以上，其中既有普通员工，也有中层和高层管理人员，还不乏和她一起奋斗多年的老员工。从情感上来说，欧木兰有些不舍，但留下这些人就会拖累企业发展升级。

同样是大客户，不同客户也有不同的标准和要求，欧木兰总是全力配合它们，极力满足它们的要求。这一方面是为了订单，另一方面也是为了倒逼深圳国显提高自己。有一次为了服务好美国一家大客户，他们白天跟着客户派驻的专家学习、听取意见，晚上加班加点改进、落实，有时候还要把进展情况汇报给在美国的客户高层。整个团队为此三周没有回家，几乎24小时都有人处于工作状态。就这样，经过不断沟通、磨合、改进，他们终于在接到项目后的三个月内实现了客户产品的量产，后来这款产品给公司带来了高达8亿元的营业收入。

大客户在行业内往往是技术和创新的引领者，对供应商的研发能力要求很高，供应商是大客户创新链的一部分。为了适应服务大客户的要求，深圳国显及时增加研发人。服务"白牌"客户的时候，研发部门仅有十几人，后来增加到近两百人。

推进大客户战略期间，深圳国显还大幅改进了公司的服务体系，增加了懂技术的服务人员，为每个大客户平均派驻4名工程师，以及时、准确地掌握客户需求信息，现场为它们提供快速、全面的技术服务。为了缩短解决客户问题的时间，深圳国显在内部设计了一套"一三七制度"："一"表示所有品质问题团队会在第一天给出反馈，"三"表示重要的分析报告在三天内完成，"七"表示品质问题的结案和补货需要在七天内完成。

深圳国显在实施大客户战略两三年之后，跃升为显示行业高端"朋友圈"的一员，整体上发生了脱胎换骨的变化，创新能力、制造能力、管理水平等与之前不可同日而语。2015年通过联合重组，深圳国显成为央企中国建材集团旗下上市公司凯盛科技股份有限公司（简称"凯盛科技"）的控股子公司。凯盛科技深耕玻璃行业数十年，是行业领先、享誉国际的高科技公司。"央企实力＋民企活力"给深圳国显带来了更强大的市场竞争力，它们很快打通了显示模组的上游供应链环节，在盖板玻璃、传感器制作、模组集成等关键环节实现了技术上的自主、产能上的自足，在触控显示领域完成了供应链、创新链的一体化布局。

在数字化、智能化呼啸而来的时代，深圳国显努力打造巨量定制化的敏捷开发能力、智能化制造能力和卓越供应链能力三大核心竞争力，持续投入建设"以数字化、自动化、智能化和精益制造为主轴的智能制造体系"。目前他们在深圳拥有两个先进的研发和生产基地，并在安徽蚌埠高新区打造了显示模组的精益化工厂，追求比肩世界一流的产品品质。公司产品遍布消费电子、车载、LED视显、工业自动化控制、3A玻璃、减薄等显示领域，仅消费电子领域就涵盖平板电脑、笔记本电脑、智能穿戴设备等多种产品的显示屏。深圳国显已经是一家在全球范围内提供显示解决方案和服务的创新科技企业，客户包括LGD、亚马逊、三星、华硕等世界知名品牌。公司对显示行业的技术进步贡献越来越大，比如研发的平板电脑液晶显示模组，以其卓越的性能和质量被有关部门评为2023年广东省制造业单项冠军产品。

深圳国显十年如一日地聚焦显示赛道，终于成为行业内举足轻重的明星企业。随着公司的发展，创始人欧木兰从打工妹成长为优秀企业家。她心怀梦想，不满足现状，不畏艰难，总是义无反顾地带领团队不断挑战新的目标。这种企业家精神，是企业创新发展的不竭动力。

第五章

建立完备的产业链和创新链

艾萨克森在《乔布斯传》里记载了这样一个故事：2006年，距离第一代iPhone手机推出仅剩6个月时，乔布斯还在为手机屏幕的玻璃盖板发愁。这种盖板必须又硬又薄，不怕摔、不怕划，但当时乔布斯找了几个玻璃厂家都无法生产出让他满意的产品。

这时候朋友给他推荐了有一百多年历史的美国康宁公司。它专注新材料研发和生产，早在20世纪60年代就有了一种硬玻璃生产技术，但由于客户太少，于1971年彻底关停了生产线。乔布斯了解后如获至宝，希望对方尽快恢复生产。康宁工程师通过努力，在较短时间里重启生产线生产出高质量的大猩猩牌玻璃，满足了苹果需求，苹果顺利推出了第一代智能手机。如今很多高档手机都在使用大猩猩玻璃盖板，康宁也因此收益大增。

这个故事说明，在企业创新活动中，产业链和创新链是多么重要。越是复杂的高科技产品创新，越需要依赖一个高质量的创新网络生态。因为任何企业都不可能成为技术全能王，什么都能自己做而且做到最好，只能聚焦某一个或几个技术领域。如果没有产业链上游的康宁玻璃，苹果手机至少质量大受影响；反过来看，没有下游苹果的使用，康宁的技术也只能放在一边继续冷藏，发挥不出应有的效益。

企业创新依赖产业链支撑，在一个良好的创新生态中，创新链和产业链相互依存、彼此融合、螺旋上升。深圳市政府和企业非常重视产业链建设，在电子信息、新能源车和无人机等很多领域形成了完备产业链，在全球具有较大的影响力，这也是深圳创新活跃、创新成果卓著的重要原因。

深圳的电子信息产业链有多强

老外在深圳组装苹果手机

斯科蒂·艾伦（Scotty Allen）是美国硅谷的一名软件工程师，这位满脸胡子的青年曾多次到深圳出差，2016年看到华强北琳琅满目的手机配件，突发奇想要自己组装一台当时流行的iPhone 6s手机。由于之前没有做过手机组装，他一边学习，一边在华强北的店铺中挑选零部件。让他十分惊奇的是，哪怕小到只有三四平方米的店铺里的职员都能像硬件工程师一样给他做专业性介绍，这让他节省了大量时间，学到了不少知识。

买齐主板、电池、听筒、显示屏、传感器等零部件之后，他真的一点点把iPhone 6s组装成功了，一算账，所有零部件的成本也就300美元，大大低于当时成品手机的市场价格。艾伦是一名视频播主，他把整个过程录制下来制成短片，2017年4月放到YouTube平台上，仅仅一天就获得了200万的播放量，几天后播放量飙升到2000多万，吸引英国《每日邮报》等多家媒体对此做了报道。组装一部苹果手机需要大大小小零部件多达100多个，这些都能在深圳配齐。看到此事的人都很吃惊，原来深圳电子信息产业的"硬件"是如此之厉害，简直不可想象。艾伦的举动为深圳做了一个大广告，让世界上更多人了解了深圳和华强北。

艾伦在媒体访谈中把深圳与他所在的硅谷做了对比，认为硅谷在软件领域优势明显，而深圳的优势在硬件方面，尤其是硬件工程师很多。持有这种看法的还有多位世界级科技公司的高管，比如曾担任微软全球执行副总裁的沈向洋多次到过华强北，就赞叹这里"硬件生态系统全球绝无仅有"。

Haxlr8r 是世界上最大的硬件孵化器公司，是连接创业者、供应商和制造工厂的大平台。他们每年要多次面向全球选拔创客团队，然后集中培训，并给一定的资金支持以便进行产品和项目孵化。这个过程用时 111 天，其间需要进行产品打样、组装，甚至生产与出货，孵化成功的产品和项目最后要展示推介给硅谷的投资人。因此，能不能快捷高效地获得所需要的硬件，直接影响孵化效果。2013年，Haxlr8r 把总部搬到了华强北，公司董事总经理邓肯·特纳在接受《消费电子》专访时解释说："深圳是制造产品原型的最佳地点，在全球其他地方需要一个月的工序，在这里一星期便能搞定。"

Haxlr8r 总部搬到华强北之后，来自世界各地的创客们购买硬件非常方便，他们去附近店铺，即使不懂中文，用外语加画图、手势也能让职员帮忙找到需要的零件。对于熟悉的店铺则更简单，用微信沟通一下需要什么，十几分钟就能送过来。现在 Haxlr8r 的规模比起步时扩大了数倍，来自世界各地的项目经过孵化之后，90%都能投入商业市场运作，其中很多已在硅谷获得投资。

华强北是全球最大的电子元器件集散市场，是深圳电子信息产业链条的枢纽。这条南北不足 1 千米长的街区以神奇的力量"链"通世界、"链"动世界。业界人士甚至说，华强北打个喷嚏，世界电子市场就会感冒，由此可见深圳电子信息产业链在全球的地位和影响力。

企业为"链"搬家

在黑龙江出生的王永锟从哈工大控制科学与工程专业硕士毕业

后，2015年与朋友合伙在哈尔滨创办公司研发机器人。这在当时是很前卫的创业领域，研发机器人需要的各种传感器、电路板、电池、机械部件等原材料，在哈尔滨没有集中采购的地方，有些零部件满大街都找不到，他们只能去网络上购买。

不久，王永锟发现这些零部件全部来自深圳，而下游客户又多数在珠三角，公司业务两头都在3000多千米之外的南方，从遥远的地方采购原材料研发加工后再销往那里，大大增加了包括时间在内的运营成本。尤其是少数客户收到货发现有问题，需要再运往公司进行返工优化，前后又得花上一个月时间。刚起步的创业公司，必须在每个环节上精打细算，既要把成本降到最低，又要追求发展速度。王永锟果断决定"搬家"，2016年2月，他和公司的四名伙伴一起飞到深圳，成立斯坦德机器人（深圳）有限公司，从此扎根在这里。

公司搬来深圳之后如鱼得水，原材料采购和机械加工唾手可得，而且选择性更广，价格更便宜。公司产品供应周期从过去的一个月缩短到几天，效率大幅提升，竞争力变得更强。斯坦德机器人（深圳）有限公司聚焦工业级移动机器人的研发生产，在上游供应大幅变好的同时，下游还利用地域之便获得了珠三角地区的华为、中兴、OPPO等大企业客户。

哈工大在南山大学城里有个研究生院，王永锟说当初在深圳选择办公地址时，考虑过放在南山离母校更近，研发中碰到问题需要向老师们请教，沟通起来更方便。但最后还是觉得供应链对公司发展更加重要，就把公司办公地点选择在更靠近供应链的宝安区。公司来深圳之后，发展规模不断扩大，2022年6月迎来第四次搬家，迁入宝安区华丰国际机器人产业园二期，500多名员工搬进近万平方米的办公场所，这里宽敞漂亮。园区作为粤港澳大湾区机器人产业孵化基地，聚集了很多从事机器人研发和生产的企业，形成了一个小的"产业集群"，更有利于公司发展。

凭着产业链的优势,深圳吸引了很多公司把"家"搬到这里,深圳矽递科技股份有限公司就是其中一家。创始人潘昊是四川雅安人,大学毕业后在成都一家外企工作,后来不满足按部就班的工作,辞职开始创业。他把创业的起点选在北京,从事创客服务,在市场上采购硬件加工后卖给创客以获得收益。

跟王永锟一样,潘昊很快发现许多器件材料供应都不在北京而在深圳。2008年夏天他亲自跑到深圳,在华强北转了一圈后大开眼界,这里什么硬件都有。他毫不犹豫离开北京来到深圳,与创业伙伴建了一个电商网站,接到订单之后,他就去华强北琳琅满目的店铺里穿梭采购,伙伴则负责把采购回来的元器件加工成创客需要的各种模块。他至今记得来深圳之后接的第一单来自新加坡的一个创客,只需要10个LED(发光二极管)模块,总价不过几十元。订单虽小,他却高兴了好几天,这单业务让他体验到在华强北完成采购、加工、发货的全部流程都极其便捷。现在,潘昊创办的"柴火创客空间"已经成为国内知名的创客孵化基地。

在往深圳"搬家"的队伍中,有王永锟和潘昊这样刚刚创业不久的创业者,还有不少已经做到大中型规模的公司。2021年12月25日,中国电子总部正式从北京迁入深圳,这家身为世界500强的央企规模很大,2020年底拥有26家二级企业、15家上市公司、18万余员工,全年营业收入2479亿元。如此规模的央企将总部搬入深圳,当然首先是出于国家战略需要,是为了加快打造国家网信产业核心力量和组织平台,为国家科技自立自强和保障产业链供应链自主安全可控提供有力支撑。但选择在深圳安家,说明深圳的电子信息产业已经形成良好基础和优势,能够承载这样的"巨无霸"更好落地发展。就如同时期中国船舶集团总部从北京迁入上海,是充分考虑了上海作为国际航运中心的实力和环境。搬家更有利于贴近市场和资源,贴近上下游产业链,更有利于企业的做大做强。

中国电子总部的迁入,进一步强化了深圳作为世界电子信息产业重镇的地位。另外，这一举措对公司本身发展的促进作用也初步显现出来，搬入深圳第一年，虽然遭受严重的疫情影响，利润依然增长24%，营业收入增长33%。

创新离不开产业链

为何那么多企业为"链"搬家？因为对企业来说，要做好创新，要更好更快地发展，所处的产业链环境特别重要，要把企业放在最靠近产业链、供应链的地方。完备的产业链可以让企业专注自己最擅长的创新领域，把它做深做透，其他方面借助外面的资源完成，而不必事事都自己干。实际上，事事都自己干不可能，也干不好。

因为既做ODM又做OEM，奋达科技在创新链条中扮演着不同角色，有时充当主角，有时是配角。大量的创新实践让他们切身体会到，良好的产业链环境可以让企业创新如鱼得水，否则寸步难行。梁永治在奋达科技做了十几年研发，他介绍说，研发一款新产品，做原型是关键一步，原型做出来才能做测试，测试过关再进入量产制造环节。简单点的产品原型需要几十个零部件，复杂点的就要几百个，而这些零部件无论是在市场上直接购买还是定制，都要依赖一个完备的供应链。奋达科技研发产品做原型，全部零部件一般在公司周围二十几分钟的路程内就能买到，这极大地提升了研发效率。

针对人们特别关心孕妇和小孩所在的室内环境安全问题，奋达科技计划在生产的智能手环中加入检测甲醛的功能，戴上这种手环，随时能够知道所处环境甲醛含量的数据。但这需要一种特殊的传感器，奋达科技是做电声产品起步，在传感器领域没有技术积累，无法靠自身研发解决问题。本来寄希望曾经合作的一家外地研究所，但被告知他们做不出来这么小的传感器。正在失望时，奋达科技发现深圳华昌盛公司能做他们需要的传感器，问题就这样在身边轻而易举解决了。如果找不到这种传感器,测甲醛的手环就无法研发生产。

奋达科技经常给华为做 OEM,是华为产业链和创新链中的一环。奋达科技除了在深圳拥有占地 17 万平方米的科技园,在东莞还有一个更大的生产基地,具有强大的智能制造能力,这对华为新产品高质量地快速落地至关重要。奋达科技董事长肖奋举例说,华为有一款手表是奋达科技生产的,双方同在一座城市,相距很近,在设计阶段大家就在一起密切沟通,奋达科技按照华为计划的产量提前准备生产能力。华为那边设计刚一完成,奋达科技就马上开动机器生产,确保产品第一时间面市。因为有奋达科技这样的企业负责生产,华为可以专心搞产品研发设计。如果缺少了这样的产业链伙伴,华为的产品创新就会受到很不利的影响。

深圳无人机产业为何能够在与世界同步发展中快速实现领跑?背后有深圳良好的电子信息产业基础作为支撑。就拿无人机机身用的碳纤维来说,深圳在这方面的规模很大,而且做到了最高端,高端一点的手机壳和屏幕边框都是碳纤维复合材料做的,扔到地上也不会摔坏。碳纤维复合材料质地坚硬,重量又轻,用来制造无人机最合适不过。大疆在早期发展过程中做好了飞行控制、图像传输等系统研发,剩下的都是交给产业链上的其他企业,甚至有时候只要有一个创意,连图纸都有人来帮助画,更不用说生产制造。在这样的产业链土壤中,一批无人机企业就快速发展起来了。

在对创新发挥重要作用的因素中,与产业链相关的供应链也功不可没。深圳供应链体系很完善、发达,1997 年成立的深圳市怡亚通供应链股份有限公司是国内第一家供应链管理服务企业,如今全市供应链服务企业超 4000 家,数量占全国八成以上。这些供应链服务公司,很多都能为企业提供从原材料、研发、设计到成品的生产制造流通环节全球性平台服务,对企业创新发挥着重要作用。

深圳电子信息技术产业链相对完备,但也不是完美无缺的,比如芯片领域就与国际一流水平有较大差距。奋达科技研发产品需要的芯片很多,梁永治说过去绝大多数时候只能用进口的,因为本地芯片质量不稳定,价格也不便宜。可喜的是,近些年深圳一些芯片公司进步很大,他们就尝试用一点,发现质量还可以,现在本地芯片就逐渐用得多了。他相信,随着使用量的增加,深圳芯片公司销售收入就会增长,这样有利于它们降价提质,最终会实现国产替代。

完备的产业链是怎么形成的

大企业一企带动一条链

在中国资本市场,有很多与那些"巨无霸"公司业务关联的概念股,比如华为概念股、苹果概念股、比亚迪概念股等。华为、苹果、比亚迪这些公司的经营一旦发生变化,就会马上引起这些概念股的价格波动,可见这些"链主"公司对整个产业链的巨大影响。

作为世界ICT行业的领军者,华为在产业链中的地位举足轻重。有机构梳理出上市公司中的华为概念股多达近200个,其中深圳公司就有数十个,比如大富科技、汇川技术、深赛格、特发信息、英威腾、深南电路、蓝海华腾、奋达科技、麦格米特等。在华为产业链上的中小微企业更是数以千计。

孙尚传2001年创立大富科技时,先是给国外一家企业做移动通信基站滤波器的金属结构件代工,业务很不稳定,几年后双方就结束了合作。2005年大富科技开始做滤波器整机OEM,并自己研发生产滤波器,为华为做ODM。通过技术和生产流程创新,大富科技不仅产品质量大幅提升,而且实现了生产材料损耗率从90%降低到仅有5%,生产效率也有很大提高,每个产品的平均生产时间从 20 分钟缩短为 0.5 秒，大幅降低了滤波器生产成本，销售价格因此降低到最高时的二十分之一。价廉物美的产品让它持续十几年成为华为的核心供应商，最多时生产出来的滤波器 70% 被华为买走，是华为产业链中的重要一环。"背靠大树好乘凉"，合作带来了共赢，大富科技因此发展成为全球最大的滤波器供应商，是"华为背后的隐形冠军"。

汇川技术是最具"华为基因"的上市公司，有"工控小华为"之称。创始人朱兴明曾是华为子公司安圣电气员工，2001 年起的一段时期华为陷入低谷，发展遭遇"冬天"，任正非不得不把安圣电气卖给外企。在这种情况下，朱兴明和十几位同事决定一起离开公司，2003 年自己创业成立汇川技术，聚焦工业领域的自动化、数字化、智能化。汇川技术已是千亿市值的 A 股上市公司，在业务上与华为互为上下游公司。汇川技术在经营管理上体现了明显的华为风格，比如高度重视研发，坚持将每年营收的 10% 投入研发，1 万多名员工中超过两成是研发人员，公司的核心价值观"以成就客户为先，以贡献者为本"也有华为的影子。

深圳作为各行各业"链主"的大企业有很多，它们对所在产业的发展都发挥了不可替代的促进作用，比如比亚迪对于新能源车产业、大疆对于无人机产业、腾讯对于互联网产业、中集集团对于集装箱行业等，其作用有目共睹。

大企业在人才、技术、资金和规模等方面有巨大优势，在产业中处于顶端和主导地位。它们整合和聚集行业资源的能力强，不仅是整个行业结构调整和产业升级的主力军，而且对行业企业具有较大的带动和培育作用，甚至能够直接催生一批中小企业成长起来。因此，深圳在建设完备的产业链上，高度重视对大企业的培育、引进和守护，大企业是产业链的孵化器、加速器和稳定器。

TCL华星:"补链"典范

早在1987年,中国的电视机产量就超过日本成为世界第一,但电视机生产中的一些核心部件和技术长期被日、美、韩等国家垄断。进入21世纪后,"缺芯少屏"仍然困扰着国内电视机产业,这让珠三角地区的政府和企业尤其坐不住,压力很大。当时全国四大电视机生产企业有三家总部在这个区域,其中创维、康佳在深圳,TCL在惠州。

深圳作为电子信息产业的前沿阵地,面对困扰产业发展的难题,于2005年制定出台了大力发展平面显示产业的规划。此后一直谋划把珠三角的三家企业整合起来,与掌握先进技术的外企联合做液晶显示屏,而且深圳国企参与投资。但这个被称为"聚龙计划"的方案在经过大量沟通协调之后,最终因为几家意见不一而胎死腹中。

"聚龙计划"虽然夭折,但有一位企业家要与深圳市政府合作做屏的努力一直没有停止,他就是TCL创始人李东生。1982年从华南理工大学无线电技术专业毕业后,李东生来到中外合资企业TTK家庭电器(惠州)有限公司(TCL前身),该公司主要从事磁带加工等业务。工作不久,他就凭借过人的专业能力和骄人业绩成为企业的领军人物,参与创立TCL。1993年,他开始担任TCL集团总经理,以战略眼光带领企业进军彩电生产,开启了TCL从地方小企业变身国内国际彩电巨头的辉煌历程。他不仅是一位杰出的企业家,而且是中国彩电产业的奠基者之一。

正是因为有长期在一线打拼的经历,李东生对"缺芯少屏"的痛感可谓刻骨铭心。产业上游被国外企业垄断,企业做得再大也要仰人鼻息,动不动还可能被人卡脖子。国内电视机生产企业不但利润越来越多地被年年上涨的电视屏价格吃掉,而且生产多少电视机完全依赖于上游供应多少屏。2004年TCL上市之后,李东生就开始谋划要进入产业链上游,考虑到技术门槛和公司实力的实际情况,他决定从"屏"入手。他得知深圳"聚龙计划"之后,可谓欣喜若狂,始终保持与深圳政府部门的频繁互动。

遇到这样热情执着的企业家,深圳市政府当然十分高兴,在"聚龙计划"熄火之后,又提出了一个深圳市政府、TCL、夏普三方合作的方案,而且明确表示政府出资50%,TCL和夏普各出资25%。众所周知,液晶屏生产投入大、见效慢、风险高,出一半的资金充分体现了政府的决心和诚意,李东生自然乐见其成。但作为行业资深人士,李东生提出了一条原则,就是要建当时国际上最领先的8.5代生产线。显示屏几代生产线前面的数字面积大小,数字越大代表面积越大,技术也越先进。李东生提出这样的原则要求是因为担心外企把在国外接近被淘汰的设备和技术搬进来,这样我们永远只能跟在人家后面,他坚持要干就必须一开始就站在国际一流的起跑线上。

后来事情的发展果然应验了李东生的担心,夏普当时就是要推销自己的6代生产线,在内地某城市愿意花钱购买6代生产线满足其小算盘之后,就推翻了之前跟深圳一起建8.5代生产线的约定。面对这样突然的变故,李东生虽然情绪上受到一些打击,但在建"屏"的路上丝毫没有退缩,反而越挫越勇,不相信离开了夏普这事就办不成了!他向深圳市政府提出了一个更大胆的方案:TCL出资55%、自建队伍、自主建设、自主经营,深圳市政府只需出资45%。

对这样的方案,有不少人认为太过冒险,按照初步预算,要建一个8.5代液晶屏生产项目,初期投入就要200多亿元。另外,人才、技术从哪儿来?国内虽然缺液晶屏,但国际上产能已经有些过剩,生产出来之后,销售也是问题。李东生对解决这些难题早有细致的谋划:资金通过TCL在资本市场增发股票融资解决;专业人才在TCL之前开办的液晶模组厂里已有一些储备,而且他们与国际上设计生产线的公司有了较深入的接触;至于生产出来的液晶屏销售问题，当时 TCL 液晶电视机年销售量已经高达 800 多万台，自己就能消耗掉一大部分。对此项目虽没有百分之百成功的把握，但他已做到胸有成竹。

2009 年 11 月 16 日，经过深圳市政府批准，TCL 与深圳市国资委直管企业——深圳市深超科技投资有限公司联合投资的深圳市华星光电技术有限公司（2019 年改名为 TCL 华星光电技术有限公司，以下简称"华星"），总投资 245 亿元的 8.5 代液晶屏生产线项目宣告启动。第二年 1 月 16 日举行了盛大的启动仪式，深圳市主要领导全部参加。该项目不仅创造了深圳特区建立以来单一工业项目投资额之最，而且是当时国内第一个自主建设的最高世代液晶屏生产项目。项目启动之后，李东生紧锣密鼓从中国台湾及日本、韩国招兵买马，半年里就组成了 200 多人的核心技术团队。深圳市除了投入资金之外，还在用地、设备通关等方面给予全力支持。2011 年 8 月，华星 t1 工厂正式投产，困扰中国电视机产业"少屏"的问题立马得到缓解。

此后华星不仅在深圳又新建了多条生产线，而且在惠州、广州、武汉、苏州及印度新建了多个生产基地，共布局 9 条显示屏生产线、5 大模组工厂，投资总额高达 2600 多亿元。华星 11 代液晶屏生产线是目前世界上最高世代线，技术上处于行业领先水平。2021 年，在电视机显示屏、商用液晶显示屏重点产品、MNT 电竞屏、LTPS（低温多晶硅）笔记本显示屏等领域，华星的出货量均位居全球第二，其中在 8K 和 120Hz 高端电视显示屏、交互白板、LTPS 平板电脑显示屏等细分市场位居全球第一。

走进华星位于龙华总部的展示大厅，大屏幕上不断滚动着数百家公司供应链上企业的 logo（标识），囊括了国内外几乎所有产品中用到"屏"的大品牌，比如创维、康佳、长虹、华为、三星、索尼、LG、飞利浦等。市场上主流的消费电子品牌都是他们的客户，早已大幅突破了电视机生产行业。华星以其先进的技术和巨大的产能,不仅补齐了珠三角和国内电子信息产业缺屏的短板,而且将产品出口到世界各地,成了国际上很多大公司的上游企业,极大地提高了中国企业在整个行业中的地位。TCL 也因为创办华星解决了上游供应问题,在市场上的竞争力变得更加强大。

华星创立并不断壮大之后,吸引了很多配套企业聚集深圳。创建于 1907 年的日本 AGC 株式会社,是全球领先的专注于玻璃、电子、化学等领域材料研发生产的科技企业,其生产的素玻璃是液晶屏的上游原材料。为了更好地与华星合作,AGC 在华星工厂附近建了多条生产线,双方工厂之间还专门修建了长长的连廊,AGC 的玻璃生产出来通过连廊直接运到华星车间,实现产业链上下游的无缝对接。刚合作时,AGC 产量为世界第二,现在已经跃居世界第一,双方实现了共赢。

2021 年,华星实现营业收入 801 亿元,利润上百亿元。截至 2022 年底仅在华星总部所在的深圳市光明区就已形成年产值超 1500 亿元的"华星产业链",覆盖集成电路、素玻璃、彩色滤光片、偏光片、LED 光源及各种显示终端等。深圳市政府与 TCL 联手"补链"的同时,创造了一个千亿级的平板显示产业链。这个精彩的补链故事,是政府与企业精诚合作造就产业发展奇迹的典范,成为深圳电子信息产业发展史上的美谈。

作为液晶屏产业"链主"级企业,华星一直以强烈的使命感推进创新,带动产业升级。他们积极布局下一代显示技术,推出了多款国际领先的新产品,比如,2020 年华星与聚华联合发布全球首款 31 英寸喷墨打印可卷绕柔性样机,还与日本 JOLED 公司联合推出了 65 英寸 8K 喷墨打印 OLED(有机发光二极管)产品。截至 2022 年底公司共申请专利 5 万多件,其中全球专利授权近 2 万件。

书记、市长当"链长"

2020年7月,深圳正式发布《深圳市重点产业链"链长制"工作方案》,围绕着重点发展的集成电路、5G、智能网联车、超高清显示、人工智能等重点产业链,由市领导担任"链长",推动产业链上下游、产供销、大中小企业协同发展,补链、强链、延链,打造具有国际竞争力的产业链。

就在公布方案的同时,市领导的"新职务"随之公布,有的负责一个产业链,有的负责多个。其中,市委书记担任总链长和集成电路产业链链长,市长担任5G产业链链长。对一个产业链发展来说,无论是企业"链主"还是市领导担任的"链长",都发挥着至关重要的作用。"链长制"实施以来,深圳实行了一链一图、一链一制、一链一策,对每条重点产业链都绘制了产业链结构图、企业分布图等图谱,发布了专项规划与政策,并谋划了一批重大项目落地。此外,还成立了产业链集聚定向招商服务专班,动员龙头企业的核心产业链上下游企业来深投资,提升产业链的整体竞争力。

由市领导亲自担任"链长",能够更大力度从全市层面统筹财政、税务、土地、人才等各方面资源。在市长担任"链长"的5G领域,经过一年的公开征求意见、反复讨论之后,2022年7月以市政府的名义颁发了《深圳市加快推进5G全产业链高质量发展若干措施》,旨在将深圳打造成5G网络能效优质、5G产业链完备、5G应用创新的标杆城市。

这份文件共推出21条措施,从补链强链到加速推动5G应用,覆盖5G产业链的各个环节,其中很多支持都是政府拿出"真金白银"。比如,在加强5G产业链缺失薄弱环节方面,支持企业参与5G网络设备芯片技术攻关面上、重点和重大项目,资助的最高金额分别可达500万元、1000万元、3000万元;在加速推动5G应用方面,支持企业开展"5G+工业互联网"技术标准攻关、融合产品研发和产业化生产,单个项目给予不超过经审计认定的项目投资额的30%、最高1000万元资助;等等。

除了资金上的大力支持,这份文件还提出进一步深化5G领域"放管服"改革。比如推行政府资金"秒报秒批秒付",对符合监管要求的奖励类资金取消人工审核、层层报批的传统方式,改由依托大数据比对结果,自动进行在线"秒批",做到"即来即批",提升政府资金兑现效率,减轻企业申报负担与资金周转成本。

"链长制"是深圳强化产业链建设的创新举措,在这一措施推出之前,深圳就曾多次出台针对性措施。比如,2009年对新能源产业链的关键环节推出支持政策,2019年出台"创新链+产业链"融合专项扶持计划,通过事后直接资助、股权资助和贷款贴息三种方式支持提升产业链关键环节。

深圳在2022年出台的"20+8"产业政策里面,提出了要建设网络与通信、超高清视频显示、智能传感器、软件与信息服务等20个产业集群,每个集群实际上就是一个产业链。为了建设这些集群,该政策文件再次强调要完善重点产业链"链长制",并提出为每个产业集群都单独出台配套政策措施,这些配套措施都已陆续出台。

智能传感器是手机、电脑、机器人、智能汽车等智能产品必备的核心零部件,它就像人的眼睛、鼻子、耳朵、皮肤等感知系统,缺少了它,这些智能产品就是"盲人""聋人"。2022年12月,深圳出台《深圳市关于推动智能传感器产业加快发展的若干措施》,提出了一系列支持加快该产业集群发展的举措,比如:引导企业利用本地MEMS中试线等公共服务平台开展新产品开发,对企业在本地平台产生的一次性工程费(NRE费用)按照最高30%、不超过100万元的标准予以补助;支持核心技术研发攻关,对能够解决智能传感器产业"卡脖子"问题,且未获得国家资金的重点项目,根据企业自筹资金投入情况,分阶段给予不超过总投资30%的资助，资助总额最高 1 亿元；等等。

深圳在支持产业链和产业发展上可谓新措施不断，舍得投入，产生了良好效果。2021 年国家公布首批开展产业链供应链生态体系建设试点城市名单，深圳成为 12 个入选城市之一。

融入全球创新网络

汇聚世界的创新力量

高端人才是引领科技变革的最关键性力量，深圳在吸引国际高端人才方面有很多创新做法。2017 年 3 月，深圳大手笔推出促进源头创新的"十大行动计划"，其中组建十大诺贝尔奖科学家实验室、打造十大海外创新中心两项，都是在世界范围内汇聚创新资源为我所用。

为了更好地围绕产业发展规划和布局，在化学、医学、光电等领域建设由诺贝尔奖获得者领衔的实验室，深圳专门发布《深圳市诺贝尔奖科学家实验室组建管理办法（试行）》，规定实验室必须由诺奖得主牵头组建并长期授权以其名字冠名，诺奖得主与依托单位签署聘任协议，首个协议期原则上为 5 年，每年在实验室工作不少于 30 天，政府对实验室的建设最高给予 1 亿元的首笔建设期资助，图灵奖、菲尔兹奖获奖科学家实验室组建参照该办法执行。

政策公布后，深圳的大学和科研机构迅速行动，通过各种渠道在世界各地寻找合适人选。至 2019 年底全市已经建成诺奖实验室 11 个，超额完成了原定计划，再现了"深圳速度"。南方科技大学就建了 3 个此类实验室，包括格拉布斯研究院、杰曼诺夫数学中心、斯发基斯可信自主系统研究院，分别由诺贝尔奖、菲尔兹奖和图灵奖的 3 位得主牵头并冠名。

诺奖得主们都是大忙人，但他们与深圳签约成立实验室之后，都挤出了很多时间精力投入深圳。深圳盖姆石墨烯研究中心设在清华大学深圳研究生院，由2010年诺贝尔物理学奖获得者、"石墨烯之父"安德烈·盖姆担任主任。他接受媒体采访时说，自己数了数护照上的签证，在2018年和2019年两年去了十多次深圳。疫情期间旅行受阻，就经常通过线上进行交流合作，出了不少研究成果。

诺奖得主级别的科学家是全球顶尖人才，他们的研究处于世界最前沿水平，来深圳牵头组建冠名实验室，有利于深圳捕捉世界科技前沿动态和形成人才"领头雁效应"，集聚国内外更多高层次人才来深工作。中国科学院深圳先进技术研究院建了两个诺奖实验室，其中深圳内尔神经可塑性实验室是由诺贝尔生理学或医学奖得主厄温·内尔于2019年3月冠名组建，一开始就形成了近30人的全职研究团队，一年后发展到50多人，其中一些专家是从国外吸引回来的"海归"。该实验室建设是深圳在脑科学领域国际合作上的一项重大进展，已经取得多项研究成果。比如，实验室在探究电子雾化产品对健康影响的研究上取得突破，将有望填补世界范围内"脑神经科学＋尼古丁成瘾机制"研究领域的科研空白，帮助电子雾化消费者减轻对尼古丁的依赖。

在深圳企业纷纷走向全球组建研发中心的同时，深圳也吸引了不少跨国企业来这里建设研发机构。2017年美国苹果公司在深圳建立研发中心和华南地区总部，苹果把北京之外在中国的第二个研发中心建在深圳，是因为这里优越的电子信息产业环境。同时，它的入驻也将提升深圳创新环境的国际化。该中心启动时就在蛇口网谷租了1万多平方米的办公场地，入驻研发、运营、供应链管理、线上销售、线下零售五大业务板块，此后迎来了成百上千的互联网专才在此工作。

2018年空中客车（中国）创新中心落地深圳，投资约3000万美元，关键岗位配备了有经验的专家，在智能硬件、互联技术、先进制造、城市空中交通等多个领域启动创新项目。这是空客公司在亚太地区唯一一家创新中心。运营后已与中国移动、深圳航空等机构达成多项合作，比如与深圳航空等机构合作，探索数字化技术在飞机交付领域的应用，打造更加灵活和更可持续的产品交付模式，把空客的技术和产品带到中国。

世界500强企业埃森哲（Accenture）是全球最大的上市咨询公司，主营业务是为客户提供战略、咨询、数字、技术和运营服务及解决方案。2019年4月，该公司把在中国设立的首个全球创新中心放在了深圳湾科技生态园，这里是深圳创新创业氛围最浓郁的地区之一，周围既有世界级的科技大公司，也有刚刚起步不久的创业公司。拥有世界级应用研发能力的埃森哲看中的正是这样的"土壤"，他们聚焦人工智能、机器人等领域的前沿应用研发，助力企业打造新解决方案原型，实现创新落地；同时可以帮助企业加速规模化创新，实现业务重塑，踏上全球业务增长之路。

大学是筑巢引凤的一支重要力量，对基础研究领域高层次人才来说，大学是非常好的干事创业平台。南方科技大学这所年轻的大学创建十余年来，在世界各地吸引了一大批高端人才加盟。截至2022年底1000余名教学科研系列的教师中，90%以上有境外工作经历。他们有的加盟前就是国外的院士、会士，有的加盟后被评选为中国的院士、"杰青"（国家杰出青年科学基金获得者）。另外，比南方科技大学晚两年创建的香港中文大学（深圳）截至2022年底已引进世界知名学者360多位，其中不少是从境外引进，包括诺贝尔奖得主4位、图灵奖得主2位。至于深圳大学，自1983年成立以来更是吸引了数以千计的境外高层次人才。

把研发中心办到全球

打开华为官方网站,在公司介绍的页面上有一个粗大的标题:开放、合作、共赢。这是华为秉持的宗旨,他们以此在世界范围内配置创新资源,建立全球产业生态。

2000年华为科技人员在一个国际科技论坛上发现一位国外年轻数学家的论文,在数据算法上有突破性研究,而这正是信息与通信领域需要的关键技术。求贤若渴的任正非获悉后马上给人力资源部门下了死命令,必须把他请来,并给予高薪。

没想到这小伙子挺有个性,说来深圳工作离家太远,不愿意。任正非阅人无数,了解很多真有本事的人都有点个性,不来深圳就不来吧,那就让他在家门口上班。于是为了这位年轻的数学家,加上考虑到能吸引更多人才,华为在他所在国家的首都建立了研究中心。这下小伙子爽快答应来上班了,但同事们反映他上班不守时,来上班也成天玩电脑,好像不在干正事。任正非一向用人不疑,知道后不但没有指责,反而交代员工多关心他找对象的事,因为这小伙子"连对象都不会谈"。

终于有一天,小伙子一鸣惊人,说把2G到3G的算法突破了!任正非立马让华为上海研究院专家验证,结果真是如此。此后华为以此为基础研发出 SingleRAN 解决方案,取得 3G 技术突破后,华为在欧洲的市场份额很快超过了爱立信。

在华为人眼里,企业国际化不仅是产品出口额达到多少,更重要的是在全球配置和优化资源,到世界各地建立研发中心就是一项重要举措。研发中心是聚集创新的人才资源,因此哪个地方人才多,华为就把中心建在哪儿,那个地方有什么样的人才,就建什么样的中心,一切围绕人才转。

20世纪末,华为出口额还未到1亿美元,他们就开始在印度等国建立研发中心,因为印度的软件产业发达,后来在印度的研发人员就数以千计。法国和俄罗斯的数学研究很厉害，有许多数学奇才，华为就在法国和俄罗斯建立数学研究中心。巴黎是世界著名的时尚之都，华为在巴黎建立美学研究中心，从奢侈品、汽车、3D设计等不同领域挖来一流设计师，服务华为手机、电脑等智能终端的外观设计。美国在信息和通信技术方面世界领先，是全球人才高地，华为2001年就在美国设立了研发中心。当时华为正处于发展的"冬天"，但这丝毫没有影响他们在全球建立研发中心抢人才。

把巢筑在有凤的地方让华为吸引了大批世界顶尖的人才。2020年设立的巴黎拉格朗日数学计算中心是华为在法国设立的第六家研发中心，该中心以开放的机制，吸引优秀学者参与研究并培养青年研究员。2021年，中心迎来了菲尔兹奖得主洛朗·拉福格，该奖被誉为"数学界的诺贝尔奖"。拉福格研究的拓扑斯理论是一个高度抽象的数学命题，属于数学界的"无人区"，突破后将为通信、计算、人工智能领域打开新的世界。加盟华为后，拉福格表示："基础研究探索属于华为长远眼光的一部分。华为许多人是从10年或20年的角度来思考的。"建立专门的研究中心涉足基础研究，是华为作为世界级大企业实力和眼光的体现，一般中小企业很难做到。在拉格朗日数学计算中心就有四位菲尔兹奖得主。

华为建设的研究中心遍布世界上众多技术先进的国家和地区。有时为了形成某一领域的技术优势，华为会在全球不同地区建立多个类似的研究中心。比如在音频领域，华为在国内外建立了七大音频研发中心，两个建在国内，其余五个分别建在芬兰、法国、德国、日本等国家。

企业行为体现的是企业家理念。在任正非眼里，做世界领先的企业就必须大胆地敞开胸怀，充分利用全球创新资源。早在2008年6月，他在公司内部一次大会讲话中就鲜明地提出，要努力去吸收已经成功的人类文明，不要过分狭隘地自主创新，否则会阻碍华为发展。科技发展到今天，集成创新、协同创新越来越重要，关起门来搞创新很难走通。华为过去的发展已经证明了这点，很多技术突破来自外部借力，最典型的是 3G、5G 领域的技术突破，就得益于土耳其等国的数学家。

迈瑞医疗是国内医疗器械领域的领军者，在生命信息与支持、体外诊断、医学影像三大核心业务领域，很多技术处于国际领先水平。而 1991 年迈瑞创立时，中国中高端医疗器械市场几乎全被西门子、强生、飞利浦这些国际巨头垄断。迈瑞医疗能从零起步快速赶上这些巨头，一个很重要的原因是全力推进国际化，在自主创新的同时敢于和善于通过国际并购增强创新实力。

李西廷在创立迈瑞医疗之前，曾在中国科学院与美国上市公司 Analogic 成立的合作企业工作，深知中国与世界在医疗器械方面的巨大差距。这让他认识到只有不断向先进学习，站在前人肩膀上才能快速缩小差距。2006 年 9 月，迈瑞成为首家在美国纽交所上市的中国医疗设备企业，在国际市场成功募资 2.7 亿美元，这让李西廷有了在国际医疗器械领域施展拳脚的资本。接下来，迈瑞在国内大举并购的同时，多次收购美欧医疗企业。比如，2008 年先后并购美国 Datascope 的生命信息监护业务和瑞典企业 Artema，2013 年并购美国 ZONARE，2021 年并购芬兰 HyTest 等。

通过这些国际并购，迈瑞获得了国际最先进的技术。比如，ZONARE 是超声诊断系统领域的国际领先企业，并购时 ZONARE 的研发团队已开发出了域成像技术，这项具有革命性的技术可以大幅提升图像品质。迈瑞借助此项技术开始进入高端彩超产品的研发，2015 年成功推出 Resona 7 台式彩超，这是中国第一台自主研发的高端台式彩超。前文提到的被迈瑞收购的瑞典企业 Artema，在气体检测技术的研发上也处于国际领先水平。

此外，国际并购还让迈瑞获得了一流的研发人才。HyTest 的主营业务是体外诊断用抗原抗体等试剂原材料的研发生产及抗体服务，有很强的研发实力。并购之后李西廷发现，"他们光生产线上就有 50% 的员工是博士",迈瑞可以借助 HyTest 团队进行更多研发。另外，HyTest 做的是上游的原材料，很多国际大公司都向它采购，掌握试剂原材料无形中提升了迈瑞在整个产业链、创新链中的地位和主动权。

国际并购带来的另一个好处就是迈瑞获得了产品销售渠道和服务网络。人命关天，医疗器械不像一般快消品，购买者除了产品质量，还特别看重品牌。与那些有悠久历史的大公司相比，年轻的迈瑞寂寂无名，研发出来的产品再好也很难马上被客户接受。收购欧美公司之后就不一样了，比如创建于 1964 年的 Datascope 占据美国中小医院约 50% 的市场份额，并购后迈瑞在监护产品领域一跃成为全球第三。

截至 2022 年底迈瑞医疗已在全球约 40 个国家设立 50 多家境外子公司，还在美国硅谷、新泽西、西雅图以及欧洲设立了四大研发中心，形成了基于全球资源配置的研发创新平台。这让迈瑞成为国内创新能力最强的医疗器械企业，"成为守护人类健康的核心力量"的愿景正在变成现实。

像华为、迈瑞这样走出去在全球范围配置创新资源的深圳企业还有很多，比如中集集团，它是深圳第一家"中"字头的中外合资企业。他们发展的策略是"全球营运、地方智慧"，先后进行了 30 多起较大规模的国际并购，包括并购有 100 多年历史的德国消防车第一品牌齐格勒。他们在 30 多个国家有企业和研发力量，海外员工达 6000 多名。这些让中集集团成为名副其实的跨国企业集团。

成为全球"双链"的重要一环

在全球化时代，深圳的企业迈向世界各地，世界各地的企业走进深圳。深圳与全球的产业链、创新链已经融为一体、水乳交融，很难分割，各方在共生中共长、共赢。

　　苹果是闻名世界的科技大公司，尤其在智能手机领域一直处于全球领先地位。苹果产品中就有不少来自深圳的零部件和技术，像欣旺达、信维通信等深圳上市公司，就是苹果产业链和创新链中的重要一环。比如，欣旺达是行业领先的锂离子电池模组解决方案及产品提供商，早在2014年2月就取得了苹果MFi认证，为iPhone 6提供电池，直到现在仍然是苹果、飞利浦等国际大公司的供货商；长盈精密除了给苹果提供iPad外置键盘、MacBook金属机壳、Apple Pencil和Apple Watch结构组件等零部件之外，还参与了苹果AR/VR设备结构件大件的设计；鹏鼎控股是印制电路板行业内少数几家能够生产miniLED（次毫米发光二极管）背光电路板的企业，为苹果提供了大量印制电路板产品，公司市场份额也因此成为全球第一；信维通信是苹果的核心供应商，为其提供天线、无线充电、高性能精密连接器等零部件。

　　现在很多全球大牌企业的产业链和创新链已经离不开深圳这一"环"。位于深圳福田保税区的赛意法微是目前世界上拥有最先进技术和设备的集成电路生产企业之一，公司人员接受媒体采访时透露，像宝马、奔驰这样的知名车企，每辆车上都有几个高技术含量的关键电子器件来自他们工厂，少一个，车辆都没办法出厂。

　　新冠疫情期间，深圳市政府想尽办法确保重点企业生产经营正常进行，因为一旦封控造成生产停止，就会影响众多海外的下游企业。保深圳企业就是保海内外产业链上的所有企业，就是对全球产业链负责。像华星每年生产的液晶显示平板片数以亿计，有一半出口到国外，如果停止生产就意味着苹果、飞利浦、三星、大众等公司的生产就会受到影响。

　　深圳一些高科技企业因为掌握了领先技术，靠专利站在了全球产业链和创新链的高处，它们凭专利授权就能获得不错的收益，享受着创新带来的丰硕成果。比如华为5G专利申请量全球第一，按照媒体公开信息，单台5G设备专利许可费上限达到2.5美元，仅在2021年第一季度，华为专利收费就达到了6亿美元，很多是三星、苹果这样的海外大企业贡献的。还有深圳光启，截至2021年底累计申请专利5891件、获得授权专利3743件，实现了超材料底层核心技术的专利构建和覆盖，其他公司要研发和生产相关材料很难避开其专利路径，只能通过向光启付费获得授权使用。

观察深圳在全球"双链"中的地位还有一个重要指标，就是深圳的进出口数据。2021年，深圳进出口总额为3.54万亿元，出口连续29年居内地外贸城市首位。机电产品出口1.54万亿元，其中电脑等自动数据处理设备及其零部件、手机、音视频设备及其零件、家用电器等消费类电子电器产品出口5109.4亿元；机电产品进口1.29万亿元，主要为集成电路、自动数据处理设备的零部件、手机零件等。2022年，深圳港集装箱吞吐量突破3000万标箱，创出新高，位居全球第四。大量的数字反映了深圳在全球"双链"中具有举足轻重的地位。

但我们也必须实事求是地看到，在全球产业链和创新链中，总体上深圳处于上游和高端的还不够多、不够强，"链"动全球的力量还不够大，在一些关键环节容易被卡脖子的地方还较多，需要继续加大创新力度。不过现在有受制于人的情况也很正常，毕竟人家处于先发地位，很多产业和领域都是在别人开创出来之后我们才跟进去，能够追赶到现在这种程度已经很不容易、很了不起了，相信总有一天我们会全面赶上甚至超越。

影响全球的华强北

华强北是怎么"长"出来的

华强北作为著名商圈，是指位于福田区以930米长的华强北路为轴心，东到华发路略东、南到深南路、西到华富路、北到红荔路的片区，官方公布的面积大约1.45平方千米。走在这里，随时可见不同肤色、说着不同语言的人穿梭其间，有的西装革履、提着公文包，有的穿着随意、拿着手提袋，有的急急忙忙、推着平板车，有的空着手但也行色匆匆，大家都在以快节奏忙碌着。商圈鼎盛时期，片区注册企业和个体工商户共10万余家，年交易额达两三千亿元。

这个商圈最初能够诞生，源于深圳电子产业的主要奠基人马福元的眼光和胆识。马福元到深圳创建赛格集团之前，在电子工业部长期工作的经历让他深刻体会到计划经济的弊端，效率低下，缺乏活力。工厂有时为了一个小小的元器件，要费尽周折打报告给有关部门批准才能获得，否则就无法正常开展生产。创建一个供需参与、自由交易的电子配套市场一直是他的梦想，这对那些拿不到配额指标的小企业尤其重要。这种事现在做起来易如反掌，但当时主导资源配置的还是计划经济那一套，生产资料由物资部门统一管理调配，尤其电子元器件还不是萝卜青菜，是地地道道的高科技材料，放在企业主导的市场里自由交易没有先例，办起来阻力很大。马福元后来回忆说："这件事一般都不好批的，这个配套市场是和国家计划经济体制对立的，是对着干的，不允许的，要冒很大风险的。"

马福元来深圳上班报到时就跟市主要领导说要"破釜沉舟"干一番事，还说如果干不好就去开个"马福元饺子馆"。正是有这样的勇气担当，赛格电子市场才得以克服重重阻力于1988年3月28日在华强北正式开业。之所以选在华强北，是因为这里靠近上步工业区，工业区里有不少电子企业，赛格集团也在这里。当时集团把办公楼的一层腾出来，1400多平方米的展销厅设立了100多个交易摊位，160多家内地厂商和10多家港商在这里以自营自销、联营代销的方式经营，销售来自境内外的电子元器件。

赛格电子市场的成立是深圳市场化改革的一部分，标志着深圳电子元器件供销突破了计划分配的模式。因为它满足了市场各方需求，开业当年摊位就增加到200多家，交易额400余万元，一炮打响。从此华强北这条极其普通的街道开始兴旺起来，来这里"摆摊"的人越来越多，周边旧厂房以更高的租金租给个体商户，电子消费类商圈不断扩大，原先的制造业逐渐外迁，华强北产业实现转型升级。

华强北人气逐渐旺起来之后，一些大的科技公司瞅准机会纷纷加入。比如，20世纪末华强集团在此建立了华强电子世界，截至2022年底营业面积12万平方米，是中国规模最大、产品种类最齐全的综合电子专业交易市场。这些科技大企业的进入，既增加了货源，又提高了商圈的档次和规范性，是华强北发展的定海神针。当然，华强北市场业务的繁荣更多是靠在里面经营店铺的生龙活虎的小商户。现在华强北聚集了赛格电子市场、华强电子世界、赛博数码广场、远望数码城、中电信息时代广场、都会电子城等50多个各类专业市场。

赛格电子市场创建之后，华强北新建的大楼和专业市场就不断涌现，其中包括赛格集团1999年建成的79层高的赛格广场，这个华强北的标志性建筑下面1~10层全部是电子市场，但也经常满足不了火爆增长的市场需要。2000年，深圳房屋均价每平方米不足5000元，华强北赛格广场一楼却惊人地诞生了每平方米30万元的铺王。2003年，深圳新亚洲电子商城原本要建成百货大楼，后来发现电子市场铺位需求强劲，公司果断将一期、二期工程全部改成了电子元器件销售市场，推出后还是一铺难求。这种火爆催生了华强北很多"一米柜台",铺位也就一米见方,整个市场就像蜂巢式的方格子。房价房租的快速大幅上升,淘汰了不少其他商业机构,使得华强北电子信息产业的"主业"更加突出。比如,经营灯饰产品的"黄金灯饰"和经营普通百货的万佳商场都先后从华强北核心地段撤出,腾出了大片空间。这种淘汰完全是一个市场化过程,只有那些能够承担高租金的 ICT 产业才能留下来,创新使这个产业整体上拥有了较高的附加值。

华强北后来既销售电子元器件,又销售手机、电脑、耳机等终端产品,集聚了产业链上的众多环节,这吸引了更多普通消费者的眼光,外地游客来深圳也很喜欢来这里逛逛。21 世纪初,华强北的山寨产品越来越多,其中让华强北在国内外名气大增的是山寨手机,那段时期大街小巷的店铺都在卖,有的还自己制造。关于"山寨"的来源有多种说法,钱汉江、钱飞鸣在《华强北魔方》中提供了华强北商户对此的诠释:"在华强北,每天买卖的大量产品其实很多产自深圳,就是 made in Shenzhen。但有人怕惹出麻烦,不敢直接写'深圳造',就用 SZ 代替。而买家看到这两个字母以为是'山寨'的拼音缩写,就称作山寨机。"

"山寨"是对市场新出现产品的模仿,里面有灰色成分,但也不是完全照搬照抄,有些还会加点新功能,外观弄点新设计。这有些像德鲁克所说的"创造性模仿",它没有发明任何产品或服务,只是将原始创新的东西进行重新定位和进一步完善。统计显示,山寨手机出货最多的 2007 年,华强北出货量高达 1.5 亿部,有一半出口。当年全球手机出货量 11.2 亿部,山寨手机占比超过 13%。山寨手机价格非常便宜,大幅低于品牌手机。那时华强北满大街有很多来进货的外国人,非洲和印度的商人最多。在山寨手机铺天盖地走向世界各地时,华强北也跟着名扬天下。

山寨毕竟是比较简单低级的模仿,山寨企业本身也没有很强的研发能力,随着苹果智能手机的推出和市场份额的不断扩大,山寨手机日落西山最终走向消亡。但华强北作为电子信息产业硬件集散中心的龙头地位始终没人能够撼动，尤其是随着国际创客运动的兴起和国内"双创"活动的深入，华强北依托硬件优势的创新创业更加活跃，更加巩固了硬件集散中心的地位。

从终端产品来说，华强北见证了电子信息产品的推陈出新和更新迭代。从 BB 机、大哥大、电脑、U 盘、VCD、DVD 到数码相机、摄像机、MP3、MP4、智能手机等，都曾站到华强北舞台的中央，给这里带来巨大活力和财富。但现在，有的品类早已销声匿迹，有的品类通过不断迭代始终风光无限。现在除了手机之外，各种智能穿戴产品在华强北风头正劲。

2008 年，华强北在电子专业经营市场面积、经营电子产品品种型号数量、市场销售额和市场辐射影响力四方面均跃居全国第一。这年 10 月，中国电子商会正式授予华强北"中国电子第一街"称号。在这之前一年，国内唯一一个综合性电子市场价格指数——华强北指数已经发布，该指数包括一个综合指数和四个板块指数，四个板块指数分别为电子元器件指数、手机产品指数、数码产品指数和 IT 产品指数。2011 年 7 月 11 日，华强北指数正式被国务院办公厅采用，成为国家进行宏观政策调控的重要参考数据。华强北商圈从诞生以来，在市场和政府两个层面的影响力上，自此达到了一个巅峰。

"中国电子第一街"的魅力

华强北最大的魅力是这里"啥都能买到"。有人说，只要是市场上能看到的电子信息产品，都能在这里找到零部件组装起来。新亚洲电子商城只是华强北众多大型专业市场之一，其负责人透露，商城里的电子元器件有上百万种，从芯片、二极管、三极管，到电阻、电容、电路板，甚至各种螺丝、插头等，应有尽有。沈向洋接受媒体采访时曾说:"到华强北看看,这里硬件非常齐全,成本低,有一大批做硬件的厂商,我们看到外国人来买硬件都是一麻袋一麻袋地买。"

从产品类型来说,华强北的最大特色不在于有各种大牌公司的终端产品,而在于那些研发和生产终端产品不可缺少的各种硬件材料。这使得华强北不仅仅作为消费市场存在,还更多地成为研发和生产的环节,成为给企业、创客配置资源的地方。赛格集团在全国很多城市开办了赛格电子市场,但在华强北之外的地方主要经营消费类产品,没有办法经营大量电子元器件材料,因为只有华强北是产业链和创新链充分融合的大市场。

深圳是全球电子信息产业链条中的重要枢纽,华强北则是"枢纽中的枢纽",而给这个枢纽源源不断输送"养料"的是深圳和珠三角肥沃的产业土壤。很多人在华强北走一圈,只能看到表面的一家家商场,商场里是一间间店铺,看不到店铺后面的一家家工厂,工厂里是日夜不停的生产线。即使是那些"一米柜台",后面至少也有一两家工厂在支撑。华强北长期形成了"前店后厂"的强大网络,有个"两小时配套圈"的经商规则,即供货商的生产工厂都在附近两小时的车程之内。离开这个强大的制造业网络,华强北就不是现在的华强北了。

深圳电子信息产业的规模和实力支撑了华强北。根据官方统计数据,2020年深圳信息产业规模达到2.8万亿元,位居全国大中城市首位,规模约占全国的五分之一。深圳21家企业入选2020年中国电子信息百强企业,数量位居全国第一。电子信息制造业成为深圳工业第一支柱产业,占全市规模以上工业增加值的近六成。深圳电子信息企业中不仅有华为、中兴、大疆、康佳、华星这样的大型企业,还有很多后起之秀"小巨人",在珠三角电子信息产业相关领域国家级专精特新"小巨人"企业中,深圳企业占比高达七成。

华强北还是普通人创新创业创造财富奇迹的地方。这里是硬件集散中心,是人流、物流、信息流、资金流汇聚的地方,哪怕你身无分文,只要心怀梦想并敢于拼搏,就能在这里找到创富的机会。有的人从"一米柜台"做成亿万富翁,有的人从贩卖产品的背包客做成电商老板,有的人则利用这里的创新资源自主研发产品,企业越做越大,最后成功上市。

从华强北走出来的最著名的公司就是腾讯。马化腾1998年创业时把办公场所放在了赛格科技园二栋,第一批员工在这里度过了6年时间。如今这间不到一百平方米的空间成了"腾讯起点"展览馆,格子间办公桌上的旧式电脑屏幕上显示着最早的QQ登录界面,靠墙的立柜里摆放着第一代瘦高版企鹅公仔。马化腾带着团队在这里成功研发了QQ,其间还做过电脑组装,50元一台,但他总装不过那些小学毕业的人,他们更加心灵手巧。他的回忆印证了华强北作为电子硬件市场的影响力当时已经很大,吸引了大量草根在这里创业。

王丽1991年高中毕业后来到深圳赛格日立电子厂做流水线工人,后来觉得这种打工生活没有什么前途,就到华强北站柜台做生意。在买卖电声元器件的过程中,她豁然意识到既然有客户订单,为何自己不去生产呢。这位有想法又有勇气的女子说干就干,她从附近人才市场招来几名工人,开了一个属于自己的小工厂,逐渐形成了"前店后厂"的模式。订单从国内做到国外,从模仿生产到自主研发,企业越做越大。现在她的深圳豪恩电声科技有限公司已经成为国内知名的电声企业,自主研发生产的电容式麦克风、无线耳机等产品在全球享有盛誉。伴随着企业的成长,好学上进的王丽通过不断进修学习,成了一位拥有博士学位的企业家。

上市公司海能达的创始人陈清州,1992年从福建老家一家无线电工厂辞职来到华强北,因为缺钱,只租了个一米多宽的店铺,代理摩托罗拉的通信器材。华强北优越的销售环境加上摩托罗拉的品牌影响力,让他在一年多时间里就赚到了第一桶金。这时他成立公司并组建 5 人的创始团队，立志做"质量好、容易通"的国产对讲机。借助华强北原材料和销售网络的优势，公司在起步阶段就获得了不错的发展。现在，海能达已是国内外知名的对讲机企业。

　　普通人在华强北逆袭的奇迹举不胜举，七八年前，有人统计华强北"一米柜台"走出了多达 50 多个亿万富翁。在华强北拥有一个柜台，曾经就是财富的象征。这里孕育出来的知名和有一定影响力的企业包括腾讯、大族激光、研祥科技、同洲电子、绿联科技、中科蓝讯、神舟电脑、海能达、TP-LINK、美隆电子、科信等，其中不少是上市公司。这个名单有一长串，还在不断增长。深圳电子信息产业的土壤成就了华强北的奇迹，同样，华强北的奇迹也进一步促进了深圳电子信息产业的发展壮大。

第六章

创投为创新插上"金翅膀"

人们在谈起硅谷这片创新高地时，一定会关注斯坦福大学西侧的沙丘路，这条路因聚集了红杉资本、凯鹏华盈等数十家世界知名的创投机构而无比显赫。这些机构是推动硅谷崛起的先导力量，它们投出了惠普、苹果、思科、甲骨文、谷歌、雅虎等科技巨头。正如人们所说，资本是创新的助推剂，没有风险投资的加持，要想打造出今天的硅谷难以想象。

中小科技企业早中期基本上处于无资产、无抵押物的状态，创新创业本身的不确定性又非常大，因此很难从传统金融机构那里获得发展需要的资金，创投机构的风险投资是它们重要的资金来源。另外，高校和科研院所的科技成果要实现产业化，也必须借助创投资本的力量。创投与创新、创业相互支撑，是密不可分的"铁三角"，创新、创业蓬勃发展的地区，一定是创投发达之地。

创投机构不仅为中小企业提供发展资金，还是发现和培育企业家的重要推力。硅谷早期投资家威廉·德雷珀三世曾提出一个广受认可的风投金科玉律：投资就是投人。创投机构在投资过程中，通过严格的尽调筛选，把创业人员中具有企业家精神和潜质的人筛选出来，给予资金等资源支持，帮助他们走向成功。依靠这类创业者才能把一家企业由小带大，因为即使创意和项目都很好，做事的人不行也很难成功。

2022年深圳金融业增加值达5137亿元，首次突破5000亿元大关。深圳是国内三大金融中心之一，在世界金融中心排行榜中位居前十，资本市场发达，有一大批非常优秀的创投机构。它们通过每年数以千亿计的投资支持这座城市的创新创业，这成为创新生态链中的重要一环。

国内创投重镇

起步早，发展好

按照投资风格不同，投资界有PE与VC之分：PE的全称是private equity，译为"私募股权"，一般是投资创业企业成长期或IPO（首次公开募股）前的成熟期，投资规模比较大；VC的全称是venture capital，译为"风险投资"，一般是投资创业企业早期，投资规模也相对较小。但在实际投资中，PE与VC并非泾渭分明，创投机构基本上是既做PE也做VC。

做PE和VC的创投机构最早兴起于美国，其产生和壮大需要较好的市场土壤。作为改革开放前沿，深圳是中国本土创投的重要策源地之一。20世纪90年代深交所的创立，政府和民间在高科技产业上的发力，都为深圳本土创投的发展营造了有利环境。尤其是1994年深圳成立全国第一家为解决中小科技企业融资难问题的专业金融服务机构"高新投"，以及1999年成立"深创投"，更是带动了本土创投的创建。据中国风险投资研究院（香港）统计，截至2000年，深圳专业创投公司及相关机构有122家，资本总规模达100多亿元，已投项目200多个，机构数和资本规模都位居国内第一，可谓独领风骚。

进入21世纪的头十年，深圳创投机构迎来井喷之势，如今在全国有影响的一批创投机构基本上都是那时候设立的,比如达晨财智、同创伟业、松禾资本、基石资本、东方富海、君盛投资、创东方等。创投业迅速发展的原因除了深圳经济高速发展使募资相对容易,还有资本市场的几项改革和新政的推出。2003年深圳在全国率先制定出台《深圳经济特区创业投资条例》,支持创投业发展。2004年和2009年深交所设立中小板和创业板,极大地拓宽了投资退出渠道。达晨财智投资的同洲电子2006年在中小板挂牌上市,这是中国本土创投在国内资本市场首个成功退出的案例,让创投界欢呼雀跃、无比振奋。另外,2005年6月启动的中国股权全流通改革,对投资退出也是重大利好。还有2006年国家《合伙企业法》修订,创投机构可以按照有限合伙企业形式设立基金,更便于管理而且税收上更优惠,这也是国外私募基金的主要组织形式。据《深圳金融发展报告(2011)》统计,截至2011年,深圳专业创投公司和相关机构2000多家,资本总规模2500多亿元,相对2000年取得了爆发式增长。

如今深圳创投机构数量和管理资本规模均处于国内第一方阵的前列。深圳市政协的一份调查报告显示,截至2021年底,深圳辖区存续私募基金管理人为4308家,存续基金产品数量为1.98万只,均位居全国第二;管理基金规模2.27万亿元,位居全国第三。深圳创投为本地经济发展和企业创新做出了巨大贡献,它们投资的本地创业企业超过4300家,累计向中小企业投资近4000亿元,其中投向高新技术企业3000亿元。

深圳为何能成为国内创投的策源地,而且发展得这么快、这么强大?除了政策的支持鼓励,从创投运营的募、投、管、退环节来看:第一,深圳经济繁荣,创投在社会上募集资金相对容易;第二,深圳创新创业氛围浓郁,企业总量大,每年还新增企业数以万计,最近几年更是达到几十万家,其中科技企业占比很高,创投募集的资金容易找到投资标的;第三,深圳的营商环境优越,创新创业更容易成功，投资深圳企业总体上风险要低一些，收益率更高；第四，退出渠道更加多元化。除了深交所、上交所和北交所，港交所是内地企业上市的重要平台，据有关机构统计，2021年境内共有123家企业进行境外IPO，其中去港交所上市的有87家。深圳与香港山水相连，所投企业去港交所上市更方便。截至2021年底，深圳企业在深交所、上交所、北交所和港交所上市的数量分别为314家、52家、3家和110家，在港交所上市的数量远远高于上交所。

没有一个好项目会被辜负

深圳创投机构的最大特点是，无论整体还是单个机构的规模，都是本土机构中绝对的老大，深创投多年在国内本土创投机构排名中位居第一。深圳是国内最大的本土创投企业集聚地，被誉为"人民币基金的策源地"。在深圳本土创投的方阵中，有三支实力雄厚的集团军：国资创投、民营创投和CVC（企业风险投资）。

国资创投主要由市区政府国资管理部门和国企设立，深圳市国资旗下就有多个股权投资平台。比如作为综合性投资平台的"深创投"、服务重大产业政策落地的"深重投"、国有资本投资平台"深投控"、国有资本运营平台"深圳资本"、战略性基金管理平台"鲲鹏资本"等。国资创投数量远远少于民营创投，但管理资金规模庞大，有的动辄以千亿计，在市场化运营的同时，它们有一个重要使命：服务国家战略和深圳产业转型升级。

民营创投是整体实力雄厚的生力军，它们数量众多，深圳创投公会的数据显示，在目前160多家本地会员中，九成以上属于民营创投。在深圳华大基因、大族激光、汇川技术、奈雪的茶等知名企业成长过程中，都有民营创投发挥作用。大的民营创投管理资金数百亿元，小的管理一两亿元，机制灵活，嗅觉灵敏，在很多细分赛道研究深入，投出了很多好的项目。

CVC指企业设立的风险投资。深圳很多稍大一点的企业都设有创投公司，这些CVC成为投资市场快速崛起的新生力量。它们的投资往往跟所处行业有关，因为它们对所处行业有深刻理解，有丰富的行业资源，能够比其他创投更快发现优秀标的，投后能更多地赋能投资标的。腾讯投资已经投出了一大批IPO项目，截至2022年第一季度末，腾讯投资IPO项目累计达到77家，在深圳创投中名列前茅。

　　因为有如此丰富的创投资源，在深圳这片土地上创新创业很容易得到投资。有的创业者刚有个好创意就找到了投资人，有的创业不久投资人就找上门来了，有的甚至在生活中无意间就碰到了投资人。

　　2014年，曾经两次创业失败的李泉遇到一个好项目，研发微流控化学发光POCT（point-of-care testing，即时检验）产品，此前日本团队在这个项目上已经花费很多资源并取得了不少进展，就因为缺少资金来找他合作。李泉曾经在迈瑞医疗做过研发工作，知道POCT产品在医疗领域很有市场。但他自己没钱投入，正在为钱发愁时，一次偶然的饭局竟然让他获得了1000万元投资。那天朋友们聚会，他旁边坐的刚好是一位创投公司的投资总监。更巧的是，这位总监曾在美国一家体外诊断设备公司工作过，很熟悉POCT行业，一席话聊下来很快达成了投资的初步意向。不久后，1000万元投资如期到账，项目研发得以启动。此后的几年，他创立的深圳华迈兴微医疗科技有限公司又多次获得融资，金额从3000万元、5000万元到近亿元不等。在资本的加持下，如今华迈兴微自主研发的微流控磁微粒化学发光免疫分析仪，其技术已经达到国际领先水平，为POCT国产化做出了巨大贡献。

　　凡是好的项目都逃不过创投机构犀利的目光，有些项目刚在市场上出现就被创投机构牢牢锁住。奈雪的茶开第二家店时，被深圳天图投资VC基金主管合伙人潘攀盯上了，此后的半年时间里，他每两周就要去见一次创始人赵林。开到第十一家店时两人开始谈投资，然后天图投资从A轮、A+轮一直投到B轮，成为奈雪的茶最早也是最大的机构股东。

在深圳的各种园区和孵化器里，经常能见到西装革履的投资人去考察项目。有时候，项目路演大会的观众席能坐上百个创投机构的代表，对于一些特别好的项目，经常出现数十家创投机构争抢的局面。正因为好项目吃香，2018年大疆在融资时曾创造性地采取了竞标式融资，结果吸引了近百家投资机构，认购资金总和是融资计划的30倍。

在深圳，任何一项有市场的技术、有价值的创意都不会被辜负，都会有创投机构带着资源帮其实现梦想。

本土创投风生水起

深创投："老大哥"的实力

用"老大哥"来形容深创投在中国创投界的地位再合适不过。一是"老"，1999年创建，资历很老，属于本土创投行业先驱者；二是"大"，实力强大，在清科中国创业投资机构年度评选中，连续多年位居本土创投第一；三是"带头大哥"，一举一动在国内创投界备受关注，很多做法被借鉴效仿。

深创投设立之后，按照深圳市确立的"政府引导、市场化运作，按经济规律办事、向国际惯例靠拢"基本原则，在股权结构、投决机制、激励机制等方面持续进行改革，成为国资创投市场化运作的典范。比如，他们在考核时把公司净利润的一定比例奖励给全体员工，具体到每个项目，实行净收益的一定比例奖励给项目团队，相对应的是净亏损的一定比例也要由项目团队承担。这些市场化的运作机制对国内创投行业产生了深远影响，尤其是内地政府部门设立的国资创投机构，很多都曾来深创投取经。深创投还是创投行业的

"黄埔军校"，像东方富海、国中资本、前海母基金、勤智资本等机构的核心领导，有不少来自深创投。

截至 2022 年底，深创投管理的各类资金总规模高达 4334 亿元。公司管理基金包括 174 只私募股权基金、13 只股权投资母基金、13 只不动产基金。另外，还设有红土创新基金管理有限公司，这是国内首家创投系公募基金管理公司。因为是国资控股的创投机构，天生具有良好的政府资源，2007 年深创投与苏州市政府设立了国内首个政府引导基金，开拓出新的业务领域。在倪泽望于 2015 年担任董事长之后，深创投这方面的优势又得到进一步加强，获得了大量政府引导基金的管理运营权。公司搭建了国内最为庞大的政府引导子基金网络，管理政府引导子基金 151 只、规模达 1078 亿元，覆盖从中央到区县多个层级，这些引导基金撬动了数倍的社会资本。

深创投公司以"发现并成就伟大企业"为自身使命，投出了不少"伟大企业"。从创立至 2022 年底，已投资项目 1532 个，累计投资金额约 923 亿元，其中 IPO 企业 239 家，包括腾讯音乐、宁德时代、迈瑞医疗、中芯国际、西部超导、华大基因、潍柴动力、信维通信、稳健医疗等众多明星企业。投资涵盖信息科技、智能制造、互联网、生物技术、新材料、新能源、消费、健康、现代服务等领域，很多属于"硬科技"，是国家战略性新兴产业。倪泽望曾公开表示："深创投的定位是做创新价值的发掘者和培育者，国家需要什么，深创投就投什么。"深创投将发现并培育更多伟大企业，在解决"卡脖子"问题和实现国家科技自立自强中发挥作用。

作为深圳的国资创投机构，深创投持续为深圳企业创新和产业转型升级贡献着力量，目前在深圳累计投资创投项目 385 个，总投资金额 236.5 亿元，其中，"20+8"产业占比超过 90%。近五年来，它累计为深圳培育独角兽企业超过 17 家，包括欣旺达、首航新能源、傲基科技等。

深创投之所以能"投"出这么多优秀企业，获取丰厚回报，首先是对行业和企业有深入研究。公司投资和研究团队按七大战略性新兴产业进行分组，深耕所属专业领域。在研究中心就有40多名博士、博士后研究员，他们专门研究硬科技，对一些细分赛道研究得很深很透。公司还建立了国内创投行业第一家博士后工作站，这样就有条件实行"投研联动"，更好地发掘有潜力的企业，投资人员在尽调上深入细致，大浪淘沙始见真金。曾有一位部门经理，一年看了1000多份商业计划书，走访了300多家企业，最后才投了10个项目，真的是百里挑一。其次，坚持"三分投资、七分服务"。深创投与其他投资机构相比，具有更大的资源和品牌优势。他们有良好的政商关系，投资企业遍及各个行业，在很多产业的关键链条上都有被投企业，可动用的资源十分雄厚。可以通过资源整合、资本运作、监督规范等多种方式，为企业发展提供全方位、全生命周期的服务，助推被投企业快速健康发展。投资和农民种地的道理一样，要深耕、施肥、除草。深耕就是要把项目尽调做好，施肥、除草就是后续的服务和管理。再次，把"投早、投小、投科技"作为策略之一。企业早期估值低，投资时投早投小、多轮投资，就能充分享受企业成长的复利，获取高额回报。

深创投坚持专业化、多元化、国际化和平台化发展战略，站在国内本土老大的位置上，如今又瞄准了新目标：打造以创业投资为核心的全球顶级投资集团。相信以他们目前的努力和发展态势，一定会在不久的将来达成目标。

松禾资本：聚焦科技投资

松禾资本成立于2007年，由知名投资人厉伟、罗飞共同创立。由于松禾资本发起机构是成立于1996年的松禾创投，后者是当时深圳规模最大的民营创投公司，这让其核心团队如今已拥有20多年的创投经验。他们经历了多个经济周期，以稳健风格把松禾资本打造成了国内创投界头部机构。截至2022年底,资产管理规模超180亿元,投资项目超400个,其中并购或成功上市的超过60个。

在新技术、新产品、新产业不断涌现的大时代,技术革命方兴未艾,松禾资本在投资上的选择是紧紧盯住高科技,在获得丰厚投资收益的同时,为国家科技发展助上一臂之力。他们投出了一批知名的硬科技公司,比如商汤科技、华大基因、大疆科技、光启技术、开拓药业、德方纳米、华大智造等。

中国科技过去是跟随者,掌握核心技术比较少,模仿创新比较多,这些年发生了显著变化,硬科技企业开始更注重源头创新,专注于解决"卡脖子"技术问题,集中精力解决关键技术难题。厉伟接受访谈时表示,这就意味着必须在前端科学创新、基础研究,以及基础研究转化为现实的生产技术方面加大投入力度,下更多功夫。在这种大背景下,国产替代成了中国科技创新的新发展趋势,这给创投机构带来巨大机会。松禾资本重点聚焦三大科技领域:以人工智能为代表的一系列数字科技创新、医疗健康领域科技创新和与材料学相关的一系列科技创新。

在投资策略上,松禾资本很重视投早期科技项目,有些项目刚刚开始,松禾资本就投了天使轮,有的公司甚至拿着松禾资本的投资款去启动项目。2007年,德方纳米创始人孔令涌手握纳米磷酸铁锂技术专利,虽然该材料能广泛应用于新能源汽车、储能系统等领域,但他却缺少资金使其产业化。这时松禾资本给他投了第一笔1000万元的创业资本,孔令涌用这笔钱组建了首条试验生产线,经过坚持不懈的努力,七年后终于盈利。如今作为一家致力于锂离子电池核心材料研发、生产和销售的上市公司,德方纳米2023年底市值高达450亿元。厉伟说:"我们在与企业家打交道的过程中一定要有耐心。罗马不是一天建成的,小树苗经过多年才能变成参天大树。黄花梨木之所以值钱,是因为需要生长几百年。"

长期的投资经验，加上坚持不懈地保持终身学习的习惯，让厉伟对创新创业有了深刻的理解。首先，创新创业者一定要有梦想。很多真正的创新是一个藏在你心中，但一般人却看不到的东西，科技创业者会在这个道路上走得非常艰难和孤独，会在很长一段时间不被认可或者不被理解，只有自己坚信和坚持，才能继续向前走。其次，在科技创新的道路上，不要想去过一种中规中矩的生活，那样你会成为潮水退去后的裸泳者。再次，科技创新创业的基础，一定是创始人所提出的美好愿景与实际生活有必然的联系。如果找不到必然的联系，那么你得到的结果可能和你的愿望是不一样的。另外，不管研发何种新技术，推出何种新产品，公司一定要时刻紧跟国家政策、市场需求的变化而在各方面做出相应的调整。创始人要不断适应各种变化，在变化中创新，带领团队不断前行。创业者踏上创业道路，就不再是一个普通人，而是一个企业家，要学会用企业家的格局和思维思考问题。

厉伟对创业者创办的科技公司值不值得投资，也有一套判断标准。第一，看创业者做的事情符不符合大趋势、未来方向；第二，看所做事的独特性、实用性、可复制性；第三，看创业者和合作伙伴的专业背景与所做事情的相关性。

早期 VC 项目成功了回报高，但不成功的风险也很大，是真正的风险投资。松禾资本认为投资者需要有良好的心态，所投企业创新创业失败了也应当给予其掌声，这当然不是对失败感到高兴，而是真正宽容地对待失败，让更多人能够放松心态去创业创新。松禾资本崇尚"感恩、知止、相信、敬畏"八字文化，还专门成立了一个公益基金会，在社会上做了很多善事。厉伟说，做 VC 相当于做公益，松禾资本投很多早期项目时就是抱着做公益的心态去做的。

基石资本：根深自然叶茂

基石资本是深圳资深的民营头部创投机构，累计资产管理规模逾 600 亿元，涵盖天使投资、VC、PE、并购、定向增发等类型，投资阶段覆盖企业全生命周期，所投企业有 70 多家成功进行 IPO。正如名字一样，公司在经营管理上始终抓住关键问题，夯实根基，带来持续发展。

对被投企业来说，投资就是投人，对创投机构本身来说，发展好坏的关键也是人。基石资本董事长张维曾任大鹏证券投资银行部总经理，2006 年大鹏破产清算，张维带着另外四个同事共同创立基石资本。因为公司建立了良好的合伙人文化，这五个合伙人至今没有一个离开，这在民营创投机构中是很少有的现象，核心合伙人的稳定成了基石资本高速发展的"定海神针"。

在投资中基石资本较早瞄准并锁住了关键赛道，这就是"硬科技"和生命科学与健康等产业。要深刻理解这些赛道和赛道里的企业，从而准确找出投资标的，必须有高水平的技术人才，人才是"基石"。为此，基石资本引进了一批"理工男"，他们有的来自华为，有的来自知名半导体公司，科技素养过硬。这些人加盟公司之后，有的业绩表现非常突出，不久就成为公司合伙人并持有股份，使合伙人团队有了"新鲜血液"。基石资本在硬科技上已投出一批知名公司并收获了丰厚汇报。比如，2016 年投资迈瑞医疗，三年后获得逾 10 亿元的收益；2017 年投资豪威科技，后豪威科技被韦尔股份收购，上市后基石资本获得了 10 倍的回报。此外投资的知名科技公司还有商汤科技、华大智造、第四范式、埃夫特、思谋科技等。

在选择投资企业时尽调是一项基本功，基石资本非常重视在这方面下功夫。他们坚信只有尽调做深做透，才有可能做出正确的投资决策。当年为了调研青海蓝科锂业公司，基石资本居然派出了两名技术人员去公司待了差不多一年，跟他们的技术人员一起上班做实验，直到看到一种关键的技术研发出来，基石资本才决定投资。后来这个项目通过并购退出时，基石资本获得了不菲的回报。尽调功课做深做透，让基石资本在投资时发现了很多有价值的企业，尽量避免了踩坑，所投项目整体上质量较高。2011年公司设立14亿元的珠峰基石基金，共投项目19个，其中多达11个项目成功上市，IPO率达58%，项目全部退出时没有一个亏损，在创投界成为美谈。此外，基石资本还投出了多个回报百倍的项目，比如山河智能、三六五网、德展健康等。

在公司发展过程中，基石资本不断抓住机遇拓展新业务。2015年公司首次进入引导基金领域，与安徽省政府联合成立100亿元的产业升级基金，由此一鸣惊人。这既是对基石资本既往业绩的肯定，又让它迈上了一个更高的台阶。此后，基石资本又在深圳等地与各级政府成立了一批引导基金。在并购上，2016年基石资本抓住行业整合的窗口期，联合其他创投机构组织专业团队收购连锁药店成立全亿健康公司，等其规模达到2500家直营药房后又于2021年溢价出售给第三方，此次交易成为近年中国医药流通领域最大的控股型并购交易。

张维大学毕业后在安徽省人事厅做公务员，1993年深圳市政府去安徽招人，和同事一起帮深圳组织完考试之后，他自己也辞职闯深圳。徽商在历史上是典型的儒商，这个做投资的安徽人身上有浓郁的儒商气质，特别重视公司文化建设。他自己对投资有深入思考并经常在各种论坛上演讲发表看法，还在公司办了一个"基石大讲堂"，该讲堂从2014年至今每年举办两场，邀请不同领域的知名学者或企业家开展讲座，每场听众达数百甚至上千人，已经成为不少企业家和投资人心仪的品牌活动，他们每场必到。对基金LP（有限合伙人）投资者，基石资本每年都会免费赠送新书，这些书基本上都是张维本人读过的，和新书一起附送的还有他写的读后感。张维说基石人心中有个理想："我们不会做一个唯利是图的企业，希望做一个有情有义，有理想、有抱负、有情怀的企业。"

同创伟业：在国家战略中找机会

成立于 2000 年 6 月的同创伟业，属于国内第一批成立的本土创投公司之一，现在是国内领先的头部创投机构。目前管理资产规模超过 300 亿元，累计投资企业超过 500 家，成功助推超 100 家企业上市，其中科创板就有 20 多家。其所投企业上市总数在国内民营创投机构中名列前茅，所投很多企业成为行业龙头。

同创伟业董事长郑伟鹤 1990 年从南开大学国际经济法专业硕士毕业后，先是在深交所上市部工作，不久就跳槽到一家律师事务所，在律所亲自办理超过 60 家上市公司的法律业务，其中包括深科技、中兴通讯等大的知名公司。这让他对资本市场的游戏规则了然于胸，按照他的话说就是"我闻都闻得出来哪些企业可以上市"，因此他成立创投公司做投资也是水到渠成的事。"同创伟业"这个名字蕴含的理念就是要与创业企业同行，做企业的"超级合伙人"，助其成为伟大企业。

因为成立较早，同创伟业在资本市场占得先机，中小板和创业板推出后，收获颇丰。在 2006 年国家《合伙企业法》修订后，他们立即成立了国内第一支有限合伙制基金，即南海成长一期基金，成为第一个"吃螃蟹"的勇士，从此拉开了有限合伙制基金时代的大幕。同创伟业坚持围绕国家战略做投资，他们清楚，只有围绕国家战略的企业才有可能成为"伟大企业"。同创伟业这些年布局大科技、大健康、大信息、大消费等领域，培育了一大批专精特新"小巨人"企业。"专精特新"企业是创新的生力军，属于国家重点扶持的对象。2022 年 8 月工信部公布第四批专精特新"小巨人"企业名单，其中有 28 家是同创伟业所投企业。加上前三批的 37 家，同创伟业共投出了 65 家专精特新"小巨人"企业，在国内创投机构中处于领先水平，而且数字年年增长。如今，他们投的不少"小巨人"企业已经成功进行 IPO，距离真正的"巨人"企业又近了一步。

郑伟鹤非常关注时政，而且时刻不忘将其与自己的投资联系在一起。他认为在国家建设中国式现代化的背景下，硬科技、大健康、数字经济这三条主线非常关键，同创伟业的策略是要抓住这些领域未来三到五年的发展机会。比如半导体、新能源、新材料、人工智能、合成生物学、人形机器人等领域，有的是需要解决"卡脖子"技术问题，有的是需要补齐产业链短板，有的是要继续保持国际领先地位。投资机构从中可以找到很多机会，在发展自身的同时服务国家战略。在多次会议上，郑伟鹤向同行发出倡议：到祖国最需要的地方去，到人民最需要的地方去，到科技创新的最前沿，到价值洼地的最深处。

一本基金：发力"文化+科技"

一本股权投资基金（简称"一本基金"）是深圳报业集团旗下的基金管理平台，2017年由深圳报业集团联合其他国有和民营机构组建而成。作为国有控股CVC领域的"新兵"，一本基金面对激烈的市场竞争，不断探索符合自身特点的经营方式，形成了具有传媒特色的"文化+科技"投资风格，并荣登"2021第一财经股权投资价值榜年度新锐投资机构"榜单。

一本基金成立后，团队是全新的，又缺乏业绩、经验，怎么才能快速形成市场竞争力？董事长兼总经理汪博天认为必须首先建立一个好的体制机制，一本基金虽然是国有CVC，但必须对标市场化的基金管理公司，在体制机制上进行创新。在顶层设计上，公司组建时就设立员工持股平台，成功推进了混合所有制改革，经营上实行强制性跟投和市场化激励机制，实现员工利益与投资人、股东利益的深度捆绑，提高员工积极性，降低项目投资风险。在项目投资中，制订《一本投资基本法》，注重全员持续教育，形成全员有共识的项目筛选标准。这一套体制机制创新，被国内很多国有CVC学习借鉴。

经营管理上,一本基金强化制度建设,确保国有资本的安全、增值。公司成立后不久就制定了覆盖行政管理、财务管理、投资管理、风控管理等5大系列近40多项内容的制度体系。基金运作中的募、投、管、退各环节都要求必须合规,按章办事,以规避风险。

在投资风格上,刚刚成立的一本基金无法与深圳众多实力雄厚的本土创投机构相比,投资领域不可能太宽。究竟投什么?汪博天有丰富的媒体从业和经营管理经验,他认为一本基金必须发挥自身优势,在"文化+科技"细分赛道中深耕。公司核心管理人员均来自媒体行业,又背靠传媒集团,对国家宏观政策具有先天的敏感性和把控能力。这些年的投资实践中,他们利用自身优势不仅规避了教育、游戏、动漫等行业的投资不确定性,而且在"文化+科技"领域收获丰厚。比如投资了云天励飞和云从科技,使一本基金成为唯一一家连续投中两家在国内上市的人工智能独角兽企业的机构。目前,公司在管项目近20个,其中有3个项目已成功进行IPO,1个项目实现IPO退出,2个项目已通过回购并购退出,多个项目正在推进上市进程。公司预计已投项目IPO率将超过50%,投资能力和投资业绩在国内传媒集团所设投资机构中名列前茅。

作为深圳报业集团设立的投资机构,一本基金除了要为集团打造新的利润增长点,还要服务集团整体发展战略,这也是所有CVC的特点。他们积极参与集团与所投企业云从科技一起成立AIGC(生成式人工智能)联合实验室,与易点天下、云天励飞、中科闻歌等企业深入沟通,推动这些企业在数据和AI领域与集团在多元媒体场景下的业务合作。在这些合作中,双方优势互补,实现了共赢。为了配合集团大数据战略,一本基金还组建了市场化运作的大数据基金。一期基金已于2021年发起,专项投资从事大数据中心建设和运营服务的深圳本贸科技股份有限公司,该公司已成为国内绿色低碳智能数据中心及数据服务的领先者。

一本基金特别重视行业研究，以研究指导投资实践，不断提升投资水平。团队每年年初和年中都会对宏观经济进行复盘研究，对国内外经济、投资市场进行分析预测，对未来的投资进行规划；对文化行业九大领域持续深入研究，开展新一代信息技术与文化产业融合发展研究；对市场热点进行梳理等。有了深入的行业研究作为基础，相信一本基金在"文化＋科技"的投资路上会走得更好更稳。

引导基金：带动更多社会资本

政府引导基金是通过政府财政出钱做"引子"，撬动更多社会资本参与，从而弥补投融资中某些"市场失灵"的不足，完成政府希望达到的产业导向、科技创新和经济发展等方面的目标。政府引导基金已经成为资本市场中的一支重要力量，与其他类型的基金相比，它的特点是不以营利为主要目的。

从世界范围来说，设立政府引导基金是很多国家的通行做法。美国在 1958 年就出台《小企业投资法案》，承诺金融机构给初创公司每投资 1 美元，政府就跟着投资 3 美元，单个企业的政府投资有总量控制，希望以此推动科技领域的创新创业。1993 年以色列政府出资 1 亿美元，成立了引导基金 Yozma，最终撬动了超过一倍的社会资本，主要投资于通信、IT 和医疗技术等领域的科技公司。

深圳属于国内成立引导基金较早的城市，2008 年国内经济遭受世界金融危机影响，政府曾拿出 30 亿元成立引导基金。大手笔出手是在 2016 年，深圳财政投资 1000 亿元设立政府引导母基金，规模之大在国内地方政府中十分罕见。基金投资明确体现政府产业导向，重点投资符合国家、广东省及深圳市产业规划的战略性新兴产业，比如新一代信息技术、智能装备、生物医疗、节能环保、新材料、生物医药与健康、海洋产业等行业。

如此巨量的引导基金如何运营，深圳的回答是市场化，由深创投依据《深圳市政府投资引导基金管理办法（试行）》的有关规定负责管理。引导基金成立后不久，深创投就召开第一次投资决策委员会会议，决定出资由社会投资机构主导设立的20只子基金。这20只子基金合计规模超过170亿元，引导基金出资额合计45亿元。每只子基金的设立情况，全部在相关网站刊登出来，接受社会监督。通过这种公开透明的方式，截至2022年第一季度，引导基金共出资137只子基金，总金额845.37亿元，所投子基金总规模超3961亿元，也就是说政府资金放大比例接近4.7倍，这些子基金投资项目超过3000个，对创新创业和重点产业发展的促进作用有多大，可想而知。获得引导基金投资的子基金，其设立机构多数是深圳本土创投机构，也有超过三成的深圳之外的创投机构，比如江苏的毅达资本、境外的IDG资本等，选择哪个创投机构，主要看其能不能把政府资金用好。

对于政府引导基金投资子基金，有一套严格的绩效考核评价制度，包括子基金有没有按照规定时间完成社会资本募集，投资企业符不符合要求的产业方向，深圳本地投资的比例达没达到要求，等等。每只参股的子基金都要进行年度考核，而且结果公开。2019年9月深创投就公开发出公告，对一批考核不合格的子基金进行处理，主要问题是这些子基金没有按照协议规定的时间完成资金募集，其中25只子基金被清理，12只子基金缩减了规模，共计超过140亿元的政府引导基金被收回。通过严格考核，确保政府资金能及时、高效、安全地投入相关产业和企业，实现引导基金设定的目标。

纵观国内外企业创新史，很多划时代的发明往往是小企业创造出来的。比如2023年火爆全球的硅谷OpenAI公司，2015年底成立后，它很长时间只有几十人，即使正式推出划时代产品ChatGPT时，员工规模也才300多人。美国小企业管理局曾收集20世纪对美国和世界有过巨大贡献的65项发明，结果发现这些发明都是由个人或小企业创造的。当然，依靠这些发明，很多小企业后来都发展成了大企业。

2018年，为了强化对科技型中小企业的扶持、补齐创业投资中前期投资不足的短板，助力种子期、初创期企业发展，深圳财政再次拿出100亿元设立国内规模最大的天使母基金，撬动社会资本一起做更多天使投资，培育优秀初创企业。跟国内其他地方的同类基金相比，深圳天使母基金在管理运营上有自身特点。比如出资比例较高，总体上出资比例可达子基金规模的40%；超额收益全部让渡给其他合伙人；在子基金存续期内回收的资金可循环投资，滚动发展。

2022年6月深圳发布实施"20+8"产业战略时，提出为每一个产业集群配套至少一只引导基金，由深圳市引导基金公司负责运营，市、区引导基金联合出资，分类分批逐步设立。此后深圳立即启动了首批基金管理人遴选，在2022年12月21—23日举行的第二十二届中国股权投资年度论坛上宣布了遴选结果，深创投等投资机构被选中，涉及智能传感器、新能源汽车、生物医药、合成生物四个重点产业方向，引导基金规模除合成生物产业为15亿元之外，其余均为50亿元，总规模达165亿元。为了更好地定向服务目标产业，这些基金的注册地都很有讲究，比如新能源汽车产业集群在坪山区，新能源汽车基金就注册在坪山区。"20+8"产业政府引导基金计划规模达到上千亿元，充分显示了深圳市政府在发展战略性新兴产业上的决心和力度。

除了市级引导基金，深圳每个区都成立了自己的引导基金，重点支撑区里产业政策。据不完全统计，这些引导基金目前总体规模超过230亿元，运营模式和市级引导基金相似。在深圳，市、区两级政府引导基金已经成为创投市场中一支实力雄厚的劲旅。

2022 年，利好喷涌而出

深圳创投业整体实力位居国内前三，但前些年发展有些失速，与第一、第二名之间的差距拉大。为了应对各方面挑战，深圳围绕建设国际风投创投中心和创新资本形成中心的目标，在资源对接、空间供给、税收优惠等方面强化对创投机构的支持。仅在 2022 年这一年，深圳市地方金融监督管理局就主导出台多项重要举措，让创投界如沐春风、为之振奋。

这些年募资难令创投机构普遍头疼，社会上一些个人和机构即使有钱，对投资私募基金也很谨慎，背后的原因主要是担心收益，而税负重是影响 LP 收益的重要原因。2022 年 3 月，深圳充分利用建设中国特色社会主义先行示范区综合改革试点的优势，经国家发改委同意，成为全国首个组织开展契约型私募基金投资企业商事登记试点的城市，深创投、基石资本各有一只私募股权基金尝鲜进行了该项登记。

按照法律规定，基金有契约型、合伙制、公司制三种组建模式，不同模式实行不同税率，目前创投普遍采用的合伙制在税率上整体大约是 33%，公司制比这更高，而契约型只有 20%。但过去契约型基金一直不能进行商事登记，如果所投企业上市进行股权穿透审查，契约型基金由于不是商事主体就不被认可，必须退出或者改为其他基金组织形式，否则会影响所投企业上市。因此，之前创投机构一直无法用契约型基金来做股权投资，在税收上也就享受不了优惠。深圳试点改革可以大幅减轻私募基金投资者的税务负担，对于深圳乃至全国创投行业发展具有里程碑的意义。

2022 年 4 月，深圳对以往支持鼓励政策进行梳理升级，出台《关于促进深圳风投创投持续高质量发展的若干措施》，明确了支持风投创投机构在深落户、扶持重点风投创投机构发展、引导风投创投投早投小投科技、激发天使投资活力，以及空间、人才等方面的奖励标准和奖励措施。具体措施包括：对新设立的创投企业，按其自设立之日起三年内，实际投资深圳区域非上市企业的累计每满人民币4亿元（或等值外币），给予其管理企业奖励500万元，单笔奖励金额最高不超过2000万元；对新设立的私募证券投资基金管理企业进行奖励，最高500万元；对头部机构依照退出贡献进行奖励，最高2000万元；对投早投小投科技的创投机构进行奖励，最高500万元；对符合条件的创投机构购买自用办公用房，按购房价格的1.5%给予资助，最高500万元；等等。

2022年6月，深圳市借鉴美国硅谷沙丘路的有益经验，在集聚了超过260家持牌金融机构的金融强区福田区，提出打造"香蜜湖国际风投创投街区"的计划。该街区聚焦"香蜜湖"品牌，以深南大道南侧的车公庙片区、北侧东海社区的部分街区为策源地，以香蜜湖新金融中心为核心引擎进行规划建设。这是粤港澳大湾区首个创投街区，目标是到2025年，街区辐射范围内实现国内行业排名前100私募创投机构不少于10家，QFLP（合格境外有限合伙人）、QDIE（合格境内投资企业）、WFOE PFM（外商独资私募证券投资基金管理机构）试点机构不少于50家。

为了加快香蜜湖国际风投创投街区建设，在市级风投创投专项政策基础上，福田区从"募、投、管、退、服"5个方面出台23条具体举措支持创投企业发展。比如在募资端，新落户的合格境外有限合伙人、外资私募可获得100万元落户支持；在投资端，投资福田区非上市企业的创投机构，可获得最高800万元支持；在退出端，最高可享受500万元的经营贡献支持，年度最高1000万元的投资退出支持以及最高100%的政府引导基金让利支持，缓解创投行业"税负重"的痛点。

2022年11月8日，"深圳创投日"在南山区正式启动，这是深圳汇聚政府和民间多方资源精心打造的创投IP。创投日围绕创新技术与创新企业对接、创新企业与创投资本对接、创投资本与政府引导基金对接三大主题，举办论坛、路演、园区走访等系列活动，促进创新、创业、创投共生共荣。首场路演活动分为智能制造、生物医药和高端医疗器械、绿色低碳产业、集成电路产业、大数据及人工智能等十大专场，路演项目66个，大部分处于早期阶段，吸引上百家创投机构参与。路演在帮助创投机构找到投资项目的同时，让深圳重点发展的"20+8"产业获得资本活水的灌溉。

深圳是全国首个为创投行业设立节日的城市，而且月月有活动。每月8日是重点活动日，将轮番走进深圳十个区以及西丽科教城、光明科学城、河套深港合作区等重大战略平台举办活动，力求每个创投日都办出特色、办出效果。2023年首个创投日在罗湖区举办，现场签约6只产业基金，总规模逾260亿元，并邀请了全市超百家股份合作公司与创投机构现场对接交流。

深圳市地方金融监督管理局的李奇介绍，这些年深圳加大了从供给侧发力支持创投风投发展，契约型基金登记是政策供给，各种资助是财政供给，打造香蜜湖街区是空间供给。他用了一个比喻来形象地说明这些措施的作用：过去在中国北方农村有一种压水井，水井边总是要放一瓢水，每次压水前必须把这瓢水倒进水管里，这样才能把水井里的水压出来，政府发挥的作用就相当于那一瓢水。

金融杠杆的撬动作用

创新创业的"及时雨"

创投机构与创业者之间是水与种子的关系，种子要发芽、生长，以至长成参天大树，需要很多外部条件，其中水的滋润是关键条件之一。创投替代不了创业者，但可以帮助创新创业者走向成功。

常琳在哈工大读书时非常喜欢鼓捣机器人，担任了好几年学生机器人俱乐部的队长,这是学校人气最旺的社团。2016年初毕业前夕,他拿到了加州大学伯克利分校的录取通知,几个要好的同学也都找到了不错的工作。但常琳最想做的是和几个同学一起创业,继续研发自己喜欢的机器人。作为贫穷毕业生,这样的梦想能不能实现,全在于能否获得一笔创业资金。非常幸运的是,通过朋友介绍,他们获得了深圳某创投机构1000万元的天使投资。他很快和同学冷晓琨、安子威一起在深圳注册了乐聚(深圳)机器人技术有限公司,冷晓琨担任董事长,他担任CEO,并且在半年之内组建了一支40多人的团队。

机器人是技术含量很高的科技产品,乐聚要做的又是人形机器人,难度更高更大。这是智力和资本密集型的研发项目,需要多个方面的高素质人才和使用高价值的材料,没有大量资本接连不断的投入根本无法持续。深圳就像一片热带雨林,常琳他们种下的机器人创业种子发芽之后,总是能获得资本的"及时雨"。公司成立不到一年,获得了深创投3000万元的A轮投资。2017年8月,公司又获得腾讯投资5000万元的A+轮投资。2019年6月,公司再次获得2.5亿元的B轮投资,由洪泰基金等机构领投,腾讯投资继续跟投。创业三年之内就获得高达3.4亿元的巨额投资,让常琳他们对深圳的融资环境赞叹不已。

在创投机构资本的持续加持下,乐聚聘请了一批智能机器人领域的年轻精英,研发实力大增,2018年推出的Aelos机器人登上韩国平昌冬奥会"北京8分钟"舞台,展示了中国智能机器人的风采。此后他们在教育、医疗、家居等领域开发出了多个技术先进的机器人"爆品"。现在公司已经成为国内智能机器人领域的领先品牌,其智慧家居园区一体化智能机器人项目2022年入围了工信部"人工智能产业创新任务揭榜挂帅"名单。公司已布局国内多个地区,比如在深圳、苏州建立总部和医疗机器人研发总部,在亳州、绵阳建立服务机器人研究院和机器人产业技术研究院,在潍坊建立机器人生产制造基地,从而形成了智能机器人从研发设计到加工制造的完整闭环。

在那些被普遍看好的科技创新方向上,创业者会同时面临很多竞争者,同台竞争中快鱼吃慢鱼,谁能在较短时间内取得技术突破并开发出新产品占领市场,谁就会成功。因此,这些创业者对资本的需求不仅量大而且要快,这样才能快速集聚雄厚的创新资源,否则落后一步可能就意味着失败。我们经常能看到深圳一些科技创业公司成立后不断进行大规模融资。比如,香港中文大学终身教授、IEEE(美国电气电子工程师学会)会士贾佳亚2019年底创立思谋科技,致力于AI视觉体系架构在智能制造、超高清视频领域的落地应用。从创立至2021年第二季度不到两年的时间里,思谋科技先后对外做了多达5轮的融资,松禾资本、基石资本、IDG等创投机构共投资超过2.8亿美元。这类创业公司的发展离不开大量创投资本的快速支持。

有的技术从研发到最后变成市场接受的产品,周期往往很长,而且充满不确定性,需要创投资金的持续支持。2007年周庆余创建风发科技刚一个月,缺少资本的他就迎来了松禾资本的第一笔投资,这让他有钱组织起技术团队研发风力发电领域的垂直轴电机。不久周庆余又碰到了一个难以克服的问题,市场上找不到低成本的材料,如果用高价材料,即使做出了技术先进的电机,客户也无法承受高昂的价格。他只得转向工业节能电机的技术研发。

当他把这项决定告诉松禾资本时,松禾资本表现出极大程度的理解与宽容,而且又给他投了一笔资金。松禾资本清楚做科技研发不是拍电影,商业计划书不是剧本,不可能完全按照设想走。创投机构对创业者要有耐心,当他们在创新上走了弯路时要给予包容。就这样,在松禾资本等创投机构持续不断的资金支持下,风发科技终于在开关磁阻调速电机技术上取得突破,与现有节能电机相比,他们的新型智能电机还能再节能15%左右。如今,公司已获得国家专利 40 余项，正在筹划上市事宜。在风发科技十几年的发展过程中，仅松禾资本就参与了公司 6 轮融资，这让周庆余内心充满无限感激。

创投资本对创新创业者来说，有的是锦上添花，但更多的是雪中送炭。如果得不到投资，很多创新创业可能就会胎死腹中或半途而废，当年如果没有 IDG 的投资，可能就没有今天的腾讯。创投对创新创业之所以重要，还在于它的投资与银行借款不同。银行借款不但要还本还要付利息，初创企业很难拿到借款，即使拿到压力也非常大。创投机构是与企业荣辱与共的，成功了一起赚钱，失败了就一起失败。创投投的是整体上的成功概率，这个项目失败，总有项目会成功。

很多上市公司在发展过程中，都得到过创投资本的加持。据上交所 2022 年底的统计，97% 的科创板企业上市前获得了创投机构的投资。在 2022 年 9 月举办的第五届湘江金融发展峰会上，中国证监会一位原领导在发言中说，私募股权创投一方面能够促成创新资本的形成，充当着科技创新的先导力量，是新经济企业的加速器；另一方面，能够帮助完善公司治理，优化资源配置，提升企业的价值。他甚至认为："科技创新，始于科技，成于资本。"

成长路上的"陪跑者"

很多人知道美国投资家瓦伦丁投资苹果公司的故事，他对苹果的贡献不仅是投钱，还包括在人才等方面给予了很大帮助。当年投资苹果时，瓦伦丁认为乔布斯和沃兹尼亚克两位创始人都不懂市场，就推荐了市场高手马库拉进入苹果创始团队。马库拉加盟后，帮助苹果制定了完整的战略和经营计划，还为苹果争取了更多外部投资。此外，为了护航苹果，瓦伦丁还投资了几家为苹果供应配件和服务的小公司。

从瓦伦丁的做法可以看出，创投不仅给钱，还是被投企业的创业伙伴、成长路上的"陪跑者"，会在各方面帮助被投企业。深创投很早就提出了"三分投资、七分服务"的投资理念，他们充分利用在行业、已投项目和政府等方面的丰富资源，通过资源整合、资本运作、监督规范、培训辅导等多种方式助推被投企业快速健康发展。深创投这种理念代表了深圳创投界的一种共识。

同创伟业很重视为被投企业赋能，他们在一些领域差不多投出了一个完整的产业链，通过嫁接这些产业链资源让很多被投企业受益。比如他们曾帮助长阳科技拿到了欧菲光的订单，帮助湖南景峰医药完成对海南锦瑞制药和大连金港药业的收购等。公司还利用在创投界的影响力多次组织再融资会议，每次邀请数十家投资机构参加，让有融资需求的被投企业派人上台路演，这样的会议每次都能在现场达成多个投资意向。

深圳市格林晟科技股份有限公司专业从事锂电池生产环节的中段设备研发、制造和销售，基石资本 2019 年对其投资 5000 万元。后来基石资本了解到随着新能源汽车行业的爆发式增长，市场对格林晟生产的叠片机、卷绕机、注液机及整线自动化设备需求大增，这就需要增加新产能，于是利用自己在安徽良好的人脉关系，为格林晟在合肥长丰县吴山镇找到落地点，并帮助解决厂房建设、设备选型、税收优惠等方面的问题。公司解决了产能瓶颈后，发展加速，将申报科创板 IPO。

2020 年基石资本投资的深圳市瑞能实业股份有限公司，从事与锂电池相关的技术研发和产品生产，市场需求大幅增长之后，同样面临着产能不足的问题。基石资本除了帮助瑞能实业在安徽马鞍山落地建厂，还帮助它对接锂电池产业链上的国轩高科、中创新航等企业，使其成为产品客户。

"当被投企业需要帮助时，我们总是竭尽全力去帮他们。"基石资本董事长张维认为，创投与被投企业之间通过资本结成利益共同体,帮他们就是帮自己。凭着这种理念,基石资本与很多被投企业建立了良好的伙伴关系,像华闻传媒、欧普照明等被投企业发展起来之后,又反过来多次投资购买基石资本设立的基金,成为基石资本的 LP。

松禾资本是华大基因最早的外部投资人,2009 年开始投资,对这家企业的前景非常看好。基因产业当时属于未来产业,很多人不了解,更不理解,华大基因也因此遭遇了各种非议。松禾资本利用各种机会为华大基因鼓与呼,反复向各级政府领导介绍基因产业和华大所做的工作,呼吁给他们时间。此外,松禾资本还参与投资了 10 余家"华大系"及华大孵化的企业,其中包括华大智造、华大因源、吉因加、吉诺因等。围绕华大集团的生态圈布局,让松禾资本与它们在投后资源对接、业务导流、战略规划等方面实现了互帮互助。

经过多年探索实践,松禾资本总结出被投企业最需要帮助的五大方面:客户资源、人才招聘、后续融资、政府扶持、媒体传播。他们的投后管理赋能体系正是围绕这五大痛点展开。一是基于被投企业的技术实力,协助其梳理应用场景、客户画像并对接客户资源;二是基于被投企业的人才架构,协助其补充缺乏的关键核心团队成员;三是基于被投企业的现金流状况,协助其制定融资策略并对接后续融资资源;四是基于被投企业的发展阶段,协助其对接政府资源,获得政府关注和政策扶持;五是基于被投企业的公共形象,协助其梳理品牌定位、制定传播策略、对接媒体资源等。

因为头部创投机构具有品牌和资源上的优势,能够给被投企业更多赋能,越来越多创业企业只要有条件选择融资对象,就会毫不犹豫地选择头部创投机构。头部创投机构能够在市场上得到更多项目资源,会加速创投行业的优胜劣汰,这实际上是一件好事。相比更加成熟的美国创投市场,国内创投机构数量多但平均规模太小,资源分散,不利于市场健康发展。

深交所：汇聚创新资本

证券交易所是资本市场的重要一环，是良好创新生态的重要组成部分。企业通过上市不仅使创新成果获得估值定价，股票获得流动性，还能够募集企业创新和发展需要的资金，而且原则上只要企业正常发展，上市之后可以持续进行必要的融资。对创投机构来说，被投企业在交易所上市是投资退出的重要渠道。退出之后收回自身和募集 LP 的钱，兑现投资收益，可以有钱再投新的项目，从而实现投资活动的良性循环。

2022 年 A 股市场共有 424 家公司进行 IPO，累计募集资金 5868 亿元，其中深交所 IPO 公司数 187 家，募资金额 2115 亿元。平均每家融资额超过 13 亿元，融资最多的中国移动、中国海油和联影医疗，募集资金分别为 519 亿元、322 亿元和 109 亿元。这么大体量的直接融资，将有力地推动企业的创新发展，很多企业会因此变得更大更强。

深交所是深圳大胆探索的成果，也是企业股份制改革带来的必然结果。1983 年 7 月 8 日，新中国第一家公开向社会发行股票的股份制公司在深圳成立，这就是深圳宝安县联合投资有限公司，后来改名为中国宝安集团。该公司在深圳媒体上公开刊登招股启事向社会募集资金，每股发行价 10 元，结果吸引了全国 20 多个省、市的群众前来认购，首期募集资金 1300 万元。那时候特区建设和企业发展极其缺乏资金，中国宝安通过股份制改革向外部募集资金发展业务的做法给社会带来巨大影响。其后，深圳一批企业纷纷实行了股份制改革，深圳发展银行等还公开发行了股票。这就带来一个强烈需求，公司股票需要有地方进行交易，1988 年 4 月，特区证券等三家证券公司承担了 5 家股票柜台交易的任务。但由于供给太少导致股价暴涨，加上柜台交易手段落后，曾经出现较大乱象，而且地下黑市盛行。

借鉴境外资本市场做法成立证券交易所刻不容缓。1988年5月时任深圳市委书记从英国考察回来，立即安排成立深交所筹备小组。此后筹备小组花了一年时间研究日本、英国、美国等证券交易所的规章制度，形成了深交所的制度体系，获得了深圳市政府批准认可。1990年12月1日深交所克服困难试营业，成为国内第一个正式营业的证券交易所。

深交所的成立打开了企业上市的通道。1991年6月25日，中国宝安的股票在深交所挂牌交易，募资1.8亿元，这在当时是一笔巨资。此后中国宝安又几次在A股市场融资，公司利用这些资金进行业务转型升级，比如投资新能源材料研发和制造企业贝特瑞等科技公司，贝特瑞上市后，2022年底公司市值300多亿元。

深交所成立之后，不断推进股票发行、上市、交易和退市等制度改革，推进多层次资本市场体系建设，这些改革让好企业上市更加顺畅，好企业融资和创投资本退出更加容易。2004年6月，深交所推出中小板，这是为了鼓励科技创新而专门设立的中小型企业板块。相对之前的主板企业，中小板企业普遍具有收入增长快、盈利能力强、科技含量高的特点。当这个板块推出时，创投机构欢呼雀跃。因为在中小板推出之前，它们大量投资了这类企业，正愁没有通道退出。当时就连深创投这样的大机构，也差点因没有退出通道而憋得要关门歇业。

中小板为2009年深交所再次推出创业板做了铺垫。创业板主要面向创业型科技公司，这些公司规模不大，业绩达不到主板上市要求，但具有高成长性。创业板像美国的纳斯达克市场，定位是为创新创业服务，是科技创新有力的推进器，一大批科技公司借助创业板实现了快速发展。像迈瑞医疗2018年10月从美国纽交所私有化退市回到创业板上市，募集资金59亿元。公司利用募集资金加快业务发展，2022年底最后交易日市值高达3600多亿元，远超在美国退市时的33亿美元，成为创业板明星企业。

2020年深交所对创业板进行以信息披露为核心的股票发行注册制改革，提高直接融资效率，主要服务成长型创新创业企业，支持传统产业与新技术、新产业、新业态、新模式深度融合。并据此制定了更加包容多元的股票发行条件，首次允许红筹企业、特殊股权结构企业、未盈利企业上市。2023年2月1日，在中国证监会安排下，A股全面实施股票发行注册制。注册制是中国资本市场深刻的制度变革，总体上再次大幅拓宽了上市通道，有利于创新创业创投的发展。

深圳创新创业十分火爆，上市资源十分丰富。截至2022年底，深圳上市公司总数共535家，其中A股上市公司405家，占全国A股上市公司总数的八分之一。深圳的明星街道粤海街道就有上市公司110多家。深圳民营经济发达，A股上市公司中非国有企业共328家，市值超过7万亿元，均居国内城市首位。深交所IPO数量及交易额长期位居全国第一、全球前三。全面实施注册制之后，交易所成为企业上市全面审核的主体，这对深圳企业来说是件好事，交易所就在家门口，办理上市事宜时沟通成本会大幅降低。

通过深交所这个大平台，每年数以千亿的社会资本，源源不断地流向了作为创新主体的企业。

第七章

发挥毗邻港莞的
地理优势

从珠三角空中俯瞰，深圳南连香港、北接东莞，处于粤港澳大湾区核心地段。从全球范围观察，国际上经济发达的区域中心向来依托一个湾区。这种特殊的区位优势，既是深圳过去高速发展的原因之一，也是将来要更上一层楼必须发挥好的有利因素。

在毗邻香港的深圳设立经济特区，体现了中央决策的英明。当香港在20世纪六七十年代承接欧美等发达经济体产业转移，积累了资金、技术和管理等方面的优势，需要再次进行产业结构调整、升级、转移时，深圳经济特区诞生了，很好地承接了香港这方面的"溢出"。

深圳借助比较优势和后发优势，从中国香港、台湾，以及日本、韩国等地的产业转移中挣到了发展的"第一桶金"，利用模仿创新以及对内地的先发优势，获得了更大的发展。进入21世纪之后，先前的优势减弱，深圳又奋力走向了自主创新、源头创新。这基本上就是深圳在创新发展中走出的"路线图"。

现在深圳GDP超过了香港，楼比香港高，人口比香港多，城市绿化比香港漂亮，但大家不会因此忘记香港对深圳发展所发挥的重要作用。如今香港相对深圳，在金融、文化教育、法治等方面仍然具有明显优势，仍然值得深圳继续借鉴学习。目前在国家大力推进粤港澳大湾区建设的大背景下，深圳与香港的合作方兴未艾，力度和范围都是空前的。

学习香港，服务香港

山水相连的"双子城"

深圳是一个东西向的长条形城市，它与南边的香港之间，有二十几千米陆地相连，主要是起伏的山丘，其他地方隔海相望。海湾只有几公里宽，站在深圳湾海边看对面香港元朗，天气晴好的时候一栋栋楼宇清清楚楚。两地之间有罗湖、福田、皇岗、深圳湾、文锦渡等近十个口岸，多个口岸24小时通关，每天两地间有数十万人来往。

这两座山水相连、关系紧密的城市，无论是在中国还是世界，如今都是最为耀眼的"双子城"。单从经济层面来说，两地已是旗鼓相当，各有千秋，都是世界上经济实力强大的国际化都市。比如，按人民币计算，2022年深圳GDP达到3.24万亿元，香港为2.43万亿元，两城加起来就是5.67万亿元；在世界十大金融中心最近几年的排名中，深圳最好的排名是第九，香港一般排名第三；2022年深圳港集装箱吞吐量突破3000万标箱，位居全球第四，香港也是集装箱吞吐量世界前十的重要港口。

如果仅从现在两座城市的经济情况来看，你很难想象在深圳发展过程中香港发挥的作用究竟有多重要。让时光回到深圳特区建立之时，对两地经济情况做个对比才能看得更清晰。那时候深圳是一个完完全全的边陲农业县，老百姓温饱问题还没有完全解决。1980年整个内地的GDP才4600亿元人民币，而香港GDP达到289亿美元，人口506万，已经是国际知名的大都市。两地经济上的差距可谓天壤之别。

当年香港在内地人眼里城市高度繁华，生活极其富裕，简直如天堂一般美好。从深圳特区建立到21世纪初，内地去香港旅游的火热程度不亚于后来的欧美游。很多人来深圳如果去不了香港，也要想办法弄张边境证到中英街逛逛，买点名牌化妆品、电子产品之类，这样也算是亲眼见到了香港的模样，不算枉来一趟。

香港自古以来就是中国领土，英国通过战争自1842年起逼迫清政府签订《南京条约》等不平等条约，相继割让香港岛、九龙南部，后又强行租借九龙北部及新界，从而形成了1000多平方千米陆地面积的英国统治区。在殖民统治前期，英国一直把香港作为对外扩张的一块跳板，并没有重视香港本地的经济建设。第二次世界大战之后香港才迎来了大发展，从20世纪50年代开始直到六七十年代，欧美发达国家技术升级带来产业大转移，一批劳动密集型产业转移到香港，与本地廉价劳动力结合在一起，催生了纺织、电子、服装、塑料等制造业的兴起。有数据显示，香港1960年有制造业工厂5000多家，产业工人22万多人，到1969年工厂增加到1.4多家，工人52万多人，这期间制造业生产总值达到了年均13%的高速增长。李嘉诚等老一辈香港企业家，不少是做制造业起家的。制造业的繁荣不仅让其成为香港重要的支柱产业，同时也促进了贸易、航运和金融业的发展，制造业要进口原料，生产出来的产品又绝大多数出口。

到了20世纪80年代，随着欧美日产业和技术持续转移，香港制造业本身也呈现技术升级和更加多元化的局面。另外，国内的改革开放让香港赢得了更大的发展机遇，有更多物流、人流和资金流通过香港或流向世界，或流进内地，使得香港作为全球贸易、航运和金融中心的地位得到确立、巩固和提升。其中进出口贸易增长最快，人均贸易额居世界第一，遥遥领先于其他地区。

西方学者把同样受益于欧美产业转移而创造了经济发展奇迹的经济体韩国、中国台湾、新加坡和中国香港，称为"亚洲四小龙"。此时香港居民已经过上了非常富裕的生活，人均GDP迈入发达经济体行列，金融、贸易、航运等领域在全球具有举足轻重的地位，与纽约、伦敦等国际大都市一起被称为"纽伦港"。

香港崛起的不仅是GDP，经济发展中的市场化、法治化和国际化等方面的成就同样令人瞩目，有很多先进的做法和经验。英国是世界上较早发育市场经济的国家，18世纪的英国经济学家亚当·斯密的巨著《国富论》奠定了现代资本主义自由经济制度的理论基础。香港深受英国的影响，市场化意识深入人心，形成了一套较为完备的市场经济制度。香港是世界上最自由的经济体之一，政府很少对经济活动进行干预。比如，在关税上绝大多数商品长期实行零关税，货物进出十分顺畅，香港也因此成了著名的购物天堂；香港也没有资本管制，资金进出比较自由。法治是香港社会的基石，法院执行法律独立，遇到纠纷最终是由法院裁定说了算，这种法治环境确保了香港市场经济的有序运行。香港是内地对外交流的重要窗口，这里中西交融，是做事方式、文化习俗最国际化的中国城市。

中央当年决定在毗邻香港的深圳设立经济特区，是希望服务香港回归祖国，并利用繁荣的香港为深圳特区建设助力。那时候的香港，在资金、技术、人才和管理等方面对刚刚起步的深圳来说，无疑是天大的宝藏。把经济特区建在香港旁边，就是要发挥毗邻香港的地理优势。不仅深圳是这样，同时期建立的珠海、厦门、汕头经济特区，都有这种考虑。珠海靠近澳门，厦门靠近台湾，汕头是中国最著名的侨乡，海外侨胞特别多，有利于招商引资。许小年曾说："无论在深圳还是珠海设立特区，中央的用意都是让我们学习身边的市场经济，我们不知道如何搞市场经济，去澳门、去香港走一走、看一看就知道了。"

从今天的发展结果看，中央当初的决策非常正确，当改革开放的巨浪冲破了两地间的隔阂，深圳充分利用地利之便发展了自己，同时也促进了香港的进一步繁荣稳定。如果不在深圳建立特区，不实行改革开放，香港的繁荣也不可能给深圳这片土地带来任何机会。就像改革开放之前一样，繁荣的香港就在身边，但深圳始终贫穷落后，没有变化。

跨过罗湖桥来深办企业

香港人口 1945 年只有区区 50 万,高速增长的人口主要来自内地移民,尤其是广东移民。他们人在香港,根在内地,通过千丝万缕的联系,对内地政府的一举一动都十分关注和了解。当神州大地刚吹起改革开放的春风时,那些通过拼搏取得一定成就的香港人,马上意识到回内地投资兴业的巨大机会迎面而来了,他们成了改革开放后第一批在深圳投资的外商。

《深圳的斯芬克思之谜》是总结特区建立头十年经验的一本佳作,书里写到香港东雅公司老板郑可明,他是改革开放后第一位跨过罗湖桥来深圳投资的港商,当时与政府签订的合同号是 CND001。1978 年 3 月,虽然作为改革开放标志的十一届三中全会还未召开,这位嗅觉敏锐的潮汕籍商人却感觉到机会来了,他大胆地投资罗湖,在铁皮房里建起了手袋厂。工厂原先只有 200 平方米,不久订单增多,他又租了几亩地盖厂房,厂区面积扩大到原来的 10 倍。

创业之初极其不易,那时候深圳几乎什么服务设施都没有,罗湖对外营业的饭店只有一家,请人吃个饭都不方便。郑可明要每天早上 5 点多从香港住家出发,开着第一批深港两地牌轿车,赶在文锦渡口岸 6 点开放就赶紧过关,在工人还未上班时就赶到工厂,以便先安心处理事务。下午 4 点多又得往香港赶,在口岸 5 点闭关之前过关。他当时是 30 多岁的年轻人,生活上的艰苦倒是无所谓,国家政策究竟会往哪方面变化、厂里员工怎么进行有效管理,才是让他担心和费心的。受长期计划经济"大锅饭"分配制度的影响,员工每月拿固定工资,干活不卖力,他花了很大精力才在全厂推行了计件工资制度,这也是内地首家实行计件工资的工厂。过了两年,中央正式宣布建立深圳特区,这让他吃了定心丸,此后他就把投资的重心放在了内地。

罗湖手袋厂实行一系列市场化管理措施之后,效率大增。1986

年之后的几年，企业进入鼎盛时期，最多时员工达到1.48万人，生产的手袋、皮鞋等产品数量巨大，每星期要用几十个大货柜发往国外，成为深圳重要的出口大户。从这里也走出了中国第一批"打工妹""打工仔"，郑可明对这些员工一直充满感情，现在还经常约他们一起在深圳喝茶聊天。乘着改革开放的历史性机遇，东雅公司不断发展壮大，如今在深圳、东莞、广州等地都有投资。

佳宁娜集团名誉主席马介璋来深圳投资比郑可明晚几年，他至今仍然记得第一次来这里考察时过关的情景。那时罗湖口岸只是两层小楼，一楼的长廊连到罗湖桥头，过关检查极其严格，边防人员对每位旅客都要仔细询问，姓名、年龄、职业、来深圳做什么等，并做好记录。这种严格的检查模式十分费时，他排了很长时间的队才过关，然后又到旁边中国银行将港元换成人民币，整个过程竟然花了两三个小时之久。

进入罗湖后看到的一切让马介璋十分兴奋。虽然街上见不到几辆汽车，跟高楼林立、车水马龙的香港无法相比，但满眼所见，到处是搭着脚手架的工地，工人们紧张忙碌着，一片热火朝天的建设场面。路上几乎都是年轻人，步履匆匆，仿佛是赶约会似的，浑身散发着青春的力量。偶然见几人在一起聊天，口音南腔北调，从他们脸上灿烂的笑容就能看出其内心的喜悦和自信。这些景象和氛围让马介璋仿佛看到在经历漫长的冬季之后，荒芜的大地上小草开始钻出地面，枝头已长出嫩芽，人们脸上褪去了寒风刻下的粗糙，露出一片红润，这是充满无限希望的大地。

马介璋7岁随父母离开潮汕老家移居香港，长大后靠着勤奋和智慧在纺织和餐饮领域颇有成就，此时已是香港小有名气的"牛仔裤大王"，这次考察让他坚定了投身特区建设的决心。当时罗湖黄贝岭有一间闲置的毛纺厂，他马上租下来办了合资的丰盛纺织服装公司，生产牛仔裤。内地与香港相比，用工成本很低，也有棉纱等原材料，加上香港产品出口渠道是现成的，公司发展顺风顺水。三年后的 1988 年，他又在远离市区的南头收购了一家制衣厂，将其改造成一个现代化大厂，从买棉纱织成布到染色后制成服装，全部在这里完成。

在马介璋眼里，那时候只要稍微做个有心人，就会发现深圳遍地商机。办企业做生意经常要应酬接待，他发现深圳的饭店环境和饭菜口味都较差，更不用说服务了，很难找到高档次的酒楼。他在香港开有佳宁娜潮州酒楼，就决定在深圳也开一家。30 层的罗湖晶都酒店当时属于深圳高档建筑，马介璋从中租了 1700 平方米的场地，完全按照香港高档酒楼的标准装修。为了确保质量，他几乎天天盯在现场，不放过每个微小的细节。傍晚回香港有时打不到出租车，他只能搭个自行车坐在后座上往口岸狂奔，赶在闭关前过关。虽然辛苦，但他认为创业期间要把事情做好，老板就必须亲力亲为、坐镇一线。

这样前后花了两三个月时间，一个高档漂亮的酒楼出现在人们面前，很多人赞不绝口，但也有一位领导朋友跟马介璋说出了担心：这么高档的装修，菜价也不便宜吧，没有多少人来消费会不会亏本。面对善意的提醒，马介璋表示不尝试怎么知道结果呢。其实他内心是很看好的，特区发展势头那么迅猛，人口会越来越多，消费水平会越来越高。正式开业前，他从香港佳宁娜酒楼调来一批骨干，按照香港酒楼的服务模式一招一式培训员工，菜品则直接由香港大厨炒制。港式标准、港式服务的佳宁娜开业后一炮打响，一周后就出现了排队等位现象，想要包房至少要提前一周预定。虽然有极少数人吃完付款时会冒出一句"太贵了"，但过不了多久还是会再来酒楼，因为这里菜好吃，服务又周到。

晶都佳宁娜酒楼的火爆，让马介璋看到了餐饮服务行业的巨大商机，此后佳宁娜先后走进了北京、上海、武汉等十几个城市，并在美国、泰国等开设了分店，成为一家跨国中餐集团。在做好餐饮业的同时，佳宁娜向月饼、曲奇、蛋卷等食品加工业拓展，并成为行业知名品牌。

　　对内地发展越来越有信心的马介璋，1992年投入10亿港元的巨资在靠近罗湖口岸的人民南路建成了佳宁娜友谊广场，总建筑面积13万平方米，集商业、办公、住宅、休闲功能于一体，里面有当时罗湖最大的商业广场，是香港游客非常喜欢去消费的地方。佳宁娜广场的商圈模式被很多地产商模仿，深圳后来冒出来很多以"某某广场"命名的商圈。

　　改革开放早期，进入深圳的港商很多，有统计数字显示，1979年深圳引进"三来一补"企业170多家，实际利用外资1500万美元；1982年实际利用外资5771万美元，其中绝大多数是港商；1997年香港在深圳的工厂发展到多达1.24多万家。很多港商创造了新中国的"第一"，比如1980年由港商投资的东湖丽苑开工，这是新中国第一个商品房小区；1982年1月9日，香港南洋商业银行深圳分行开业，这是新中国引进的第一家外资银行；1982年1月9日，香港民安保险公司深圳分公司开业，这是新中国引进的第一家外资保险公司。

　　还有很多国际大企业紧随港商之后，通过香港这个窗口进入深圳。1990年10月8日，中国内地第一家麦当劳餐厅在罗湖东门开业，投资方是港商文伙泰。1996年沃尔玛在深圳开设第一家沃尔玛购物广场和山姆会员商店，从而开启了在中国内地发展的序幕，此前两年沃尔玛曾在香港设立办公室。

　　如今，香港几乎所有大企业都在深圳有投资，港商活跃在深圳各行各业，成为深圳发展的一支重要力量。他们在分享改革开放红利的同时，也为深圳和国家的创新发展做出巨大贡献。

带来的不仅是资金

　　大量港商和港企进入深圳，除了带来特区建设急需的资金，还带来了先进的技术、管理和市场化观念，以及香港人敬业、认真、讲究规则的做事方式，这些比资金带来的影响更为深远。有人说深圳市场经济体制之所以在全国更早建立，其中一个原因是身边有香港这个老师，这位老师还经常"上门服务"。

康佳是深圳大型科技集团，其生产的康佳牌彩电长期驰名国内外市场。但现在已经很少有人知道，它的前身竟然与一位港商有关。这位港商叫林中翘，被香港人称为"电视机大王"。1950年他从广东中山乡下只身来到香港，先在日资电子企业打工，后与友人一起创立电子公司，生产音箱、电视机等。1979年初，他抓住机会来深圳设厂，不久与深圳特区华侨城经济发展总公司共同出资组建广东光明华侨电子工业公司，这是改革开放后诞生的首家中外合资电子企业，也是康佳集团的前身。

合资企业成立后，林中翘把香港公司的技术、人才和管理带了进来。1980年5月21日，第一条收录机生产线正式投产，"KONKA康佳"商标诞生，这天成为康佳公司成立的纪念日。过了四年，首批14英寸彩电整机下线，能够生产这样的整机彩电在当时是件了不起的事，自此康佳电视机开始走进千家万户。

香港妙丽集团老板刘天就是最早一批投资深圳的港商。1979年的一天，他把自己的劳斯莱斯停在罗湖海关，过关后骑着自行车在深圳考察了一番，之后就在罗湖投资兴建了竹园宾馆和深圳鞋厂。这家鞋厂后来成为广东皮鞋产业的"黄埔军校"，一些如今司空见惯的市场化管理措施就是由这家鞋厂率先实施的。鞋厂找来的农民工不会技术，他就采取"帮工制"，让香港员工传帮带。聘请的内地厂长用传统国企的那套做法管理，简单粗暴，赏罚不明，工人迟到早退、偷工减料等时有发生，这些乱象让刘天就下决心推出了严格的"淘汰制"。他首先炒掉的就是那名厂长，然后开始炒掉那些产品做得不好、废品率高、不听话不守纪的人，最频繁时一周炒一次人。此后皮鞋厂"炒鱿鱼"做法传遍深圳，很多企业跟着学习，让那些抱着"铁饭碗"想法不好好工作的人深受震动。刘天就在皮鞋厂和竹园宾馆的一些突破性做法,助推了深圳用工制度的改革。

佳宁娜等香港餐饮企业到深圳开办酒楼,把高水平的"港式服务"带进深圳,成为深圳人眼中高档次的象征,这深刻影响了这里的餐饮业发展。佳宁娜火爆起来之后,引起深圳餐饮业的震动,很多开餐馆的人主动向其学习,从装修、菜品到服务都全面模仿。有的人借着吃饭的名义去偷学,有的人甚至私下去"挖角",被挖走的员工到新地方去之后职位至少会升一级,比如普通员工升为领班、领班升为主管等。这使得佳宁娜成了深圳餐饮业人才培养的一个基地。

招商局是中央企业,但总部长期在香港,也是地道的"港商"。招商局对早期深圳改革开放发挥了很大促进作用。蛇口开山填海炸响了"改革开放第一炮",中国改革开放的很多"第一"都发源于这里。蛇口当初能够成为改革尖兵,当然与袁庚的使命感和胆识有关,此外还有一个不可忽视的重要因素——招商局的"香港基因"。他们了解香港市场经济的体制运作,在蛇口建工业区,香港先进成熟的企业管理经验自然就"移植"到了蛇口。

香港人才济济,近水楼台先得月,刚刚起步的深圳大受裨益。第十四届全国政协副主席、香港特区原行政长官梁振英是著名的测量师,曾任香港测量师学会会长。他 2019 年 4 月接受《深圳晚报》"深圳口述史"主题采访时,详细介绍了其年轻时长达 8 年来深圳讲课的经历。1979 年,全国人大港区代表廖瑶珠律师组织来自法律、会计、工程、测量等各界专业人士,在香港成立"促进现代化专业人士协会",参与服务祖国现代化建设。大学毕业不久的梁振英积极加入协会,与二十几名会员一起利用各自的专业知识来深圳做培训。

梁振英清楚地记得第一期培训班是在蛇口工业区举行的,教室在山坡上,十分简陋,讲台上放着一台旧式投影机,地上散落着电线。讲课内容是土地使用制度,包括土地和房屋是不是商品、土地如何实现分割等,还介绍了香港在土地、房地产和规划等方面的经验教训。由于从小在香港生活,他当时还不会讲普通话,现场还需要翻译。下面的学员来自天南海北,操着南腔北调,听得都很认真。这样的课一个月讲两三次,由于那时过海关太费时间,周六上完课他就跑到罗湖华侨旅社住一晚,第二天一早又去蛇口。

除了讲课,梁振英还帮深圳市政府做了第一个城市规划。做规划首先要有当地地图,但深圳没有,只能拿一张飞机拍摄的航测图做参考。当时深圳还很小,规划按30万人口规模来做,大家都觉得非常超前了。

像梁振英这样兼职来深圳服务特区建设的香港专业人士很多,包括深圳大学、北京大学深圳研究生院、清华大学深圳国际研究生院等高校的讲台上,都有不少来自香港大学、香港科技大学等香港高校的教师,他们多数是利用周末来这里上课,有些人一上就是十几二十几年。

香港的专才帮深圳市政府和企业解决了很多问题。方大集团1991年底成立时,专注玻璃幕墙业务。成立两三年时,蛇口工业区要建深圳西部规模最大的风华大剧院,业主同意给方大一次竞标机会。当时方大还很小,怎么证明自己的产品过硬?只有请最权威的第三方机构来检测,这样才有说服力。于是他们花20万港元从香港请专家,带着先进的仪器设备对幕墙的抗风压、水密性、气密性等性能进行检测。眼见为实,做完第一次检测证明幕墙性能达标后,他们又把业主请到现场做了第二次检测。方大最终赢得了业主和评标专家的信任,获得了公司成立以来第一个项目大单。中标后,他们用3个月时间,建成了中国第一座真正意义上的彩板幕墙大楼。

主动向香港学习

深圳是向香港学习的模范生,对毗邻香港的地理优势一直善加利用,无论官方还是民间,都主动向香港学习,因此少走了很多弯路。深圳早期出台改革政策，很多时候都要派人去香港考察，充分借鉴他们的经验做法，公开拍卖土地就是其中一个典型案例。

1987年12月深圳公开拍卖国有土地，为了敲响这场特殊拍卖会的"第一槌"，深圳前期做了大量调研，包括去香港考察，请香港专家提建议。港英当局对公共土地使用一直实行批租制度，商业性和竞争性强的土地采取公开拍卖方式出让。拍卖前公布土地的用途、建筑物高度、容积率等方面的要求，然后价高者得。土地拍卖成为港英当局财政收入的重要来源，多的时候占比可达三成。为了充分了解香港长期积累的经验做法，1986年11月，深圳市专门组织房地产改革考察团赴港考察土地拍卖，梁振英还陪同考察团观摩了香港土地拍卖会现场，并对香港土地拍卖的程序和实施细节等问题做了详细介绍。

1987年5月，草拟多时的《深圳经济特区土地管理改革方案》正式出台，在此之前深圳召开了一个规模较大的讨论会，梁振英、张五常等多位香港专业人士参加。梁振英在会上坦言："方案是可行的，但必须修改宪法和土地管理法，否则外商绝对不敢来买地。"在讨论会召开的前一年，张五常就在香港《信报》上发表文章《出售土地一举三得》，建议深圳通过出售土地的方法来解决发展缺钱的问题。在这次会上，除了再次亮明这一观点，他还结合香港的做法，建议深圳要先做好法律方面的准备，要搞基建，要招投标。张五常后来回忆说，深圳拍卖土地之前，还曾到香港大学找他，问哪里可以借到拍卖用的木槌，他把可能找到木槌的地方告诉了深圳来人。现在这把枣红色樟木槌作为文物放在深圳市博物馆。从这些细节可以看出，在土地拍卖改革上，深圳是甘做小学生，虚心向香港学习的。

深圳在城市管理和公共服务方面向香港学了不少经验做法。十几年前，深圳在内地率先建立社工队伍，开始没有经验不知怎么做，就派人去香港学习，他们已有一套成熟的社工服务体系。为了让第一批社工尽快上手，深圳还从香港请来社工骨干，采用带徒弟的方式手把手教，从而使深圳很快拥有了第一批社工人才。如今深圳社工建设已走在内地前列，成为内地城市学习的榜样。

香港法治指数始终在全球名列前茅，积累了丰富的经验。深圳1992年获得特区立法权后，有大量的立法任务，而当时国内的法律很少，在不少领域甚至是空白。香港却早已建立起完备的法律体系，常用的法律就有600多部，覆盖各行各业的方方面面。借鉴香港做法成为深圳立法者的不二选择。曾任深圳市人大法制委员会主任委员的刘曙光接受《深圳特区报》记者采访时介绍，他1993年来深圳后，20多年一直从事立法工作，参与起草制定的法规有几十部，很多都学习借鉴了香港的立法。像《深圳经济特区欠薪保障条例》参考香港欠薪保障立法的规定，在内地率先设立"欠薪保障金制度"，破解欠薪难题，保障工人权益，被全国多个省、市借鉴。

深圳市政府高度重视向香港学习，2005年市委、市政府提出"向香港学习，为香港服务"的响亮口号，成为此后多年深圳与香港交流的基调。2008年4月，深圳市委、市政府发布《关于进一步解放思想学习追赶世界先进城市的决定》，提出以新加坡、香港等为主要学习追赶目标，在经济发展、自主创新、城市管理、法制水平、生态建设等方面积极学习追赶世界先进城市。

2007年3月全国两会期间，深圳市领导接受新华网访谈时说，"香港对深圳的发展是至关重要的"，"到目前为止，我们吸引外资的60%还是来自香港或者是通过香港投资的"，"深圳有今天应该感谢香港"。这一番真诚的话语，既反映了深圳官方的态度和认知，也反映了历史事实。

大湾区里深圳的区位优势

深圳 + 东莞，如虎添翼

　　东莞位于深圳与广州两大一线城市之间，与深圳同处珠江东岸，陆地面积约 2460 平方千米，比深圳大。东莞在深圳北面，深圳地形东西长南北窄，从市中心福田 CBD 到东莞地界不到 30 公里，开车不用半小时。因为地理位置的关系，两地无论是产业协同还是民生往来都十分密切。东莞靠近深圳的区域生活着数以万计的深圳人，比如塘厦镇最大的别墅区棠樾里面，居住人员八成来自深圳，很多上班族早出晚归过着双城生活。

　　东莞对深圳创新发展的作用和贡献，首先是提供空间支持。深圳城市区划面积狭小，产业升级要转移、企业做大要扩张，最方便去的地方就是邻居东莞，成本低而且空间大。20 世纪 80 年代到 90 年代初，深圳"三来一补"企业大量转移到东莞，其中很多是首批进入深圳的港企。之后深圳"腾笼换鸟"淘汰相对落后的产能，持续不断有企业搬到东莞发展。2010 年之后，深圳土地和人工成本急剧升高，一些大中型科技公司也纷纷去东莞建新的基地，最集中的去处是东莞松山湖。

　　2014 年华为在松山湖建设基地，总占地面积达 126 万多平方米，项目投资约 100 亿元，项目一期占地约 60 万平方米，地上和地下建筑总面积近 70 万平方米。现在已经建成了一座非常漂亮的欧式小镇，主要发展与手机等所有终端关联的研发、销售和增值业务。华为之外布局松山湖的深圳大中型公司还有很多，比如中集集团购地 35 万多平方米，计划投资 60 亿元打造"中集智谷"项目；汇川技术购地 2.5 万平方米建研发运营中心；大疆无人机购地 2.1 万多平方米建东莞总部。深圳用地成本比松山湖要高很多，而且像华为和中集在东莞要的那么大面积的连片用地，在开发度已经极高的深圳很难找到。

东莞对深圳创新发展最大的作用还是其强大的制造业，东莞制造成为深圳产业链、创新链中的重要一环，与深圳形成了协调融洽的新型"前店后厂"关系。深圳作为高水平、大体量的创新高地，只有作为"世界工厂"的东莞能够对其提供很好的支撑，因为东莞制造有以下优势。

一是制造能力强。东莞不是一般的制造业城市，它在经济实力和人口规模上都属于特大城市，科创能力也很不一般，2021年GDP超过万亿元，人口超过千万，成为全国少数进入"双万城市俱乐部"的城市之一。这么大体量的城市始终以制造业立市，练就的制造能力巨大，这里遍地是工厂，工业企业超过20万家，其中规模以上工业企业1.27万家，很多产品的制造能力居国内甚至全球第一。比如，口罩机产能占全国六成，新冠疫情出现后这里加班加点生产，2019年全年口罩机产量881台，2020年第一季度产量就暴增到3195台，使得中国口罩产能实现爆发式增长，不仅迅速满足国内需求，还大量出口国外；国内智能手机市场出货量前三名华为、OPPO、vivo，制造全部来自东莞，全球每6部手机就有一部产自这里；这里全自动锡膏印刷机产量居全球第一。

二是制造品类多。在41个工业门类中，东莞涵盖了34个大类，6万多种产品，丰富多元。电子信息、电气机械及设备、纺织服装和制鞋、玩具、食品饮料加工、家具、造纸等制造业成为东莞支柱产业，在国内外市场上形成了显著优势。作为东莞第一大支柱产业的电子信息产业，具备从设计到制造、从基础零配件到智能终端产品的完整产业链条。东莞有28个镇，镇镇有特色，比如长安模具、虎门电线电缆、寮步汽车配件、虎门服装、大朗毛织、厚街鞋业等，在业内都有响当当的名声。

三是制造水平高。东莞的起步与深圳一样，改革开放前都是农业县。东莞以"三来一补"起家，劳动密集型的加工贸易曾是它的标签。东莞外贸进出口总额位居全国前列，制造的产品多数出口国外，企业在国际市场激烈的竞争压力下不断去旧图新、改造升级。同时政府也在发力，比如1994年提出"第二次工业革命"，2014年提出建设"国际制造名城"，近年来又提出聚焦"科技创新＋先进制造"。在各方共同努力下，东莞制造业水平不断跃升。从驰名世界的品牌服装，到高科技的智能手机，再到各种精密仪器，东莞都能高质量地生产。这里有国家级高技术企业8600多家，其中很多是智能制造企业。

四是制造成本低。东莞在土地、厂房、人力资本、住房等生产要素上，成本都远远低于深圳，比如平均房价不到深圳的一半，这使得企业能以较低的成本生产出客户需要的产品，从而在市场上更有竞争力。

东莞对深圳创新和产业发展的作用是如虎添翼，深圳也有强大的制造业，但主要集中在电子信息产业的高端制造领域，东莞制造业的覆盖面更大更广，关键还有成本优势。深圳不少企业研发新产品，从原型制作，到后期大规模量产，都要依赖东莞的制造企业，外销产品在东莞制造出来，出口也极其方便。有了东莞，深圳创新能够做得更好，可以发挥自身在人才、技术、金融和市场营销方面的优势，做产业链、创新链上更高端、附加值更大的东西。两座城市各有特点，优势互补，成就协同创新的奇迹。

大湾区战略下的深港合作

如果说深圳特区建设的早期和中期主要是"向香港学习，为香港服务"，借力香港的资金、技术、管理来发展深圳，那么新时代主要是"依托香港、对接香港、服务香港"，双方合作得到进一步加强。尤其是近几年，深圳在国家实施粤港澳大湾区战略的背景下主动作为，两地在科技创新、产业协同等方面的合作越来越紧密。

两地官方合作的紧密和升级体现在既有顶层规划,也有落地的物理空间,还有推进的具体机制。2010年8月26日,深圳经济特区成立30周年当天,国务院正式批复《前海深港现代服务业合作区总体发展规划(2010—2020年)》,规划旨在利用香港在金融、法律等服务业方面的优势,加强与香港合作,探索促进现代服务业发展的体制机制,把前海建成亚太生产性服务中心。前海位于深圳西部、珠江口东岸,通过深圳湾大桥过往香港非常方便,合作区规划面积14.92平方千米,是一块尚未开发的土地。

　　2019年国家出台《粤港澳大湾区发展规划纲要》之后,又对前海合作区规划做出修订,并于2021年9月发布《全面深化前海深港现代服务业合作区改革开放方案》,提出将前海合作区打造成粤港澳大湾区全面深化改革创新试验平台,建设高水平对外开放门户枢纽。合作区被赋予的使命更重,责任更大,面积也大幅扩展至120.56平方千米,前海被誉为"特区中的特区"。

　　为了吸引香港企业和人员入驻前海,深圳持续不断推出优惠政策和服务措施。比如,前海企业享受按15%征收所得税的优惠,港企还有专门的资金支持;2015年启用前海深港青年梦工厂,吸引香港青年进驻创业,梦工厂创业空间目前已扩展至13.9万平方米;2022年6月,一次性在住房、就业、创业、平台、金融、科创、落户、民生等方面推出"九件实事",包括提供400套人才住房、800个工作岗位等。这些措施效果明显,截至2022年4月,在合作区注册的港企超过1.19万家,注册资本1万多亿元,涵盖金融、物流、信息、科技等现代服务业,包括汇丰、恒生、港铁、嘉里、周大福等知名港企。

　　香港青年陈升是深港青年梦工厂启动后第一批入驻的创业者之一,之前他因为公司业务关系,经常往返深港之间,对深圳十分熟悉,也很向往前海的创业环境。他的创业项目聚焦解决物流配送"最后一公里"和跨境电商供应链上的一些关键问题,赶上了行业风口,在创业半年后就对接了国际上200多个大型供应商,商品种类超过 15 万种，帮助 140 多家跨境电商企业提高了交易额。在项目风生水起之时，公司获得了 5000 万元的首轮融资。

在创业过程中，陈升发现有越来越多的香港青年对来深创新创业很有兴趣，但他们又苦恼不了解这里的具体政策。于是陈升又与朋友一起在福田保税区创立 UNI 香港青年创业空间，成为香港青年来深创业实现梦想的"超级导航员"，每年有上千名香港青年跟他联系。现在，他已经参与多个深港创业基地建设，帮助引进了数百个香港青年团队来深创业。据统计，这些年在前海创业的香港青年有数千人，除现代服务业之外，还有很多人从事科技领域的创新创业，比如 90 后青年郭玮强做出了智能行李箱，香港大学博士李德豪在做大数据处理等。

深港合作的另一个大动作是以落马洲河套地区为核心建立深港科技创新合作区。靠近福田皇岗口岸的河套面积近 1 平方千米，这块地原来在深圳河北边，属于深圳。20 世纪 90 年代深圳河治污改造时河道拉直，地块位置就"移"到了深圳河南边的香港。这块未经开发的特殊地块成为两地合作的最佳空间。2017 年 1 月，在香港举行的港深合作会议上，双方高调签署《关于港深推进落马洲河套地区共同发展的合作备忘录》，明确双方在河套共同建设"港深创新及科技园"，同时香港支持深圳在毗邻河套的区域规划建设"深方科创园区"，面积 3.02 平方千米，两大园区共同组成 3.89 平方千米的"深港科技创新合作区"，合作区的科创人才和项目同时享受深港两地的政策支持。

香港有多所世界知名高校，在基础研究和应用研究方面具有国际水准，以河套为核心的深港科技创新合作区是一个以科技创新为主题的高端平台，香港的科研优势和深圳产业链优势在平台上产生叠加效应，现在这里已经研发出一批国内国际领先的科技产品。香港城市大学在合作区建立福田研究院，自主研发的高性能透射、扫描电子显微镜，打破了国外公司在该领域的垄断。这款显微镜具备10万倍以上的放大倍率和纳米级的空间分辨率，用它能够看到物质的"原子"，可以广泛应用于基础物理学、化学、生物、医学、半导体检测等研究领域，目前已被台积电采购用于芯片生产。

香港中文大学、香港城市大学等高校，也在合作区里成立了研究院。香港中文大学的研究团队全力打造深港智慧医疗机器人开放创新平台，目前已经成功研发出针对腹腔、耳鼻喉等部位手术的辅助机器人以及控制与交互系统，并且成功运用在临床手术中。香港城市大学李泽彪团队与一家检测机构合作，不到半年就研发出手持式食品添加剂检测仪。

合作区除了聚集香港高校研究团队，还有不少科技公司和深圳科研机构。比如中国科学院院士俞大鹏牵头组建的深圳国际量子研究院吸引了来自麻省理工、北大、清华等高校的专家加盟，团队已发展到近200人，规模位居我国量子研究机构前列。目前合作区已经在医疗科技、大数据及人工智能、机器人、新材料、微电子、金融科技六大创新领域，聚集了一批一流的创新资源。

为了给合作区研发机构和企业提供一流服务，深圳精心打造配套的服务体系。比如，建设综合性服务平台"e站通"，功能涵盖综合服务、展示交流、商务洽谈和休闲信息四大主题，服务内容包括政务、海关、金融、法律、会计、税务、公安、交警八大方面。这是全市唯一能够实现深港跨境一件事一次办的大厅，可"一站式"办理550多项政务服务事项。

2023年8月，国务院印发《河套深港科技创新合作区深圳园区发展规划》，"深圳园区"即前文提到的"深方科创园区"，该规划对园区发展提出了四项重大任务。一是协同香港推动国际科技创新：要推动深港双方园区协同发展，支持港澳高校优势学科发展能级跃升，联手打造国际一流科技创新平台。二是建设具有国际竞争力的产业中试转化基地：要推动新一代信息技术产业突破发展，支持先进生物医药技术创新应用，加快布局人工智能与数字经济发展前沿领域。三是构建国际化的科技创新体制机制：全面接轨国际科研管理体制机制，建立高度便利的市场准入制度等。四是打造汇聚全球智慧的科技合作平台：要深化国际交流与合作，构筑国际创新人才港，完善全方位科研服务，塑造国际化高品质的科研生活社区。国务院发布园区发展规划，层次和力度非同一般，深圳市迅速制定了落实措施，新项目加速入住，相信在不远的将来，园区一定会被打造成世界级的科研和创新枢纽。

一个前海，一个河套及临近地区，前者聚焦现代服务业，后者聚焦科技创新。它们在谱写深港合作新篇章的同时，正在为深圳和粤港澳大湾区创新发展注入新的元素和力量。

2021年10月，香港宣布在靠近深圳罗湖、福田和南山的位置建设香港北部都会区。规划面积达300平方千米，既包括目前比较成熟的市镇，又包括还未开发的郊野，建成后可容纳250万人。定位为打造国际科创中心，并且要宜居宜业宜游。这是香港主动融入国家发展大局的战略性举措，将对深港合作和深圳创新发展产生十分长远的重大影响。

在香港高校与企业北上的同时，深圳企业也在大踏步南下进入香港。截至2022年5月，深企在香港直接投资设立近6000家企业及相关机构，协议投资额累计超过400亿美元。香港是深企重要的发展空间和走向国际的通道。

多种优势曾同时集于一身

在深圳市当代艺术与城市规划馆，有一个常设的广东改革开放40周年展览"大潮起珠江"，里面介绍改革开放之初深圳的一段文字显示，1978年深圳农民年收入134元人民币，而对面香港新界地区的农民收入已经达到1.3万港元。收入上的巨大差距，反映出当时深圳对香港来说具有劳动力极度便宜的比较优势。这种优势是驱使当时那么多香港企业,以及随后中国台湾、日本、韩国和欧美的企业转移到深圳发展的动力,这种产业转移在21世纪之前特别明显。

除了比较优势,当时深圳还具有很大的后发优势。毗邻港澳的区位和作为特区的特殊地位,使深圳有得天独厚的条件学习或模仿港澳台和日韩美等所积累的大量技术和管理经验,包括借鉴和吸取它们发展过程中的经验与教训,从而选择捷径,少走弯路。当时大量来深圳发展的外企可以说是送上门的"老师"。另外,深圳通过香港这个渠道学习国际上先进的东西比内地也更加便捷。

当年那些成功的深圳企业,很多都是通过模仿创新推出新产品,加上成本优势去国内外占领市场。上市公司证通电子董事长曾胜强,20世纪80年代末在深圳建博电子仪器公司工作,当时他们利用毗邻香港的便捷,弄到有市场前景的国外软件系统进行汉化处理。所谓汉化,就是保持程序的内核和功能不变,把软件的菜单、对话框、提示等用户界面由外文改为中文。这里面没有多少创新,但依托这种方式,公司推出了很多市场爆品。此外,那时候西方国家还在对中国搞技术禁运,限制先进的计算机整机出口到国内,他们就通过各种渠道进口国外的零部件组装整机,在组装过程中也加点适合中国市场的创新改造,这样组装起来的整机技术先进、价格便宜,销量很好。

在这些工作中,曾胜强积累起技术和市场的资源,1993年他离开建博公司自己创建证通电子。这时候他遇到了一个大机遇,中国银行深圳分行在全国率先改革,开展通存通兑业务,需要密码键盘。在实现电子化、信息化之前,储户去银行办理业务,需要拿着纸质存折到开户银行柜台,告诉对方存折密码,柜员核实后才能办理。通存通兑意味着在一家银行存款,可以去这家银行的任何网点办理业务,这就需要储户在密码键盘上输入密码,后台计算机实现自动核对。这种通存通兑业务在国外银行早就实现了,IBM等国外公司也生产密码键盘,但很贵,平均一个要三四百美元。曾胜强获得了为中国银行研发产品的机会,他利用之前的技术积累,经过数百次调试,研发出了全国首款银行柜台密码键盘 ZT511S,价格只有国外产品的四分之一。这款产品不仅占领了深圳市场,还在随后内地银行通存通兑改革中被大量采购。

搞技术出身的曾胜强,在深圳工作和创业的经历,代表了那时候深圳很多企业所走的路子,即引进、消化、吸收、再创新,用一个词表示就是模仿创新。即使是华为、腾讯、迈瑞医疗等今天如雷贯耳的大型科技企业,早期也有同样的经历,这些公司的创始人也从不讳言这些。发展经济学的研究成果表明,模仿和低价实际上是企业和后发经济体追赶先进时必走的捷径,全世界皆然。

利用比较优势和后发优势,深圳企业逐步实现资本积累和技术提升,并学习到现代企业经营管理的方式方法。对改革开放后发地区的内地来说,深圳企业又具有了先发优势,这些先发优势在很多领域又逐渐变成了领先、领跑优势。这不仅仅表现在科技领域,其他领域也是如此,比如没有多少科技含量的餐饮业。

深圳甚至广东的餐饮业都深受香港影响。一个地区的餐饮业水平取决于它的生活水平,当温饱问题还没解决时不可能做到食不厌精、脍不厌细。香港的商业活动百年来繁荣发展,从未间断,社会普遍比较富裕,香港餐饮业水涨船高,食材精挑细选,烹制不厌其精,服务和装修又十分考究,而且吸收了西餐和东南亚国家菜系的做法。改革开放后,佳宁娜、利宝阁、陶源酒家等香港餐饮酒楼进入深圳和广东其他地区,迅速成为人们追捧的对象,并带动了当地餐饮业水平的提升。从 20 世纪 90 年代开始,被"港式服务"熏陶、培育了的广东粤菜酒楼,又大踏步走向全国各地,让人耳目一新,成为各地高档餐饮的象征,风靡一时。

深圳世家餐饮是一家从事高档粤菜餐饮管理的企业,2002 年,他们派出团队以技术入股的方式管理经营天津翰金佰粤菜大酒楼,使之成为当地生意最火爆的酒楼,开业当年营业额就超过 1 亿元,是当地同等规模酒楼的两三倍。2006 年 10 月酒楼负责人李树祥接受《深圳特区报》记者采访时说,他们的经营秘诀有三个:高档装修让顾客赏心悦目,精心服务让顾客宾至如归,考究菜品让顾客吃了难忘。当时世家餐饮每年均在全国开设多家新店,新店开张后,都会吸引不少当地餐饮业人士过来考察学习。

20 世纪 90 年代之后,深圳生产的电子、服装、玩具等产品遍布国内各大商城,从外观设计到内在功能普遍高于内地产品,仅次于进口产品,占据了大片市场,尤其是中高档市场。在人们眼里,深圳制造意味着高品质,深圳企业就是技术先进的标志。

如果用流水来比喻这个过程,改革开放初期,香港这个水池处于山岗之上,而且是满水状态,还连通着许多发达国家和地区的大水池。深圳的水池没装多少水,还在山岗下的低洼之处。当改革开放把深港两地连通起来,闸门打开,大水便向深圳奔涌而来。深圳水池水位上升之后,对内地又形成了"居高临下"的势能。

但随着深圳的高速发展和内地改革发展的加速,深圳与香港和世界上发达经济体之间,深圳与内地之间,水池水位的落差越来越小,尤其是最近十多年以来,很多领域的"水位"几乎处于同一高度。深圳的比较优势、后发优势和先发优势不再明显,很多领域很难再靠模仿创新和成本优势驰骋国内外市场,这也是进入 21 世纪后,深圳特别强调自主创新和"从 0 到 1"创新的大背景。

第八章

创新载体的能级不断跃升

创新载体是创新的加速器，一般指那些促进知识的创造、传播，以及知识向技术、技术向产品转化的机构，比如高校、实验室、工程技术中心和科技企业孵化器等等。创新载体的数量、质量和层级，深刻影响着一个地区的创新活动，因此世界各地都非常重视创新载体建设，使之形成良好的载体生态系统。

深圳是一座改革开放之后从零起步快速建设起来的新兴城市，创新载体的建设跟国内很多城市不同，有自身显著的特点。总体来说，深圳在经济规模和产业升级达到一定程度之后，高校和科研院所这种高层次的创新载体才开始大规模建设。站在创新角度看，深圳从早期模仿创新、集成创新逐步发展到后来更加重视自主创新、源头创新，这个过程中创新载体的建设也随之全面加速和升级。

最近这些年，深圳大规模建设高层级的创新载体，从某种角度来说也是补齐城市创新链的"短板"。目前来看，这种补"短板"的做法成效显著，后劲很大。

办大学，跑出"加速度"

一个特殊的"大学集群"

在南山区粤海街道深圳高新区的核心地段，有一个世界上高校密度最大的区域，这就是深圳虚拟大学园。在这个占地面积28.4万平方米的地方，园区主楼前一长排旗杆上各种各样的校旗迎风飘扬，提示这里像是一所"联合大学"。目前清华大学、北京大学、香港大学、佐治亚理工学院等70所国内外院校在这里建有研究院，高校不仅数量多，而且档次高，其中QS排名前100高校11所，985高校30所。

虚拟大学园是深圳创新的一支集团军，是我国第一个按照一园多校、市校共建模式聚集国内外院校资源建设的创新型产学研结合示范基地，是国家有关部委认定的"国家大学科技园"，其本身就是改革创新的产物。

园区占地规模最大、经营最好的是深圳清华大学研究院，成立也最早。20世纪90年代初，重点发展科技产业成为深圳市政府的共识，但高校和科研机构的先天不足，让深圳不得不把眼光投向了北京、武汉、广州等城市的高校。那个时期，市领导经常往国内知名高校跑，动员他们来深圳开展合作。在时任市长亲自推动下，1996年10月，深圳市政府与清华大学签订协议共建研究院，为了表示诚意，深圳当时既出地又出钱。三年后，占地面积1.6万平方米、建筑面积3.2万平方米的研究院大楼建成投入使用。

清华大学对研究院建设高度重视，为此派出了时任校长助理、主管科研工作的冯冠平出任创始院长。这位传感器专家从此变身"知本家"，身上企业家和改革家的潜能被激发出来，开启了建设中国新型科研机构的崭新探索。

按照与深圳市政府的协议,研究院属于事业单位,但除了筹备期间给少数人发点工资补贴,后面不给财政经费、不给编制,也不给行政级别,属于"三无"事业单位。研究院实行企业化管理,深圳市政府与清华各占 50% 的股份,双方共同成立理事会作为决策机构,是国内第一家新型研发机构。研究院大楼盖好之后,有人看着里面空空荡荡发愁,冯冠平却看到其中蕴藏着巨大机会。清华有强大的技术和品牌资源,与这里的空间一结合不就是国外流行的企业"孵化器"吗?这样做既符合研究院"服务于清华大学的科技成果转化、服务于深圳的社会经济发展"的定位,又能把大楼利用起来为研究院造血。

刚好这时候隔壁的深圳大学有几位老师正在开发手机短信服务技术,冯冠平听说后如获至宝。他预测手机大规模普及之后短信一定会火起来,于是主动找到这几位蜗居家里搞研发的老师,豪爽地说可以给他们 2000 平方米的办公室,没钱出租金不要紧,租金折算成公司股份。这几位老师一看不用出钱就能得到这么大的办公场所,公司还与清华联系起来了,欣然应允。就这样,一家名叫"清华深讯"的公司成了研究院孵化的第一家企业。5 年之后,这家企业被美国微软以 2000 万美元收购,研究院获得了总额是租金几十倍的收益。靠租金变股权等多种办法,研究院大楼建成后仅一年时间,企业入驻率就达到了 90%,保持孵化状态的企业达到 60 家。

孵化器的成功为冯冠平大胆探索新体制增强了信心,研究院实行理事会制度,由理事会任命院长,这在当时是非常先进的做法。研究院内部究竟怎么运作,全靠冯冠平琢磨,他认为改革开放前沿地区的一家新机构,必须跟清华内部那些研究机构不一样,要与市场经济和创新规律相适应。经过探索,研究院最终确立了科技研发、成果转化、人才培养、企业孵化四大定位,并且形成了"四不像机制",即研究院既是大学又不完全像大学,既是研究机构又不完全像科研院所,既是企业又不完全像企业,既是事业单位又不完全像事业单位。

研究院除帮助清华本部的研究成果实行市场转化之外,还有独立或与企业合作建立的研究所,主要从事从知识到技术、从技术到产品的研发,偏向应用,比如承担概念验证、中试工程化等工作。在这方面,他们取得了一系列重要成果。2003年初"非典"突如其来,严重威胁着人们的生命健康,4月11日中央领导考察研究院时提出一个设想,能不能利用他们的传感技术生产一种快速测温仪,这样就能迅速把发热的感染者筛查出来,从而尽早阻断传播链条。领导一句话让冯冠平茅塞顿开,同时他肩上好像压上了千斤重担。他立即组织骨干力量,不分白天黑夜地构思、设计、测试,经过7天7夜奋战,4月18日深夜,一款"红外快速体温检测仪"问世了。为了适应不同场景,他们还推出了额头定位、手温测量、扫描三种不同测试方式的产品。从推出至6月"非典"疫情结束,研究院共生产销售测温仪2万多台,被广泛布置在车站、机场、商场等公共场所,仅铁路部门用检测仪检测旅客就高达3000多万人次,发现体温不正常的近万人,其中确诊非典患者21人、疑似病例38人,为抗击"非典"疫情做出了重大贡献。

研究院以技术立身,应用型科研成果不断涌现。他们自主研发的自消杀抗病毒功能材料,对新冠病毒的杀灭率超过99%,而且自身安全无毒、长期有效,被广泛用于2022年北京冬奥会及冬残奥会各种场合的消毒,为新冠防疫立下大功。研究院微纳工程重点实验室潘国顺团队参与完成的"高密度高可靠电子封装关键技术及成套工艺",实现了国内高密度高可靠电子封装从无到有、由传统封装向先进封装的转变,解决了电子封装行业知识产权"空心化"和"卡脖子"难题,项目荣获2020年度国家科学技术进步奖一等奖。

科技创新、企业孵化都需要金融助力,研究院于1999年创建深圳市清华科技开发有限公司,不仅投资研究院内孵化的企业,还投资社会上有潜力的企业。2015年公司发展为力合科创集团,集聚创新链条上的技术、人才、载体、资金要素,推进科技成果转化和创新企业孵化。2019年力合科创集团与通产丽星完成重大资产重组,2021年上市后改名为深圳市力合科创股份有限公司。力合科创在国内的南京、重庆、惠州,以及国外的美洲、欧洲、以色列、日本等地建立了一批园区和创新中心,累计孵化服务企业3100多家,投资高科技企业近500家,培育上市公司近30家,已经成为国内知名的科创服务型上市公司。

深圳清华大学研究院通过体制机制创新和市场化运作,成功构筑了"产学研官资"的创新创业生态链,其他60多所高校研究院很多以此为学习借鉴的范本,从而在深圳形成了一股巨大的创新能量。从创建至2022年底,虚拟大学园里的高校研究院利用校本部资源在深设立研发机构240多家,其中市级以上重点实验室、工程实验室等创新载体78家;累计承担国家、省、市各级各类科研项目近5200个,转化成果约2600项;园区内清华、北大、武大、哈工大、华中科大、香港理工等17家高校建有产业化基地,面积共计53万平方米,累计孵化科技企业1700多家;以定向或定制化培训为主,累计培养各类人才44.5万余名。

虚拟大学园如今蓬勃兴旺,当年在国内却是新鲜事物,能否办成功,大家对此都心中无底,早期进入的高校都是深圳一家家动员来的,因此也享受了较大的优惠,比如最早进入的清华、北大、哈工大是零地价。随后进入的则要交纳地租,但极其便宜。从2005年园区第二期开始,土地实行拍卖,土地费用、大楼建设费、后期运营管理费都要入园院校自筹解决,但即使这样,仍有很多高校主动要求进入,他们看到了一期进入的高校都收获满满,虚拟大学园一点都不"虚"。

创办新大学进入高潮

大学的任务是培养人才、科学研究、服务社会和文化传承,很多新知识、新技术、新思想都诞生于大学,在整个社会的创新生态中大学是源头,其地位和作用无可替代。

深圳特区建立后急需人才,但特区能否办成功是个未知数,因此最初对人才的吸引力不大,这让决策者下决心创办深圳大学自己培养。1983年市级一般公共预算收入仅有1.56亿元,深圳竟然决定提供5000万元为深圳大学搞基建,以便给自己"生产人才"。深大后来确实为特区培养了大量人才,马化腾、史玉柱、周海江、张志东、陈一丹这些著名企业家都是该校毕业生,现在在校生规模超过4万人。

2010年教育部正式批准筹建南方科技大学时,这座城市的全日制本科院校实际上只有深大,大专层次的有深圳职业技术学院(现在已升级为本科高校,改名为深圳职业技术大学)和深圳信息职业技术学院,此外还有吸引北大、清华和哈工大来深圳大学城办的三家研究生院。从筹建南科大开始,深圳办大学跑出了"加速度",此后多所大学在深圳接连拔地而起。

2012年,深圳与香港中文大学联合创办香港中文大学(深圳),港中大是世界知名高校,在2023年QS全球高校排名中位居第38名。在山水相依的深圳办学,可以充分利用本部优质资源,使港中大(深圳)在高起点上更快发展。现在两校有很多共同点,比如都是研究型大学,国际化程度都非常高。截至2022年9月,港中大(深圳)面向全球招聘了520余名优秀学者和研究人员。学校与世界29个国家和地区近130所名校建立实质性合作伙伴关系,开展各类合作项目超过220个。在校学生中具有境外学分学习经历的比例超过60%,在国内高校中名列前茅,目前在校生规模近万人,已经多年成为广东省内院校录取分数最高的大学。

2015年深圳同时启动深圳技术大学和中山大学深圳校区的筹建。深技大定位为一流应用型技术大学，致力于培养本硕博层次具有国际视野、工匠精神和创新创业能力的高水平工程师、设计师等高素质应用型人才。在专业设置上以工学为主，理学、管理学、艺术学等协调发展。2019年开始独立招生，目前在校生规模上万人。

中山大学是有百年历史的985、双一流高校，深圳对双方合作舍得投入，在光明区划地3平方千米，为中大深圳校区建设建筑面积130万平方米的校园。深圳校区在专业设置上以医科和新型工科为主要学科，建设文理医工完整的学科体系。规划建设20个学院，学生规模2万人。截至2023年11月，已建成医学院、药学院（深圳）、材料学院等17个学院，在校生规模已有1万余人。

2016年深圳与北京理工大学和莫斯科国立罗蒙诺索夫大学合作创建深圳北理莫斯科大学，深圳在龙岗区划地33万平方米、投入20亿元兴建校园。学校定位为综合性研究型大学，致力打造中俄人文交流合作高地和重要平台，在教学中采用中俄英三语授课，以俄语为主。学校远期办学规模为5000人，截至2023年底，有在校生2000多人，是一所小而精的中外合作大学。

2019年8月18日，中共中央、国务院印发《关于支持深圳建设中国特色社会主义先行示范区的意见》，提出支持深圳加快建设全球海洋中心城市，按程序组建海洋大学。为此，深圳已在大鹏新区划地40万平方米，由南科大具体负责筹建深圳海洋大学，目前正在规划建设校园。深圳有1145平方千米的海域，海洋产业被列入"20+8"战略性新兴产业集群体系，该大学的建设将为深圳海洋产业发展提供人才和技术支撑。

目前仍在筹建的高校还有中国科学院深圳理工大学、深圳创新创意设计学院等。其中2018年深圳市政府即与中国科学院达成协议建设中国科学院深圳理工大学，定位是世界一流的应用研究型大学，科教融合、产教融合、国际化将是它的三大特色，为区域经济社会发展培养"国际化、产业化、复合型"领军人才，最终实现8000~10000人的全日制在校生规模。学校选址光明区科学城，已建成建筑面积56万平方米的校园。

最近十几年深圳在建设新大学上有几个特点：一是合作办学，借力发展。与香港中文大学、中山大学、中国科学院合作，可以借助外部资源高起点把大学尽快办起来，在人才培养和科学研究上早出成果。二是合理定位，各有特色。新办大学既有研究型也有应用型，既有综合类也有专业类。三是创新手段，突出改革。比如多数新办大学实行理事会制度，在招生上实行南科大当年探索出来的"631"模式，即录取新生高考成绩占60%，大学组织的能力测试成绩占30%，高中阶段平时成绩占10%。这些新大学创办之后，深圳高校规模大幅扩大，在校生从2010年的6.73万人增长到2022年的16.25万人，并且形成了比较全面系统的高等教育体系。

南科大：深圳斯坦福？

深圳对南科大的创建重视程度之高、投入资源之多、改革力度之大，在高校建设中十分少见。2007年春天，深圳宣布筹建南科大，提出的口号是"举全市之力"。为了在南山西丽腾出一块土地建设校园，政府仅支付的拆迁费就高达63.9亿元，搬迁5万余人。深圳一直对照港科大、加州理工和斯坦福的模式及标准来创办南科大，对它寄予厚望。2012年教育部批准南科大"去筹转正"时，赋予其两项重大使命：探索中国特色的现代大学制度和创新人才的培养模式。

深圳筹建南科大一开始就敢闯敢试。比如，在国内第一次借助猎头公司面向全球公开遴选校长；政府出台《南方科技大学管理暂行办法》，实行"一校一法"管理，据此在全国公办高校中率先推行理事会制度，扩大学校办学自主权。朱清时院士担任创校校长之后，又在办学中大胆推出了一系列改革，比如"去行政化"，实行独立 PI（主要研究者）制，推出"631"招生模式等。

南科大的定位是高水平新型研究型大学，建校十多年来取得了令人瞩目的科研成就。2022 年这一年，全校师生共发表论文 6271 篇，其中 SCI 论文 4615 篇，在《自然》(Nature)、《科学》(Science)、《细胞》(Cell) 等国际顶尖期刊上发表论文 19 篇。"自然指数"是评价世界各地高校和科研机构高水平学术成果产出的重要指标，南科大 2018 年在世界大学自然指数排行榜中排第 147 位，2022 年上升到第 27 位，在中国大学中排第 12 位，成为高校星空中一颗耀眼的新星。

之所以能取得如此耀眼的成就，第一是南科大建设了一支国际化、高水平的教师队伍。截至 2022 年底，南科大共签约引进教师 1363 人，包括院士 59 人（其中全职院士 43 人），国际会士 58 人，教育部特聘专家 39 人，"国家杰出青年科学基金"获得者 49 人。其校长薛其坤是首位获得巴克利奖的中国籍物理学家，教师团队中还有很多都属于国际顶尖人才，他们是南科大科研水平达到国际一流的根本保证。

第二，政府为学校发展提供了优渥的物质条件。深圳对高校投入的整体水平普遍高于国内其他城市，对南科大的投入又高于深圳的一般高校，加上南科大自身通过申请各级各类项目获得的经费，使得学校教师从事科研工作拥有了一流的物质条件。走进南科大，你能看到一栋栋大楼里有世界上最好的科研平台和仪器设备，比如冷冻电镜功能强大，价格也十分昂贵，但这里 300 千瓦冷冻电镜就安装了 6 台，规模国内第一、世界领先。

第三，南科大建立了一套能够激发人才潜能的体制机制。这是非常关键的因素，光有人和钱还不行，必须有好机制才能出卓越成果。为了给教师科研提供一个自由施展的空间，南科大创校之后就在国内率先实行独立 PI 制。PI 是英文 principle investigator 的简称，中文译为课题组长、主要研究者或项目负责人。PI 是对所负责的项目有主导权和指导权的个体,国际上很多知名大学对教师科研实行独立 PI 制,以便更好地发挥他们的主动性、创造性。

陆为教授 2011 年来南科大化学系之前,在香港某高校做助理教授,跟在一位院士后面做研究。听说来南科大可以自己独立做课题,他毅然应聘到南科大。陆为用亲身经历解释了南科大实行的独立 PI 制,他说,不管你是讲席教授还是助理教授,在南科大都可以独立做课题、做项目。他是化学系最早的负责人,在课题经费分配上,系里对所有人一视同仁,甚至对新来的老师还特别关照,别人拿一份,新来的可能拿两份。因为新来的老师人生地不熟,从零起步,更要支持。拿到经费后,他们可以根据自己的兴趣、特长等确定研究领域和方向,自己"招兵买马"组织课题组,连财务都是自己说了算。没有人要求你必须做什么、不做什么,让每个人在自由选择中去发挥所长。

独立 PI 制把教授治学、学术自治和学术自由有力地落实到每一位教师身上,特别有利于年轻教师的锻炼成长。谭斌 2012 年加盟南科大,如今是南科大讲席教授、国家"杰青"获得者,研究成果多次发表在《自然》等世界顶级杂志上。这位在南科大成长起来的青年科学家,谈起自己的成长,称得益于这里的科研体制和环境氛围。作为化学系领导,谭斌在享受独立 PI 制好处的同时,也在坚定地维护这种机制和氛围:"我现在相对来说是元老了,对下面更年轻的教师,我们给予充分的科研自由。兴趣是最好的老师,兴趣所至,最容易出好的科研成果。"

与独立 PI 制相辅相成的还有 tenure track 制,在国内又被称为长聘制、终身教职制。该项制度的核心做法是"非升即走",高校对新入职的教师设置几年的考核期,考核期到了如果考核合格,即升为终身教职,不合格则淘汰走人。这种制度在国际上经过上百年的检验,已经被证明在教师管理上行之有效。2011 年南科大第一批教师签约时，实行的就是 tenure track 制，没有走国内传统高校对教师管理的那些老路子。许宗祥教授 2012 年加入南科大化学系，他说在考核期的 6 年里，压力确实很大，急着出成果，有时候在课题选择上，哪个容易出成果往往就选择哪个，否则就没有机会继续待在南科大了。"一旦拿到终身教职，心理就不一样了，我现在能够更从容地做一些更重要的前沿课题，哪怕花的时间长点也没关系。"

有了优越的条件和良好的机制，南科大人干劲十足。晚上夜深人静时到科研楼走一圈，可以看到实验室仍然灯火通明，还有很多人在埋头做实验。学校有几个实验大平台，因为用的人太多，全天 24 小时开放，始终有人在里面使用。这也是南科大优秀科研成果频出的重要原因。

南科大着力打造创知、创新、创业的办学特色。学校除了专门设立创新创业学院外，还成立了技术转移中心，集技术转移、知识产权管理运营为一体，为教授科技成果的保护、管理、运营和转移转化提供服务。至 2022 年底，全校共申请专利 3552 件，授权 1470 件。学校鼓励教授们拿着科研成果去成立公司实现产业化，即使成果是利用学校平台取得，公司股份也是教授占大头。现在已经有不少教授成立了公司，还有更多教授与外面企业进行项目合作，帮助企业进行科技创新。近 5 年来，南科大完成了 75 个项目共计 320 件科技成果的转移转化，支撑科技初创企业 70 家。

高校对创新发挥的作用除了科研，还有人才培养。南科大成立以来，一直致力于探索拔尖创新人才的培养模式。中国传统教育主要靠死记硬背、反复做题培养学生，这样训练出来的人学习既有知识的能力很强，很勤奋努力，做模仿创新、集成创新能够胜任，也许还有某种优势。但到了必须自主创新、颠覆性创新的时代，需要的人才要能够天马行空地思考、无中生有地创造，这种人传统教育模式就很难培养出来。南科大在探索中形成了独具特色的"三制三化"拔尖创新人才培养模式,"三制三化"即书院制、导师制和学分制,以及精英化、个性化和国际化。学生进校后自由选择书院,本科四年中将有生活和学术两位导师全程"陪伴",从院士到普通教师都必须担任导师。每个本科生都有机会进入实验室跟导师做科研,本科生享受研究生待遇,国内没有高校能够做到这样。为了让学生选到自己真正感兴趣的专业,学生进校时不分专业,两年后再在全校专业范围内任选。

从大学与地方区域创新的关系来看,年轻的南科大现在当然还不能发挥斯坦福对于硅谷那么大的作用。大学主要做基础研究,基础研究发现新知识,从新知识到发明新技术,再把新技术变成新产品,这期间有很长的路要走。另外,人才培养是"百年树人",也是"慢功夫"。从土耳其的阿里坎教授发表论文到华为据此研发出5G产品,经过了10年时间。硅谷开始崛起时,成立于1885年的斯坦福已经创办半个多世纪,而南科大如今才十几岁,它发挥更大作用还需要时间。但从南科大的办学理念、定位和高速发展趋势看,它最有希望成为"深圳斯坦福"。在全面衡量大学办学水平的QS世界高校排行榜中,南科大最好的一次排名已经位居国内高校第八。

创新创业教育的生力军

如果深入探讨高校与深圳创新的关系,就要关注南科大创新创业学院(以下简称"创院")。南科大为了突出"创知、创新、创业"的办学特色,2016年在国内率先成立创院,而且位列学校八大学院之一,旨在通过创新创业通识教育、创新创业基地建设、工程硕士和工程博士培养、企业领袖培养、以校企联合实验室为基础的工业研究平台建设等,更好地服务深圳和国家的创新战略。

创院的建立对促进深圳这座城市创新创业的繁荣,对加强创新的研究使之最终成为一门学科，都会发挥深远影响。德鲁克被誉为"管理学之父"，他的研究使管理学成为一门学科。1985年写作《创新与企业家精神》时，他还有一种想法是使创新也成为一门学科。因为创新并非灵光乍现、不可捉摸的，创新是一项有目的、有组织的系统活动，和管理一样有规可循，可以学习和实践。

南科大创院由澳大利亚国家工程院外籍院士刘科担任院长，他是知名的能源科学家，在多家跨国公司担任过高管，因此更能从工业界的视角来办学院。中国最缺的是具有企业家精神的科学家和具有科学素养的企业家，因此，创院主要致力于培养既懂技术又懂管理，还具有企业家精神的复合型人才，就像马化腾、王传福、汪滔、比尔·盖茨、乔布斯、奥尔特曼那样，可以带领技术人才去创新创业，在工业界成就一番大业。为了实现这一目标，创院在办学理念和措施上都有很多创新。

人才培养的关键是教师，创院建立了一支高水平师资队伍。他们来源广泛、特色鲜明，既有院士、国家级领军人才、原工程研究院负责人和大型企业技术总监等具有深厚学术素养的人担任全职教师，还有从企业和工程类研究院所的高管和专家中聘请的兼职产业教授和业界导师，目前后者多达460名，这一数字还将不断增加。他们中有中国建材股份有限公司原总裁彭寿、比亚迪中央研究院院长宫清、中兴通讯副总裁张健鹏、中国广核集团专职董事殷雄等，全部是产业界的精英，有丰富的实践经验，对当前产业的前沿动态了如指掌，学生可以从他们那里学到最新的产业知识。

创院联合南科大电子、材料、环境三个系，申请了工程硕士专业学位点。自2017年以来，共招收培养了近千名工程硕士，目前已经建立较为完备、独具特色的研究生培养模式。毕业生就业率高，去向好，首届初次就业和升学率高达98.6%。2023届硕士李尚儒毕业时深有感触地说，当年非常幸运地进了南科大创院，他学习期间有两位校内导师，还有一位担任公司董事长的业界导师。他从三位导师那儿学到了很多东西，比如邵理阳教授教会了他"第一性原理"和"黄金圈原则"等方法论，以面向市场的"急、真、难"问题为首要目标，解决工程中实际存在的难题，这让他受益终身。

创院还建成了十几个校企联合实验室，为培养高水平的工程硕士提供一流的实验条件。比如，深圳燃气-南科大刘科院士工作站、南科大-威立特尔联合实验室、南科大-新宙邦能源材料联合实验室、右力生态-南科大创新创业学院联合实验室等。此外，还建成了两个深圳市工程研究中心：深圳市低质煤综合利用工程研究中心、深圳无人飞行器设计与导航控制技术工程研究中心。

以开放的姿态、国际的视野，充分利用国内外的办学资源培养人才，是创院坚持不懈的做法。巴黎高等商学院（HEC商学院）创建于1881年，是久负盛名的全球顶尖商学院，曾11次被《金融时报》评为欧洲商学院第一名。2019年，南科大创院与他们携手合作，共同发起"iLEAP企业领袖培养计划"，依托南科大强大的科研实力，融合中外顶级商学院的教育理念，为产业界培养新一代企业领袖。

iLEAP学制两年，每月集中授课一次，主要面向社会三类学员：肩负企业转型和产业升级的家族企业掌门人，勤于思考、乐于学习的企业家，以及掌握硬技术的高科技创业人才。"三人行，必有我师"，这三类学员既有共性也有较大差异，各自的优势和特长十分明显，他们聚在一起相互学习，更容易碰出智慧的火花，产生良好的协同效应。

为了培养学员的企业领袖素质，创院精心设计了课程体系和培养计划，既包含核心课程、名人讲堂、海外游学、实践工具，也包含人文、艺术和运动方面的内容。本着"以企业家培养企业家"的理念，创院邀请学界、业界、商界拥有杰出成就的导师团队，从学术指导、政策解读、案例分享以及实战经验等多方面，助力学员走向未来企业领袖之路。宋志平、宁高宁、马蔚华、王石、俞敏洪、徐小平、管清友、冯仑等知名大咖,都给学员们讲过课,做过深入交流。

2023年初秋时节,iLEAP学员赴巴黎HEC商学院等地进行为期10天的欧洲游学。在异国风情的校园里,HEC的教授准备了丰盛的课程大餐,理论与案例结合,教师与学员互动,让大家在轻松愉快中获得知识。其间还参访了位于巴黎的全球最大孵化器Station F、索邦大学创新中心、格勒诺布尔Minalogic科技园区,以及施耐德电气和意法半导体等知名企业。游学结束大家收获满满,有学员感慨地说:"每日约两三跑友,清晨慢跑于庄园般的HEC校园,清新、自然、不加雕琢的美扑面而来,以活力满满的方式开启一整天的沉浸式学习,聆听、讨论、思想碰撞,仿佛回到了在校园读书的岁月,但又那么不同。HEC给了我们开放的教学方式,融入法式浪漫与自由的格调,让我们体会法国,了解欧洲。"还有学员表示,这次游学为未来与法国企业的交流合作建立了基础。

如今说起创院举办的"创新创业大讲堂",不仅在南科大尽人皆知,在深圳市也有不小的知名度。这个公益性的项目由TCL赞助,邀请国内外有影响的学者、企业家、经济学家、院士等来南科大,就创新创业和社会广泛关注的热点问题进行分享和思想交流,不仅给学生带来最前沿、最权威的知识信息,还活跃了校园创新创业文化,激发学子树立创新创业的雄心大志,成为备受欢迎的创新创业通识教育"课程"。大讲堂两周一次,不仅南科大师生都可参加,而且面向社会,每次都有不少市民来现场聆听思想盛宴。中石化集团原董事长傅成玉、招商局集团原董事长秦晓、澳大利亚技术科学与工程院原院长罗宾·巴特哈姆(Robin J.Batterham)、中国工程院原副院长谢克昌、台湾工业技术研究院原院长林垂宙、著名经济学家汤敏等,都曾来大讲堂做过精彩的讲座。

高校与创新关系的另类样本

从深圳高校发展史可以看到，2010年之前深圳的大学整体上不够强，但从南科大创办至今的十几年，深圳高校如雨后春笋般涌现。这让我们思考两个问题：深圳在缺少高校资源的情况下为何创新还能够做得那么出色？是什么原因促使深圳突然在大学建设上如此发力？

先回答第一个问题。在高校与区域创新的关系上，深圳是与硅谷不同的"另类样本"。斯坦福大学是硅谷发展的动力引擎和策源地，硅谷第一家科技工业园就是斯坦福创办的，斯坦福的特曼教授被誉为"硅谷之父"，斯坦福催生了一系列科技公司，像思科、雅虎、谷歌、惠普、色拉布等公司，都是斯坦福的教授或学生创办的。深圳特区建立时就是一个农业县，根本就没有高校可言。没有"斯坦福"的深圳能发展成"创新之城"，主要原因有以下几点。

第一，深圳经济特区是改革前沿，建立之后，特区机制活、机会多的优势很快就彰显出来，大家发现这是一片充满无限希望的热土，就出现了"孔雀东南飞"的现象。深圳"聚天下英才而用之"，这就满足了特区前期经济发展和企业创新的人才需求。

第二，深圳市场化改革较早，作为创新主体的企业为了满足市场需求，它们会极其主动地满世界组织创新资源、寻找技术解决方案。从临近的香港、广州到较远的武汉、北京等地，这些科研和人才资源较多的城市都是深圳企业频繁出没的地方。华为创立之初任正非就亲自去华中科技大学等高校找人找技术，即使到现在，华中科技大学也是华为人才的一个重要来源。北京作为中国科学发明、知识创新最多的城市，更是成为深圳企业最重要的技术来源地，深圳市原副市长唐杰教授甚至认为，"深圳几乎1/5的技术来自北京"。

第三，深圳特区作为后发地区，早期经济发展主要是利用比较优势和后发优势，创新上主要是进行模仿创新、集成创新、制度创新，总体来说对人才和研发能力的要求大幅低于原始创新、自主创新，对高校和科研机构的依赖程度没有那么高。深圳与硅谷在发展起点和环境方面都大不一样，硅谷是在一个发达经济体，处于技术高地的大环境中，所做的更多是"从0到1"的自主创新。硅谷产生的很多颠覆性技术催生和引领了一个又一个大产业，硅谷研发的那些革命性、开创性产品，深刻地影响了人们的工作和生活，比如个人电脑、智能手机、集成电路、大语言模型等技术，其价值怎么形容也不为过。那里是第三次、第四次技术革命的策源地和中心之一，必须有顶尖的人才和研发能力才能成就那些创新奇迹。

深圳大幅加快高校和科研机构建设，主要原因是来自自主创新和人才市场两方面竞争的巨大压力。2010年之后，经过30余年的改革开放，深圳经济发展在不少领域领跑国内，甚至在国际上也处于先进水平，可以学习、借鉴和模仿的东西越来越少。此时劳动力等各种成本不断上升，比较优势不再明显，做中低端产品很难有好的收益。而真正顶尖的科技是别人用来看家吃饭的本领，也不可能让你随便学习模仿。在这种情况下，必须全力推进自主创新，从基础研究、源头创新做起，这就需要一批高水平的高校和科研院所发挥作用。从人才资源来说，进入21世纪之后，全国各地对人才的需求和引才力度大幅增大，人才竞争日趋激烈，这也让深圳在重视引才的同时，不得不加大力度通过自己办大学来培养人才。

历史上很多科学家对自然规律惊天动地的发现，最后都推动了人类社会重大的技术革命。比如，第一次、第二次工业革命的理论基础和创新源头分别是牛顿运动方程和麦克斯韦方程，第三次工业革命和第四次工业革命的理论基础和创新源头是狄拉克和海森堡方程，爱因斯坦狭义相对论则推动了核能革命。这也是世界各国都非常重视高校和科研院所建设以及基础研究的根本原因。

办大学是投入非常大的事业，像2021年深大总预算超过75.33亿元，南科大是40.73亿元，深圳两所高校一年预算就超过116亿元。深圳的经济发展为这种高投入创造了条件，舍得投而且投得起，这也是深圳新大学建设能够突飞猛进的重要原因。

大手笔打造"科研重器"

创建重量级的科研机构

2005年，深圳在全国率先提出建设创新型城市，建设重量级的科研院所迫在眉睫。当时有人做过统计，就国家级研究院数量而言，北京大约有251个，上海67个，深圳的数量是0。面对这种令人尴尬的局面，深圳市领导主动找到科研"国家队"中国科学院，请他们来深圳建一个"能向企业提供科技支撑与服务、面向产业技术发展的研究所"。

第二年，深圳市政府、中国科学院、香港中文大学三方共同建立了中国科学院深圳先进技术研究院（简称"深圳先进院"），实行理事会管理制度。中国科学院派出樊建平来深担任院长，这位计算机专家敢想敢干，成绩卓著，深圳先进院从5个人起步，已发展成深圳规模最大、实力最强的新型科研机构，在2020年科研机构自然指数排名中位列广东省科研机构第一。截至2023年底，在院员工4500多人。能够取得如此快速的发展，以下几点非常关键。

首先，致力打造"新型国际一流的工业研究院"的定位，十分切合深圳发展战略性新兴产业的需要。把自身发展和产业紧紧绑定，通过研究先进技术促进产业发展，最典型的例子体现在深圳机器人产业上。樊建平在建院之初意识到机器人行业前景远大，第一批招聘人员中就有好几位这方面的专家。不久机会果然来了，盐田港集团需要"港口集装箱消毒机器人"，深圳先进院与深圳新松机器人公司联合中标，很快研发出新产品，填补了国内新型机器人市场的空白。

第一次面向市场的产业化实践就取得成功,大家都很振奋。在2006年11月举办的高交会上,深圳先进院突出机器人主题,派出18位"海归"带着18个项目参展,展示当时最先进的机器人、新材料,现场引来很多企业围观。此后他们在机器人研发和产业化方面投入更多人力物力,逐渐成为深圳机器人行业的领导者,牵头组建了深圳市机器人协会,创立了中国第一个机器人产业协会以及产业联盟,建立了中国第一个机器人孵化器。这些措施有力地促进了机器人产业发展,2006年深圳机器人产业总产值仅有5亿元,2021年已经超过1470亿元。在促进深圳机器人产业高速发展的同时,深圳先进院也壮大了自己,2023年计算机科学与控制工程方面的人才就有副高及以上职称全职人员136人,其中包括院士7人、国家级领军人才13人。建院以来,深圳先进院先后与上千家企业签订了超过15亿元的技术转让和服务合同。

其次,坚持科研立院,以高水平科研突破"卡脖子"问题。在创新生态中,牢牢守住"科研"作为研究院的本分和优势。2022年底全院有全职院士13人、国家级人才140多人、海归900多人,平均年龄才33岁。合成生物学是全球争夺的科技制高点,2017年他们就提前布局这一新赛道,在该领域组织了全球规模最大的研发团队,在医疗器械和生物医学方面取得了一批世界领先的科研成果。比如,在生物功能分子合成进化、酵母染色体合成、基因线路设计原理等前沿领域,多项研究成果刊登在《自然》《科学》等顶尖学术刊物上;与其他机构合作完成的"高场磁共振医学影像设备自主研制与产业化"项目,填补了我国在高场磁共振整机制造方面的空白,荣获了2020年国家科技进步奖一等奖;在国际上率先研制出5.0T超高场人体全身磁共振成像系统。深圳先进院已累计发表论文1.3万多篇,申请专利共1.4万多件。他们依托强大的人才队伍,不仅承担了很多国家级科研攻关项目,还承担了中国科学院深圳理工大学的所有筹备工作。

运用市场化手段推进"研学产资"融合发展。研究院利用合成生物领域的人才等资源优势，在光明科学城牵头建设了全球最大的合成生物研究重大科技基地，包括合成生物学创新研究院、产业创新中心和天使基金等，形成"科研＋设施＋学院＋产业中心＋资本"五位一体模式，已孵化40余家企业。其首创的"楼上创新，楼下创业综合体"模式，被国家发改委作为"深圳经验"在全国推广。2019年加入研究院的耿晋，带领团队在肿瘤精准治疗领域取得多项国内外领先科研成果，两年后就成立了中科帅天医药（深圳）有限公司，不久就完成了天使轮和pre-A轮融资。他深有感触地表示，自己能在成果产业化方面这么顺利，得益于研究院良好的产业化环境，这里在法律咨询、投融资接洽、人员招聘等方面已经形成了一套成熟的服务体系。截至2023年10月，深圳先进院已累计孵化近1853家企业，持股企业365家。

最近几年，深圳大幅加快重量级研究机构的设立。2017年开始组建10余个诺贝尔奖科学家实验室。2018年成立鹏城实验室，这是一家突破型、引领型、平台型一体化的网络通信领域新型科研机构；同年设立的还有深圳湾实验室，定位在生物医学前沿和应用领域建设公共平台、聚集优秀人才、开展高水平学术研究。2022年建设深圳医学科学院，聚焦"四平台一智库"建设，包括整合型医学科技协同创新平台、开放型医学科技资源管理平台、引领型医学科技基础支撑平台、创新型医学科技人才培育平台和智慧型医学科技战略研究智库。

在打造综合性科技创新高地的措施中，特别令人震撼的一项重大举措是2019年深圳启动了光明科学城建设。科学城位于光明区，规划面积多达99平方千米，是全区总面积的六成，其中建设用地约31平方千米，可见深圳的决心与魄力。根据规划，科学城将成为集聚高端科研、高等院校、高尚社区、高新产业、高端人才的全球科技创新高地。科学城已经建设了一批大科学装置，比如智能超级算力平台"鹏城云脑Ⅲ"、综合粒子研究院、合成生物研究基地、材料基因组大科学装置平台、脑解析与脑模拟设施等；此外，还建设了十大前沿交叉研究平台、三大信息平台、三大检验检测中心，其中有些平台和中心属于"科研基础设施"。这些高水平设施将为前沿科学探索和重大科学发现提供综合性研究手段。进驻科学城的还有院校机构，比如中山大学深圳校区、中国科学院深圳理工大学、南科大光明高等研究院、深圳市神经科学研究院等。作为粤港澳大湾区综合性国家科学中心的先行启动区和核心承载区，再过一些年，这里有望成为世界一流科学城。

基础研究是科技创新的源头活水，深圳在这方面不断加大真金白银的投入。他们率先在国内以立法形式确立把不低于30%的市科技研发资金投向基础研究和应用基础研究，全社会基础研究经费2016年为24亿元，2021年已增长到122亿元。

人才聚集的"磁石效应"

各类创新载体是聚集人才的"蓄水池"，新建的高校和科研院所这种大平台，更是吸引高层次人才的"磁石"。

南科大创建时第一批签约的三位全职教师，全部来自香港高校，陆为来自香港大学、许宗祥和徐虎来自香港城市大学，他们看中的就是南科大的"新"，新大学、新理念、新机会。此后国内外人才像发现新大陆一般，纷纷加盟这里，其中境外"海归"占比最大，如今1000多名教师中90%以上具有海外工作经验。南科大因为在引才数量和质量上的优异表现，从2017年深圳市设立"引才伯乐奖"以来，连续5年获得此奖，而且均位列第一名。

王玉田1988年出国深造拿到博士学位之后，一直在国外大学工作，因为在脑科学研究领域成果丰硕，被选为加拿大皇家科学院院士。工作和生活环境都不错且功成名就的他没想到，2019年3月的一次回国访问竟改变了他的人生走向。当时他来深圳先进院参加学术交流，樊建平院长正在为筹建中国科学院深圳理工大学物色人才，两人第一次见面，樊建平就直截了当地问："我们想办一所大学，你能不能回来？"而且告诉他如果加盟，就可以马上牵头创办生命健康学院，这让他有些惊喜，也有点措手不及。但听樊建平讲完办学理念，他有点心动了，不过还是有点犹豫。过了不到半年，樊建平带队到北美招聘人才，又特地找到他，一席长谈让他下定了决心，能够主导创建新大学的一个学院，对很多专家来说都是不可多得的机遇。第二年，他不但自己来深圳出任生命健康学院创院院长，还帮忙从国外引进了多位知名学者担任该院的系主任，比如，美国埃默里大学终身教授叶克强，美国西奈山伊坎医学院终身教授韩明虎，德国科学院院士、德国神经学会主席赫尔穆特·克滕曼（Helmut Kettenmann）教授等。学院筹办红红火火，王玉田自己的科研也有了新进展，他带领团队正在研制一款针对帕金森病的原创新药。

徐扬生是空间机器人与智能控制领域著名专家，既是中国工程院院士，又是美国国家工程院、欧洲科学院等多个境外科学院的院士。2006年之前他在港中大工作，这年深圳先进院的创建让他来到深圳出任该院副院长。2013年香港中文大学（深圳）筹建时，他又被选聘为创校校长，从此成了一个真正的深圳人。如果不是深圳先进院和港中大（深圳）的创建，他也许还在香港上班。在港中大（深圳）的平台上，他利用自身在美国和香港工作积累的人脉资源，引进了大批高层次人才。截至2022年10月，学校有诺贝尔奖、图灵奖和菲尔兹奖得主共7名，各国院士近30名、会士近40名。港中大（深圳）这个平台也成就了徐扬生个人事业的另一个高峰，2020年他被评为"深圳经济特区建立40周年40名创新创业人物和先进模范人物"。

2022年11月，颜宁从美国回国出任深圳医学科学院创院院长引起轰动,其影响甚至盖过了深圳医学科学院创建这件事本身。颜宁之所以选择来深圳工作,最关键的是因为有创建深圳医学科学院这个大舞台。

我们从深圳院士人数变化就能看出,深圳建设高校和科研院所进入快车道之后,对高层次人才的引进也迎来了加速度。1999年深圳引进了第一名全职院士,到2016年全职院士达到16名,其中11名在高校,平均一年新增一名。此后引进速度大幅加快,到2019年全职院士达到46名,当年就引进了12名。截至2023年底,全职院士已经达到98名,其中2021年增加了20名。这些全职院士基本都在高校和科研院所,其中高校占七成以上。

人才聚集有"雁阵效应",像院士这种高层次人才就是领头雁,他们来了就会带动一大批人才加盟深圳。截至2022年11月,深圳引进的海内外"高精尖缺"团队就多达251个。

高校和科研院所不仅是引进高层次人才的"磁石""蓄水池",还是培养高层次人才的"孵化器"。2021年11月中国新当选"两院"院士名单公布,广东新当选7名院士,有4名来自深圳,他们是南科大的夏克青教授、徐政和教授、杰曼诺夫教授,以及港中大(深圳)的罗智泉教授。2023年底,深圳又有李清泉、黄三文等4人当选"两院"院士。有了更多更好的载体平台,深圳就能通过引进和自主培养,成为顶尖人才的聚集高地。

建成创新载体的生态体系

经过近十几年来坚持不懈的努力,深圳在高校和科研院所建设上"补短板"取得了了不起的成绩。在总体数量上,深圳这个后起之秀虽然还不能与北京、上海、武汉等城市相比,但因为有雄厚的经济实力和产业基础,加上异乎寻常的重视,在高校和科研院所建设上实现了令人惊叹的"深圳速度"。根据规划,2025年深圳高校数量要达到

20 所。另外，深圳通过多种多样的合作方式，把香港、广州、北京等地的高校和科研院所资源源源不断地汇聚到这里，为己所用。因此，不能以深圳现有高校和科研院所的数量来看它在这方面的实力，要看趋势和未来，要看深圳集聚外部创新资源的能力。

当高校和科研院所这个短板补齐之后，深圳就形成了各级各类创新载体相互关联、互相支撑的生态体系。截至 2022 年底，深圳已建设经过认定的国家、省、市级重点实验室、工程实验室、工程中心、企业技术中心等创新载体共计 3223 家，其中国家级 153 家，省级 1278 家，此外还有数以万计的规模较小、未被政府认定的创新载体。深圳从建设国家创新型城市以来，一直致力于构建"基础研究＋技术攻关＋成果产业化＋科技金融＋人才支撑"全过程创新生态链，完备的载体生态对全过程创新生态链是有力的支撑。

深圳创新载体总体上有几个显著特点。第一个特点是创新载体从数量上来看绝大多数在企业。从深圳市科创委公布的 1996 年至 2022 年全市创新载体、孵化载体和众创空间的情况来看，它们至少 95% 都在企业。在包含近 3000 家创新载体的名单中，2020 年之前建设的各类实验室、工程技术研究中心和企业技术中心等，基本上都是企业办的。比如 1996 年深圳公布最早的三个国家级企业技术中心和两个省市级工程技术研究中心，华为办了三个，中兴通讯和华强集团各办了一个，主办者全部是企业。2022 年底全市 162 家国家级、省级和市级孵化载体中，深大、南科大、深职院和深圳清华大学研究院各办了一家，其余都是企业创办。全市 328 家国家级、省级和市级众创空间，99% 是企业创办。一些大企业成立研究机构不仅服务自身，还对社会提供研发服务。比如 2022 年 3 月，迈瑞就专门成立深圳迈瑞科学研究有限公司，注册资本 5000 万元，从事技术服务、技术开发、技术咨询等业务。

第二个特点是深圳很多创新载体在体制机制上都属于"新型研发机构"。这些新型研发机构都是改革开放后建立起来的，投资主体多元，政府和社会共同参与，按照不同方式"组合"，形成不同的模式。它们有的采用"国有新制"模式，比如前文重点介绍的深圳清华大学研究院和深圳先进院等；有的是"民办公助"模式，比如华为技术有限公司技术中心、深圳华大基因研究院、深圳光启高等理工研究院、深圳市比亚迪汽车有限公司技术中心等。这些新型研发机构实行现代化的管理制度、市场化的运行机制，充满生机活力。它们功能丰富，不仅做研发，而且做转化、做投资。它们做研发的目的很明确，就是产业化。

第三个特点是深圳各类各级创新载体虽然在创新中发挥的作用有所不同、各有侧重，但它们之间有着千丝万缕的联系，形成了相互融合的载体网络，共同成就创新梦想。深圳企业的研发机构与高校和科研院所之间关系十分密切，这里每个高校和科研院所后面都有一批企业主动找上门来合作，有的是针对一个具体研发项目，有的是建立联合实验室。南科大跟企业共建的联合实验室就有60多个，包括南科大坪山生物医药研究院—海普瑞联合实验室，南科大—绘王数字科技联合实验室等。深圳先进院与企业共建了230多个联合实验室，包括与招商局集团共建"CO_2绿色转化未来产业联合实验室"，与赛立复（中国）公司成立抗衰老联合实验室等。在这种合作中，企业看中高校和科研院所先进的实验设备及优秀的研究人员，这些可以帮助企业进行科技攻关，高校与科研院所可以从合作中获得科研经费。比如，深圳先进院与招商局集团成立联合实验室之后，首个联合研发项目"基于电催化CO_2转化与生物炼制的绿色制造"合作金额近亿元。

为了最大限度发挥大型载体和科研设备的作用，深圳市政府2022年12月发布《深圳市促进重大科技基础设施和大型科研仪器开放共享管理办法》，并建立了共享网络平台，价格公开透明，通过平台预约并缴纳一定费用即可使用。这对深圳企业来说，以较低成本就能获得优质的研发条件。共享平台上共有近5000台（套）大型科学仪器，每台（套）的购入价格都超过 50 万元，已经实现了百分之百开放，而且使用率达百分之百。迈瑞医疗研发人员曾深有感触地说，他们到深圳先进院实验室做新产品核磁兼容验证，2000 元一个机时，一次使用两三个小时，整个算下来非常划算。要是自购这种实验设备，一次性投入就是好几千万元，还要花钱维护，代价太高。

第九章

深圳
创新的启示

自从深圳成为我国首个经济特区，"深圳经验"就一直备受重视。这些年深圳在创新尤其是科技创新方面的成就和做法，成为国内外关注的重点。为了从深圳学到"真经"，很多地方的政府和企业派人来这里考察培训，甚至会派人深入政府、企业等单位天天上班，进行长达数月的"沉浸式学习"。

深圳创新究竟有哪些启示和值得借鉴的地方？每位来深圳考察学习的人感受和收获可能都不完全一样，仁者见仁，智者见智。我们在前面几章主要介绍了深圳创新的做法，深圳是如何成为创新高地的，这章将集中谈谈"启示"，一共提炼了十个方面的内容。

启示一：文化是灵魂，创新要有创新的文化

外地人出差或旅游来深圳，首先感受到的是这里的气候：夏天潮湿炙热，让人有点难受；冬天却温暖如春，舒适怡人。感叹完这里的气候，待上两天就会发现这里的人有点不一样：街上走的好像永远都是年轻人，脚步匆匆；餐馆里人们谈论的好像都是项目、投资，几乎听不到什么远在天边的"世界大事"；在任何场合，大家讲的都是带着各地口音的普通话。如果有时间对这座城市做点调研，

就会发现它最大的特点是拥有独特而浓厚的创新文化。

构成深圳文化的两大主体是移民文化和改革文化，前者从来自四面八方的千万移民身上散发出来，充盈于街头巷尾；后者源于波澜壮阔的改革开放，成就于官民的良性互动。两者有很多共性、水乳交融，从而构成了富有特质的深圳文化，这就是敢闯敢试、敢为人先、创新求变、开放多元、自由包容等。它涵养这座城市的企业家精神，也构成了这里的创新文化。

文化润物细无声，有时候看不见摸不着，却决定着人们的行为。德鲁克、费尔普斯等人都非常重视文化对创新发挥的关键作用，文化的核心是观念，创新活动要繁荣，必须植根于崇尚创新、敢于创新的文化土壤。费尔普斯在《大繁荣》一书中以大量实例说明，让大繁荣得以成功开启的绝大多数创新是由千百万普通人共同参与创造出来的。让普通人都拥有创新的精神非常重要。现代城市竞争中，有人提出的"文化定江山"是有道理的。

深圳浓厚的创新文化得益于政府营造、社会互动，靠自然生长难以形成。比如提炼出"来了就是深圳人"这句话并使其作为城市推广语出现在很多显眼的广告牌上，就是政府所为。而这种包容精神从口号落实到市民日常工作和生活，靠的是全社会参与。深圳从建特区以来，无论是政府招聘还是民间招工，都没有户籍要求，没有籍贯歧视，标准只有一个——能干事。在居民关心的孩子教育上，义务教育阶段无深圳户籍的外来人口子女，很早就可以跟有深圳户籍的儿童一样上公办学校，包括那些学位十分紧张的名校。户籍与非户籍居民在享受公共服务上的差别，在这里越来越小。

政府在创新文化培育中要积极作为，发挥主导作用。深圳在这方面力度一直很大，曾经多次提炼深圳精神，在提炼过程中广泛开展"深圳精神大讨论"，使提炼过程成为全民参与宣传推广的过程。另外，如今广为流传、深入人心的"深圳十大观念"，也是深圳市政府发动全民参与推选出来的，活动使这片热土上生长出来的领先观念得到总结和升华。

培育创新文化，政府的制度建设很重要，制度对文化的影响持续有力。创新需要"宽容失败"的环境，深圳专门出台国内首部个人破产法，规定具备一定条件的深圳自然人，因生产经营、生活消费导致丧失清偿债务能力或者资不抵债的，可以依法进行破产清算，经过严格的三年免责考察，剩余债务可予免除。这样就让那些创新创业失败者可以再次轻装上阵，开启新未来。

培育创新文化，企业和个人都应该有所作为。企业从表面看，是厂房、设备和产品；再往里看，是技术、管理和人才；而最深层次的，是涌动在干部员工内心的文化与愿景。企业是创新主体，要通过培育创新文化推动创新。第一是企业家要有企业家精神。企业家对企业文化的影响是关键性的，在民企甚至是决定性的。如果企业掌舵者没有企业家精神，所在的企业很难说有创新文化。第二是要以人为本，人是创新的关键因素，要重视人，尤其要特别重视科技人员。第三要建立鼓励创新的机制，要激发大家创新的积极性。培养创新文化还有很多手段，比如有些企业把"创新"列入核心价值观之一，有些企业在内部设立创新奖等，这些都能达到弘扬创新文化，促进创新活动的目的。

有时候企业的文化建设不仅会在内部起作用，甚至对全社会都会产生巨大影响。众所周知，"时间就是金钱，效率就是生命""空谈误国，实干兴邦"的理念，当年就是从蛇口工业区走向全国的。在国内最早兴起的深圳本土创投风投，具有宽容失败的胸怀，鼓励了创业者敢闯敢试的精神，也助推了全社会形成宽容失败的文化。

培育创新文化还要"虚"与"实"结合。文化培育需要从精神层面、制度层面着手，但仅有这些不够，还需要在实际行动上发力。比如我们说宽容失败，当有人真的因为创新失败时，我们就要在行动上给予宽容。还有开放包容，当员工对企业发展提出不同意见时，企业管理者心胸要大，正确的就采纳，错误的也不要动不动就斥责。

创新文化的培育不可能一蹴而就，持之以恒方能有所成就。而它一旦形成，就会对创新活动产生持久的推动力，这种局面在深圳已经形成。

启示二：有效市场与有为政府相结合

因为制度优势，我国各地政府除了掌握着政策制定和执行的权力，还拥有土地、资本、园区、国企等大量的物质资源，这就决定了政府在创新活动中不仅要能够有为，而且必须有为。政府如果消极作为或不作为，对区域创新的影响几乎是致命的。

深圳市政府是有作为的创新型政府，持续以改革创新去打造良好的创新环境。首先，深圳通过改革在国内较早建立起比较完善的市场经济体制机制，这是最大的"有为"。在铁板一块的计划经济环境中，深圳以超人的勇气和智慧，在国内率先推进了一项又一项改革，比如公开拍卖土地、推行劳动合同制、实行多劳多得、放开物价、取消粮油票证等。这些改革通过法制化、制度化积累，最终在20世纪90年代中后期形成比较完善的市场经济体制机制。市场化探索不仅奠定了深圳创新繁荣的基础，也为全国创新发展贡献了最宝贵的经验。

其次，深圳通过出台产业政策促进了以高科技为主的各种产业蓬勃发展。深圳在国内较早地把高科技作为城市支柱产业来发展，1987年2月出台《深圳市人民政府关于鼓励科技人员兴办民间科技企业的暂行规定》，除大幅降低公司注册资本，还在国内突破性地提出专利、商标、技术等无形资产也可以入股。这些政策直接催生了华为等一批高科技企业。2003年深圳在全国率先制定出台《深圳经济特区创业投资条例》，极大地促进和规范了创投行业发展，松禾资本、东方富海、创东方等不少知名本土创投机构都是此后不久设立的。

新冠疫情结束之后,在出口滑坡的情况下,深圳新能源产品出口却逆势飞扬。这是十年磨一剑的结果,早在2009年深圳就出台《深圳新能源产业振兴发展规划(2009—2015年)》,在土地、人才、税收、金融等多方面给予新能源产业大力度的政策扶持。为了更好地落实规划,深圳从推动公交车和出租车电动化着手,助推比亚迪新能源车发展。新能源车发展壮大的过程中,又带动了上下游的电池、电机、充电桩、储能等产业的繁荣,目前深圳有各类新能源企业多达2.4万家。2022年深圳面对国内外科技发展的新变化,又及时推出"20+8"产业规划,瞄准合成生物、人工智能等未来产业。在对各种产业趋势做出深入研判的基础上,选准必须支持的产业出台相关扶持政策,深圳这种主动作为的行为值得学习。

创新需要有效市场,同样需要有为政府,两者必须结合。创新的主体是企业,没有市场化环境,企业就无法有效从事创新活动。习近平总书记指出:"政府要加快转变职能,做好自己应该做的事,创造更好市场竞争环境,培育市场化的创新机制,在保护产权、维护公平、改善金融支持、强化激励机制、集聚优秀人才等方面积极作为。"[①]有效市场与有为政府要找准结合点,关键在政府,政府必须树立以下三种意识。

第一是边界意识。政府要有作为,但并不意味着什么都可以去做,该做什么、不该做什么,哪些交给市场,必须清楚明确。政府要认识到自身的能力边界,在日益复杂的市场环境中,很多新技术、新产品,往往不是政府培育和发现的,而是在市场竞争中冒出来的。党的二十大报告强调的"充分发挥市场在资源配置中的决定性作用",既是对过去改革开放宝贵经验的总结,又是政府未来在处

[①] 《受权发布:〈习近平关于科技创新论述摘编〉(一)创新是引领发展的第一动力》,参见:http://theory.people.com.cn/n1/2016/0311/c402884-28192542.html。——编者注

理与市场关系时必须遵守的基本准则。"决定性作用"意味着，市场之外的力量不能高于甚至代替市场，比如，生产要素要能自由流动，商品的价格应当由市场供求关系决定。政府有形之手不能伸得太长，要尊重市场主体和市场规律，做到定位、到位、不越位，每一"位"都重要。政府对待企业要像园丁对待种树，不能三天两头就去"摇一摇"。

第二是服务意识。政府要为创新主体做好服务，让企业集中力量做创新。深圳市政府规模上相对较小，但服务型政府建设成效很大。比如，采用科技手段为企业提供"秒申""秒批"服务，政务服务事项网上办理率已达100%；注重培育创新文化，宽容失败；坚持有事服务、无事不扰；等等。有一个服务型政府，企业在创新中才能如沐春风。

第三是法治意识。市场经济是法治经济，必须以法治思维和法律手段解决市场中出现的各种问题。这里面政府依法行政极其重要，既不能不作为，又不能乱作为，要在法治的框架内积极作为。如果企业出一点问题就开出巨额罚单，甚至封账抓人，很可能会让一家企业倒闭，造成的不良影响还会波及其他企业。

启示三：尊重企业家，弘扬企业家精神

现在有一种说法很流行，叫深圳的特产是企业家，仔细琢磨发现这有丰富内涵。企业家能成为深圳"特产"，说明这里有适宜其生长的气候土壤；另外，"特产"都是能给当地带来好处的，人们对本地"特产"总是充满好感。企业家之于深圳也是这样。

按照熊彼特在《经济发展理论》中的论述，创新是"新组合"，企业是创新的主体。那么谁来领导新组合？是企业家。企业家是创新的组织者、引领者，企业家连接产、学、研、资、政，在企业创

新中发挥着决定性作用。通过组织创新，企业家为企业和社会创造财富，为百姓美好生活提供丰富的商品。熊彼特说："企业家是人类社会新工作、高收入和持续经济增长的源泉。"认识到了企业家在创新发展中的价值，自然就会对他们肃然起敬。

在深圳，无论是官方还是民间，对企业家都非常尊敬。这座城市专门设立了一个法定"企业家日"，旨在让全社会形成理解、尊重、支持企业家的良好氛围。这一天，市主要领导会跟企业家代表座谈，企业家在会上提出的意见建议，市里要进行督办，办理结果将在下一年座谈会上公布。当天晚上，城市多个标志性建筑上会亮灯展示庆祝企业家日的标语，以表达一座城市对企业家和企业家精神的致敬，企业家成为人们心中的城市英雄。

一座城市、一个区域创新活动要想繁荣昌盛，必须有一大批出色的企业家。硅谷能成为世界级的创新高地，离不开乔布斯、比尔·盖茨、杰夫·贝佐斯、马斯克、奥尔特曼等杰出企业家的贡献。乔布斯曾被苹果公司"驱逐"，但后来苹果还是不得不把他重新请回来掌舵，在乔布斯的带领下，苹果公司创造了前所未有的辉煌，成为世界顶级科技公司。要尊重企业家，培养企业家，让优秀企业家多起来，这样创新才能兴旺。

企业家精神是从企业家身上提炼出来的。它包括以下几个方面：第一要有创新精神，这是核心。企业家都是渴望成功的人，他们通过创新实现心中梦想。第二要坚守。企业家做企业很不容易，成就一个企业没有8~10年是不行的，要做到极致，没有几十年是不行的。企业家要有耐力，坚持做企业不是百米冲刺，是马拉松长跑。第三要有家国情怀，有社会责任感。企业家精神深入深圳企业家骨髓，因此才形成了这个群体身上的耀眼光芒。这座城市的第一代企业家袁庚、马福元等，以其敢为人先的胆识改革创新，筚路蓝缕，为后来者闯出新路，成为楷模。第二代企业家任正非、王石、马明哲、王传福等，在创新路上百折不挠，创办的企业成为行业领跑者，成就了所在领域的奇迹。第三代年轻企业家汪滔、刘若鹏等，承继深圳人敢闯敢试的基因，在科技创新领域攀上新的高峰。他们在创造物质财富的同时，也创造了巨大的精神财富。

弘扬企业家精神不仅针对企业家群体，包括政府在内的整个社会都应当具有企业家精神。创新、坚守、责任、梦想等，是无论做什么都需要的品质。深圳是最具企业家精神的城市，这是由这座城市的文化特质决定的，创新是这座城市的"根"和"魂"。深圳市政府特别具有企业家精神，从特区建立到现在，他们以企业家精神去干事创业，这座城市能发展得这么好，与此密不可分。深圳几乎家家创业、人人创新，商事主体为全国最多，创新氛围十分火爆。这也是这座城市被誉为"梦想之都"的原因。

启示四：民企创新活力强，要精心呵护

深圳这个创新高地和经济发展奇迹之所以能够诞生，民营经济发达是关键因素。而民营经济之所以发达，与深圳有适合成长的环境有关，民企在这里能够放心、舒心、开心地发展。

要营造适合民企发展的良好环境，必须首先深刻认识民企的重要性。民企是创新中的生力军，在很多领域甚至是主力军。全国工商联发布的《中国民营企业社会责任报告（2022）》显示，在中国所有企业中，民企申请专利数量以及有效专利数量占比都在八成左右。从深圳来看，华为、比亚迪、腾讯、大疆、迈瑞医疗这些民企，在全球创新竞争中都是佼佼者，国际PCT专利申请量在同行中领先，是国家科技自立自强的重要力量。保护民企，就是保护创新。

民企的重要性不仅仅表现在创新方面，有一个著名的总结民企特征的"五六七八九"：民企贡献了50%以上的税收、60%以上的GDP、70%以上的技术创新成果、80%以上的城镇劳动就业，还

有 90% 以上的企业数量。民企对中国经济社会发展的贡献是全方位的，必须在市场准入、要素获取、公平执法、权益保护等方面采取举措，精心呵护，促进它们发展壮大。

要依法保护民企产权，让它们放心经营。无恒产者无恒心，产权是民营企业家最关心的核心问题，要确保民企财产不受侵犯。著名经济学家向松祚曾经说过，有无数历史事实证明，凡是不能激发和弘扬企业家精神、不能妥善保障私有产权和企业家权利的国家和地区，很难繁荣昌盛。民营企业在创新方面之所以充满活力，是因为民企产权清晰，经营者就是产权所有者，他们有天然的动力和巨大的压力去创新。因为如果创新成功，他们就是最大受益者，不创新或创新失败，他们就是最大的受损人。民企所有权和经营权统一，所以在经营上机制灵活、决策高效、反应敏捷、敢冒风险。民营企业家都是在市场中拼搏出来的，身上充满了企业家精神。如果他们的产权得不到保护，就不可能有创新的繁荣。

要按照市场化原则，平等对待一切市场主体，让民企更加舒心。公平竞争是市场经济应有之义，对民企不能搞歧视，不能通过垄断的方式排挤民企。要把中央提出的"为各类所有制企业创造公平竞争、竞相发展的环境"精神，真正落到实处。深圳在这方面做得较好，2001 年国企改革时，曾经主动退出竞争性领域的一些业务，给民企更大的发展空间。深创投原来是百分之百国有的，经过不断吸收民企加入，成为混合所有制企业。政府与 TCL 共同发起成立华星光电，营运正常之后，政府股份主动退出，让民企放开手脚去发展。有时候，说一千句话不如做一件事，这些经典案例让民企切身感受到，在深圳他们有公平参与市场的机会。

在民企遭遇困难时，给予雪中送炭的帮助，让他们面对挑战时更有信心。企业发展不可能一帆风顺，华为、比亚迪这些大企业成长之路同样坎坷，尤其是早期，充满艰难险阻，很多难关都是在政府帮助下渡过的。深圳曾经出台过很多政策，帮助民企纾困解难、增强信心。新冠疫情之后，经济发展受国内外多种因素影响，民企经营受困较多，2023年8月深圳为此出台《关于促进民营经济做大做优做强的若干措施》，因为有20条硬举措，又被称为"民营经济20条"。其中一条是设立50亿元中小微企业银行贷款风险补偿资金池，以缓解民企融资难问题。

要对小微企业多点支持呵护，这是创新中不可小觑的重要力量。小微企业基本上都是民企，很多人认为，它们太小，在创新资源上有天然劣势，最多只能搞点小打小闹的玩意儿。这是与事实严重不符的误解。如今深圳不少在技术上对世界做过重要贡献的大公司，起步时也只有几名员工，腾讯、大疆当年就是这样。对科技型创业公司而言，起步时靠的是创始人的智慧和先进技术，而不是规模，美国AI创业公司Pika Labs估值2亿美元时，全职员工也只有4位。要多关注小微企业，尤其是科技型小微企业，说不定它哪一天就突然变成了大企业。

中央对民企的态度清晰明确，就是"两个毫不动摇"，鼓励民企做大做优做强。深圳对民企的支持保护力度始终很大，所以才拥有了"中国民营经济第一城"的美誉。民营企业家要深刻理解中央的大政方针，不要过分敏感，更不要毫无理由地疑神疑鬼，否则会丧失很多发展机会；应当满怀信心、心无旁骛地创新创业，做大做优做强自己的企业。

启示五：用好资本杠杆，撬动创新创业

创新创业需要资本市场支持，资本撬动创新创业。深圳能成为创新高地，与这里创投风投规模大、实力强，深交所就在身边，资本市场非常发达有关。如果以2023年8月中国资本市场情况来看，A股总市值大约80万亿元，占全国GDP总额的60%多一点，而深

圳上市公司的市值是其 GDP 的 3.1 倍，超过全国平均水平很多倍。

没有资本加持，很多创新创业根本无法进行。像香港中文大学教授贾佳亚 2019 年底创立思谋科技，致力于 AI 视觉体系架构在智能制造、超高清视频领域的落地应用。这是非常烧钱的高科技项目，创立后不到两年，先后做了多达 5 轮融资，包括深圳创投机构在内的国内外多家机构共投资超过 2.8 亿美元，如果没有外部资本加持，这样的巨额资金创业者自己根本无力解决。有统计显示，A 股企业在上市前基本上都获得过创投风投的投资，科创板这个比例是 97%。

中央提出建设"金融强国"，大力发展资本市场，体现了资本市场对创新型国家建设的重要性。深圳多年来一直在政策、资金等方面支持创投风投发展，比如，进行契约型基金登记试点、设立每月一次的"深圳创投日"、建设香蜜湖国际风投创投街区、奖励创投在深圳设立总部、对一些特定领域的投资给予支持等等。这些支持措施，促进了深圳创投风投的持续稳定发展。要想创新创业繁荣，创投风投首先要繁荣起来，这就需要政府大力支持。尤其是在资本市场疲软的时候，创投风投机构都会面临募资难、投资难、退出难，政府的支持更难能可贵，可以帮助它们更好克服"三难"问题。

现在各地政府对资本市场的重要性都有充分认识，从全国政府引导基金数量不断增长就能看出。政府引导基金越来越多，所占份额越来越大，要用好这些钱，必须坚持市场化。政府出了钱，对引导基金投资设定条件是必须的，也是必然的，但设定条件要合情合理，不能搞成变相的政府投资甚至分配，要给委托投资机构充分的自主权，投什么、怎么投，按照市场规则运行。深圳市政府的做法就很值得借鉴，政府把上千亿元的引导基金交给深创投等实力雄厚的投资机构，然后这些投资机构再去跟其他机构按照市场原则一起设立子基金，由子基金负责投项目。专业的事交给专业的人来做，这样投出的项目既符合政府的产业政策，又具有市场发展前景。

创业者、企业家要善用和善待资本。资本就像水,创业者和企业家就像鱼儿,鱼儿离不开水,水大鱼也会大。资本是利用投资分享企业发展红利,与创业者、企业家的根本利益是一致的,都希望创新成功,企业不断壮大。初创企业获得投资,就像树苗生长获得了"及时雨"。等到企业做大上市了,不仅能够融到更多资金,而且可以获得更大发展空间,进一步提升企业知名度和品牌形象。善用资本市场,是创业者和企业家做好企业的一项必备本领。

资本也要善待创业者、企业家,正确处理与被投企业之间的关系,当好企业成长路上的"陪跑者"角色。深圳的创投风投机构,已经形成了一种行事风格,投前要精挑细选,拿着显微镜来"挑刺",目的是找到好项目,挑到有发展前景的企业。但投资之后就充分相信,主动利用自身资源多为企业发展提供服务,多帮忙,不干涉企业经营。创新创业有其自身规律,在这方面企业经营者更有能力和经验来处理其中遇到的问题。尤其难能可贵的是,这座城市宽容失败的文化在创投风投机构身上得到淋漓尽致的彰显,当被投企业创新创业失败时,它们总是抱着包容理解的心态去对待。

政府支持创投风投,创投风投投资企业创新创业,创新创业火爆,区域经济就会繁荣,这样就会形成政府、创投与创新三方共赢的局面。

启示六:引才重要,用才更重要

创新创业,人才是本。人才引进对一个区域或单位创新发展的重要性不言自明。深圳特区建立以来,持续引进了一大批优秀人才,其中引进院士就多达80多位,这些人才有力地支撑了深圳的创新发展。

深圳在引才方面之所以成功,首先是因为引才政策起了关键作用。特区建立之初,深圳就重视从全国各地引才。进入 21 世纪后,当国内人才竞争加剧,深圳又率先出台引才"政策包",针对不同人才实施不同政策,涉及待遇、住房、子女上学等各方面,力度空前。其次是因为深圳有良好的引才综合环境,比如,深圳是改革开放前沿,有包容多元的文化、"公园之城"的生态、四季鲜花盛开的环境等等,这些对人才具有较大的吸引力。

引才的目的是用才,深圳重视引才,更重视用才。深圳 1999 年引进第一位院士牛憨笨,为了让他能够更好地工作,还一起引进了他团队中的十几位同事,政府当年还投资 1 亿元为他们建立实验室、购买仪器设备。颜宁辞去美国普林斯顿大学教职来到深圳,马上被任命为深圳医学科学院院长,负责学院筹建,不久之后,她又被赋予新的责任,兼任深圳湾实验室主任。这样的例子在深圳比比皆是。对这些杰出人才,深圳引进时就准备了位子和平台,人才来了就有用武之地,就挑重担。为用而引,不搞面子工程。

在用才过程中,深圳对他们充分信任,让他们放手去干。最为典型的是被聘为南科大创校校长的朱清时院士,他在筹建南科大过程中,破除条条框框大胆改革,在赢得叫好声的同时,也招致了社会上很多质疑、非议。这时候深圳市政府对他一如既往地支持,确保了南科大筹备和改革的正常推进。士为知己者死,用人不疑、信任人才才能最大限度地发挥人才作用。引而不用,或者用而不信,最终会浪费人才。浪费人才的事情多了,其他人才就会望而生畏,再也不敢来了。

要用好人才,必须为人才发挥作用创造良好条件。对把事业视为生命的杰出人才来说,能干成事、创成业,比什么都重要。领导要做人才的"伯乐""后勤部长",不能像韩愈在《马说》里写的,"策之不以其道,食之不能尽其材,鸣之而不能通其意",这样,再好的"千里马"最后也只能沦为"常马"。任正非自己不搞技术,但深知技术人才的价值。1992 年当公司的注意力还放在搞模拟机时,技术员曹贻安提出要研发数字交换机。任正非经过认真思考，不但完全采纳了曹贻安的建议，还给他拨了超出预期的研发费用。后来华为成功研发出数字交换机，成为公司发展史中一个标志性事件。

除了引才用才，还要注意培养、发现本地人才。引才主要是为了弥补重要领域、岗位上专业人才的短缺，与本地人才形成互补，任何地方和企业，都不可能完全依靠引进解决人才问题。在选人用人上，不能只放眼外面，还要盯着内部有哪些苗子可以培养，有哪些人才可以使用。"宝剑锋从磨砺出"，人才是在使用过程中锻炼成长起来的。很多地方出现"墙内开花墙外香"现象，说明对本地人才重视不够。

启示七：完备产业链条，带动创新繁荣

产业链与创新链相互交融，创新离不开创新链，也离不开产业链。企业创新不可能单打独斗，大包大揽。尤其是复杂的创新，需要跟外部合作、集成、协同，核心技术自己研发，其余的都在市场上解决。我们看到华为、苹果、比亚迪、大疆这类大公司，都有数以千计的供应商为它们的产品生产提供零部件。大公司对有些产品甚至只做研发，生产全部外包给其他企业。

产品还在研发阶段时就需要产业链支撑。研发需要做原型，往往反反复复才能成功，周边产业链完备，需要什么零部件时能方便买到，可以降低成本，节省时间和精力。这也是世界上最大的硬件孵化器公司 Haxlr8r 前些年把总部搬入深圳华强北的原因，这里有各种各样的电子硬件，创客们在这里搞研发，做原型，很容易从周围商家获得支持，大大缩短了研发周期。

深圳的电子信息、新能源车、无人机等产业十分发达，技术世界领先，经常有畅销全球的新产品出现，这背后是产业链的完备。能形

成完备产业链的原因很多,其中与深圳市政府和企业主动作为有关系。

政府要重视补链。为了发展好关键领域的产业链,深圳的书记、市长亲自当"链长",决心很大。当年深圳电视机产业缺屏,政府投入巨资与TCL一起建成华星光电,生产液晶显示屏。这项大手笔不仅补齐了液晶显示屏的短板,还因此吸引了包括生产素玻璃的日本AGC株式会社在内的企业进驻深圳,在液晶显示屏领域形成了新的产业链条,产值以千亿元计。因此,对那些影响产业发展、补起来需要投入比较大的产业环节,仅仅靠市场的力量很难补上,这时候政府要果断出手,不能犹豫,否则就会耽误产业健康发展。

政府还要着力培育和引进大企业。大企业是产业链的链主,地位举足轻重,其他中小企业会紧紧围在它们周围。大企业在哪里,它们就会跟到哪里,大企业要什么,它们就会想办法供应什么。一般的地方如果没有某方面的特别优势,很难引进超大型企业落户,这时候引进某个小产业链的小链主也是不错的选择。另外,在全国招商引资大战愈演愈烈的背景下,还是要把更多精力放在培育自己的大企业上。比如,深圳培育了比亚迪,这里就形成了中国新能源车最强的产业链。

建设完备的产业链需要因地制宜,重点聚焦,不能全面开花。大地方能够把几个、十几个大的产业链建全,小点的地方能够把一两个大点的产业链搞好就已经非常不错了。在产业链的选择上,也不要都去选择那些高大上的高科技,这不是每个地方都能搞好的,适合的才是最好的。深圳这样的一线大城市,很多产业链并不强,很多产业根本就没有去做,有所为有所不为。比如钢铁、石油化工、船舶制造这些产业,深圳在制定产业政策时就没考虑发展。而电子信息、新能源车等产业链,是深圳长期聚焦、久久为功的结果。

对企业尤其是小微企业来说,要想创新,想做大做好,一定要找最接近产业链的地方,跟着产业链走。就像我们看到的那样,很多在东北、西北等地方做机器人和穿戴设备的创业公司,在当地做了一段时间之后,最后都跑到了深圳,并在这里获得了大的发展。

企业要善于从产业链中找机会,发现产业链中是否缺什么,"补缺"是企业发展的机遇。在德鲁克论述的创新的七大机遇中,有一项就是"基于程序的需要",需要是创新之母,弥补一个产业的缺失部分,就是创新的机遇。比如,当年苹果首款智能手机缺少又硬又薄的玻璃盖板,这对生产玻璃的康宁公司来说就是十分难得的机遇。

企业要创新,也不能完全依靠周边的产业链和创新链,因为一个地方的产业链无论怎么完备,都不可能无所不能,创新必须放眼国内外,从更大范围内寻找资源。另外,最近几年全球产业链出现较明显的变动重构现象,企业家必须密切关注,及时采取措施应对。

启示八:办好教育,要重视"结构"

深圳人很清楚高校在创新发展中的重要作用,政府一直重视高等教育的建设发展。1983年勒紧裤腰带建设深圳大学,1993年创建深圳职业技术大学(简称"深职大"),2000年引进北大、清华、哈工大等知名高校创办深圳大学城,这是全国唯一经教育部批准,由深圳地方政府联合著名大学共同举办、以培养全日制研究生为主的研究生院群。

2010年教育部正式批准南科大筹建,深圳办大学此后跑出"加速度",短时间通过独立或合作办学的方式快速建设了多所高校。现在深圳官方公布的高校总数达到16所,还有几所新校正在筹建。深圳高校在结构和类型上有巨大优势,逐步形成了一个与创新型城市建设相匹配的高校体系。

从大的方面来看,创新链条是这样的:基础研究致力于科学发现,应用研究做出技术发明,技术发明出来之后要制造成产品,然后产品在市场上销售,满足市场需求并获得利润回报,这样整个链条的各个环节才有资金来保证正常运转和发展,这是一个大的生态闭环。在这个闭环中,一般来说基础研究是科学家做,应用研究是技术专家做,产品制造要靠技能型人才和高素质工人完成。创新链对人才的需求是结构性、分层次的,深圳的教育很好地适应了这种需求。

南科大、深大、港中大(深圳)、深圳技术大学,以及深圳大学城里的几家研究生院等高校,有的是研究型大学,有的是综合性高校,主要培养科学家、技术专家和工程师,2023年在校本科生和研究生总数近10万人。

深职大、深圳信息职业技术学院(简称"深信院")、深圳技师学院(简称"深技院")三所职业类院校,主要培养高层次技能型人才。深职大综合实力稳居全国同类院校前列,2019年入选教育部、财政部"双高计划"首批10所A档高水平学校建设单位,被誉为"中国高职教育的一面旗帜",截至2023年12月,有在校生3万余人。深信院是国家示范(骨干)高职院校,2002年建立时是为了适应深圳电子信息产业发展的需要,2023年在校生超1.5万人。深技院是国家重点技工院校,成立近40年来共培养技能人才28万多人。由此可见,深圳培养高层次技能型人才的院校实力雄厚、水平高、规模大,很好地支撑了深圳的高端制造业。深圳还有一批中等职业学校,培养普通技能人才和高素质的工人。

既重视研究型人才培养,也重视技能型人才培养,这是深圳高等教育体系的特色,这保证了创新生态中各环节对人才的需求都能得到满足。很多时候人们对高层次人才都很重视,总是花大力气培养或引进,而对技能型人才的重要性认识不足,这不利于一个地方的创新发展。没有技能型人才,专家搞出再多的发明创造,也只能停留在纸面上或原型阶段。德国制造为何是高品质的象征,享誉全球?很重要的原因是德国重视职业技能教育,培养了一大批高层次的技能人才。德国在100多年前就实行有名的教育"双轨制",学生在中学阶段开始根据兴趣和特长分流，一部分人上文理学校，最后去读普通大学，另一部分人上职业学校，目前上职业学校的人的比例差不多为50%。

教育要满足创新对不同类型人才的需要，因此，既要重视高等教育的规模，也要重视它们的结构。这样基础研究、技术发明和产品制造等每个环节都有人去做，任何一环都不偏废，创新才会持续繁荣。

启示九：拓宽视野，在全球组织创新资源

经过全球化浪潮的不断推进塑造，现在的市场跟过去大不相同，已经非常国际化。我们可以看到，从繁华的欧美到落后的非洲，中国商品无处不在。同样，在中国城市的商场里，琳琅满目的商品来自世界各地。在商品的背后，还有产业链、供应链网络密布全球。处在这样的时代，企业家不能做井底之蛙，要立足本地、放眼世界，这样才有更大的发展空间。

深圳企业创新发展做得好，一个重要原因是这里的企业家视野宽广。这座城市的移民来自四面八方，他们更容易从全国视角看问题；另外，改革开放后第一批外商首先在这里落脚，加上毗邻香港的地理优势，让深圳人有机会更早地接触和了解外面的世界。这些因素推动了深企闯天下，并获得辉煌成就。任正非早年到IBM考察，看到华为与世界一流公司的巨大差距，回来后决定花大价钱请IBM团队来"改造"华为，为华为崛起成为世界级大公司奠定了基础。深圳创新发展取得成功，是因为有大量类似华为这样的企业，它们以开放的心态拥抱世界、高度国际化。

做企业首先要有全球思维，了解熟悉国际市场。知彼知己，百战不殆。要对国际上所在行业的技术、产品、竞争对手、客户需求

等情况做深入了解。如果你在国内做人工智能，只埋头苦干却不关注远在美国的 ChatGPT，那后果可能是致命的。OpenAI 在其首届开发者大会上推出 GPTs 应用商店之后，全世界不少 AI 初创公司一夜倒闭，GPTs 同时也给一些人提供了新的创业机会。

要像翱翔的雄鹰搜寻地面猎物那样盯着全球市场，并从中捕捉机会。华为当年看到土耳其阿里坎教授发表的论文，里面提出了一种用于信号传输的极化码技术，立即与之签订合作协议，从而研发出 5G 产品，站到了技术的高山之巅。

企业要在全球组织创新资源，为我所用。特斯拉在上海生产新能源车，绝大多数零部件由中国企业提供，苹果 iPhone 手机里也有中国企业的技术。一个企业要做大做强，就要在全球组织人才、技术、供应链等创新资源。深圳大企业都是全球布局，像华为、中集集团、迈瑞医疗等，在海外设立了不少公司和研发中心，实行本地化运营，聘请了大量外籍员工，不少是行业内知名专家。深圳很多中小企业也目光远大，尤其是近十几年来，大量学历背景非常好的科技人员创业，他们更善于利用全球资源。比如利用人工智能做制药研发的晶泰科技，创始人温书豪在美国麻省理工做博士后时就在当地创业，现在他们的团队、业务都是跨国的，中国、美国、欧洲、新加坡等地数十家知名药企是其合作伙伴。唯酷光电在发展过程中，找准时机以较低价格收购了日本一条柔性液晶显示屏自动化生产线，并把骨干聘请到唯酷光电工作，促进了公司技术的跃升。

企业家要加强学习，提高国际化素养。从全球市场寻找机会、组织资源，光有眼光和想法不行，必须具备这方面的能力。"孔子登东山而小鲁，登泰山而小天下。"先要有较强的登山能力，才能"小鲁""小天下"，否则只能"望山兴叹"。除了要具备本行业的专业知识，企业家还要熟悉基本的国际规则、国际政治和经济等方面的知识，知道怎样在国际上跟人打交道。这些知识和能力都不是天然的，需要认真学习。能够去高校读 MBA、EMBA 这类课程当然更好，去不了的话多听听专家讲座，多找点书来读也能学到不少知识。企业家除了自己学习，还要把企业建设成学习型组织，培养员工爱好学习的习惯，这样整个团队水平提高了，就能更游刃有余地应对全球市场。

启示十：建立共享机制，实现多方共赢

人是创新的第一资源，但人和机器设备相比有很大不同，一个人究竟会发挥多大作用是个变量，而且变动幅度有时还有点大。知识、能力和素养很重要，"积极性"同样重要。积极性高涨，效率和贡献就会成倍增长；反之，情绪低落，消极怠工，效率和贡献就会锐减，甚至变为负数。影响人发挥作用的关键是机制，要建立企业效益与经营者、员工利益之间的正相关关系，企业效益增加了，经营者和员工的财富收入就会增加，这样的关系就是好机制。

深圳新创企业流行合伙人创业模式，几个核心创始人有人出钱，有人出技术，有人会管理，大家自然都有股份，都是股东。企业创立时还会另设一个员工持股平台，放入一定比例的股份给后来加入者分享。民营企业在发展过程中去社会上"挖"技术人才和管理骨干，除了高薪，给股份也是必备条件。比如诺安智能，为了从某高校引入一位技术骨干，给出的条件就是工资翻倍，外加十几万股公司股票。还有从事汽车 IGBT 模块研发生产的依思普林，公司主管以上的员工在持股平台都有股权，创始人张杰夫认为，企业发展靠创新，创新必须依靠团队。在这些企业里，工资只是员工收入的一部分，当效益好的时候，考核奖、利润奖、股权分红等收入往往会超过工资。当企业上市时，会有一大批员工跟着分享资本市场的

红利。

"利不可独享""财散人聚",深圳企业很懂这些道理。如果创始人、企业老板百分之百守着股份,员工们都没有积极性,企业倒闭了,再多股份也将归零;相反,把一部分股份分享给员工,大家都拼命做事,企业越做越大,即使你的股份比例不高,企业估值高了,算起来绝对收益也不小。

深圳在国企改革方面起步较早,1997年就曾出台《深圳市国有企业内部员工持股试点暂行规定》,除邮电、银行、保险等享有国家特许经营权的特殊行业,其他企业容许内部员工个人出资认购本公司股份,并委托公司工会的持股会进行集中管理,员工股不准转让、不准继承。关于员工持股比例,公司总股本在1000万元以上的,可以为35%~50%,股本1000万元以下的小公司,可超过50%,也就是控股。后来深圳又多次对员工持股规定进行修改完善,比如2001年出台《深圳市公司内部员工持股规定》,这项规定适用于在深圳市依法设立的拥有独立法人资格的各类公司。

如今深圳很多国企都建立了利益共享机制,员工和管理层通过持股计划参与公司分红,这也是深圳国企的活力来源之一。除了员工持股,还有针对业绩、利润的各种激励机制。比如深创投在考核时就把公司净利润的一定比例奖励给全体员工,在每个项目结算时,会将净收益的一定比例奖励给项目团队。创投公司的效益,很大程度上取决于投资人的智慧,他们制定这样的机制有利于激励员工敬业精业。

"资本+经营者+劳动者"是企业机制的基础,是做企业的"三宝",在中国历史上有不少聪明的商人就很懂得处理好三者的关系。清代晋商中的平遥票号,年底红利的分法是东家分50%,掌柜和账房先生分25%,伙计们分25%。这种利益共享的分配机制,是晋商票号能成功闯天下的法宝。

华为是处理这方面关系的现代典范。除了让大多数员工持股,在公司创造的财富分配中,所有者只占有一份,技术骨干、业务骨干和员工占四份,而且必须是后者的四份都拿完了,所有者才拿那最后一份。在资本与劳动者之间,财富分配更多地向劳动者倾斜,突出劳动在创造价值中的作用,更利于激发劳动者"奋斗"。

在所有者、经营者和员工之间建立合理的利益分配机制,是企业创新发展长盛不衰的保证。三者保持怎样的分配比例,不同企业有不同安排,要因企制宜,总体来说要均衡,不能偏废一方。比如经营者和劳动者,除了领取工资,也应当和资本一样参与一定的企业利润分配,这样会激发他们去创造更大效益。所有者的所得高于社会平均利润,他们才有积极性去增加投资,扩大再生产。

后 记

深圳的崛起是个奇迹，经过四十多年的改革开放，深圳从一个边陲小县发展成了一个现代化大都市，也成为全球瞩目的创新高地。深圳改革的故事可歌可泣，深圳创新的故事令人震撼。但坦率来讲，写好深圳其实是不容易的，哪怕仅写好深圳的企业创新也是不容易的，因为深圳企业创新的积淀深厚，深圳企业发展的画面壮阔。但我们三人——一位是南方科技大学创新创业学院院长刘科先生，也是知名院士、全球著名能源专家；一位是资深媒体人沈清华先生，也是著名纪实作家、《深圳特区报》知名记者；我，则长期从事企业经营管理工作，我所经营管理的企业也是一直为深圳建设提供建材与服务的企业，这几年我又在南方科技大学创新创业学院做教学工作——怀着一个共同的心愿，希望找到一些视角把我们对深圳企业创新的观察和认识写出来，把深圳企业创新的故事写出来，并且力求通俗和朴实。

2020年在深圳经济特区建立40周年庆祝大会上，习近平总书记讲道："深圳等经济特区一路走来，每一步都不是轻而易举的，每一步都付出了艰辛努力。深圳等经济特区改革发展事业取得的成就，是党中央坚强领导的结果，是广大干部群众开拓进取的结果，是全国人民和四面八方广泛支持的结果。"① 深圳市的发展波澜壮阔，在深圳发展的伟大壮举中，深圳的企业和企业家勇立潮头，他们的心血和汗水、他们的光荣与梦想，深深地镌刻在了深圳这块热土上，深深地留在了历史记忆的长河中。

习近平总书记指出，"市场活力来自于人，特别是来自于企业家，来自于企业家精神"。② 记得有位深圳市领导讲过："我们深圳的荔枝不如东莞的好、海鲜不及香港，我们深圳的土特产是企业家，是企业家精神。"这些朴实无华的话一语中的。深圳是座企业家的城市，深圳是片企业家成长的沃土：在这里，人人创新，家家创业；在这里，企业家精神、创新文化、市场竞争意识、不断学习的能力等要素都浑然结合在了一起，这些也正是形成深圳这块创新高地的真正动力。

诺奖获得者费尔普斯曾在《大繁荣》这本书里揭示过创新的条件和创新的主体，认为创新是靠创新文化和草根创新成就的。深圳的创新发展证明了他的观点。深圳的创新文化来源于改革开放的价值观，今天深圳那些鼎鼎大名的企业哪个不是由草根企业一路成长起来的呢？在深入调研这些企业创新创业的故事时，我们思想的潮水也在放纵地奔流着，这些案例是那样鲜活，这些锐意创新、奋勇拼搏、心怀祖国的企业家，是我们经济生活中最可爱的人。

在这本书中，我们从企业创新的角度切入，也是希望能展示出创新的本源、创新的动力、创新的策略和创新的路径。我们不仅对企业里的机制进行了探讨，还对教育和科研、有为政府和有效市场、资本市场和创新发展等创新的底层逻辑进行了研究，最后一章也把我们的研究成果作为启示录完全奉献给了大家。

---

① 《习近平：在深圳经济特区建立 40 周年庆祝大会上的讲话》，参见：http://www.xinhuanet.com/politics/2020-10/14/c_1126611290.htm。——编者注
② 《习近平在亚太经合组织工商领导人峰会开幕式上的演讲》，参见：http://jhsjk.people.cn/article/26001014。——编者注

这本书从创意直到完稿历经了三年时间。在这段时间里，我国企业虽然深受国际贸易摩擦和新冠疫情的影响，但仍然克服重重困难，勇往直前。深圳这座城市更是如此，不仅如此，它还深深地依靠创新经济和企业家精神取得了斐然的成绩。在这个时刻，我们想通过这本书来为深圳的企业家们鼓与呼，也希望以这本书带动全国各个城市的创新创业热情，为我国发展新质生产力，为我国经济的蓬勃发展再上新台阶奉献一份力量。

　　我诚邀了中国中小企业协会的李子彬会长为本书作序。李会长是我尊敬的智者和长者，在深圳出任市长期间，为深圳的经济发展做出了重大贡献，为推动深圳的科技进步和企业的创新创业倾注了大量的心血，他的睿智和格局赢得了社会的广泛尊重。他能亲自指导本书写作和欣然作序，为本书增色不少，也让我十分感动和感激。在本书成书过程中，南方科技大学提供了全力支持，深圳社会各界，尤其是书中作为案例的企业和企业家们都给予了热情的帮助，TCL基金会给予了大力支持，中信出版集团和深圳报业集团出版社也全力投入编辑和出版工作，深圳电视台还对本书的内容做了视频对话。在此，我们也衷心感谢大家，愿我们的努力不辜负大家的期望。

宋志平

中国上市公司协会会长、中国企业改革与发展研究会首席专家

2024 年 4 月

附 录

一、深圳市国家高新技术企业数量

年份	数量（家）
2016	8037
2017	11230
2018	14400
2019	17000
2020	18000
2021	21000
2022	23000

资料来源：深圳市统计局

二、深圳市专利授权数和PCT专利申请数

年份	专利授权数（件）	发明专利数（件）	PCT专利授权数（件）
2000	2401	1	
2001	3506	7	
2002	4486	91	
2003	4937	276	
2004	7737	864	331

（续表）

年份	专利授权数（件）	发明专利数（件）	PCT专利授权数（件）
2005	8983	917	789
2006	11494	1263	1661
2007	15552	2257	2170
2008	18805	5405	2709
2009	25894	8132	3800
2010	34951	9615	5584
2011	39363	11826	7933
2012	48662	13068	8024
2013	49756	10987	10049
2014	53687	12040	11639
2015	72120	16957	13308
2016	75043	17666	19648
2017	94250	18926	20457
2018	140202	21309	18081
2019	121649	19698	11110
2020	222412	31138	20209
2021	279177	45202	17443
2022	252140	48080	13679

资料来源：深圳市统计局

三、深圳市全社会研究与试验发展（R&D）经费支出占GDP的比重

年份	R&D经费支出（亿元）	占GDP比重	全国R&D支出占GDP比重
2010	333.31	3.31%	1.76%
2011	416.14	3.49%	1.83%

（续表）

年份	R&D 经费支出（亿元）	占 GDP 比重	全国 R&D 支出占 GDP 比重
2012	488.37	3.62%	1.98%
2013	584.61	3.84%	2.08%
2014	640.07	3.81%	2.05%
2015	732.39	3.97%	2.07%
2016	842.97	3.08%	2.11%
2017	976.94	4.20%	2.15%
2018	1163.54	4.61%	2.18%
2019	1328.28	4.92%	2.23%
2020	1510.81	5.46%	2.40%
2021	1682.15	5.49%	2.44%

资料来源：《深圳统计年鉴（2022）》，深圳市统计局、国家统计局深圳调查队编

四、深圳市高新技术产品进出口情况表

年份	进出口总额（亿美元）	进口（亿美元）	出口（亿美元）
2001	233.58	119.88	113.70
2002	334.41	177.52	156.90
2003	515.81	264.38	251.43
2004	692.83	342.26	350.57
2005	886.87	415.94	470.92
2006	1153.66	540.14	613.52
2007	1346.38	620.93	725.45
2008	1409.95	616.23	793.72
2009	1534.55	684.34	850.21
2010	1977.00	889.74	1087.27

（续表）

年份	进出口总额（亿美元）	进口（亿美元）	出口（亿美元）
2011	2241.60	993.60	1248.00
2012	2520.65	1108.45	1412.20
2013	3078.48	1388.43	1690.06
2014	2476.23	1108.82	1367.41
2015	2542.48	1139.11	1403.38
2016	2276.45	1061.02	1215.43
2017	2277.56	1135.54	1142.02
2018	2687.53	1441.46	1246.07
2019	2498.67	1327.05	1171.62
2020	2623.45	1221.12	1402.33
2021	3300.42	1756.91	1543.52

资料来源：《深圳统计年鉴（2022）》，深圳市统计局、国家统计局深圳调查队编

五、深圳GDP增长情况

年份	GDP总额（亿元）	比上年增长
1979	1.97	
1980	2.70	62.7%
1981	4.96	53.8%
1982	8.26	58.4%
1983	13.12	58.3%
1984	23.42	59.9%
1985	39.02	24.5%
1986	41.65	2.70%
1987	55.90	25.4%
1988	86.98	35.9%

（续表）

年份	GDP总额（亿元）	比上年增长
1989	115.66	18.7%
1990	171.67	32.5%
1991	236.67	36.0%
1992	317.31	33.2%
1993	453.14	30.9%
1994	634.67	30.9%
1995	842.48	23.9%
1996	1050.51	17.5%
1997	1302.30	17.2%
1998	1544.95	15.8%
1999	1824.69	15.7%
2000	2219.20	16.3%
2001	2522.95	14.5%
2002	3017.24	15.8%
2003	3640.14	19.1%
2004	4350.29	17.4%
2005	5035.77	15.3%
2006	5920.66	16.7%
2007	6925.23	14.8%
2008	7941.43	12.3%
2009	8514.47	11.5%
2010	10069.06	12.3%
2011	11922.81	10.1%
2012	13496.27	10.2%
2013	15234.24	10.6%
2014	16795.35	8.9%
2015	18436.84	9.0%

(续表)

年份	GDP 总额（亿元）	比上年增长
2016	20685.74	9.3%
2017	23280.27	8.8%
2018	25266.08	7.7%
2019	26992.33	6.7%
2020	27670.24	3.1%
2021	30664.85	6.7%
2022	32387.68	3.3%

资料来源：《深圳统计年鉴（2022）》，深圳市统计局、国家统计局深圳调查队编

参考文献

1. 彼得·德鲁克. 创新与企业家精神 [M]. 蔡文燕，译. 北京：机械工业出版社，2018.
2. 埃蒙德·费尔普斯. 大繁荣 [M]. 余江，译. 北京：中信出版集团，2018.
3. 吉姆·柯林斯，杰里·波勒斯. 基业长青 [M]. 真如，译. 北京：中信出版集团，2019.
4. 稻盛和夫. 经营为什么需要哲学 [M]. 曹岫云，译. 北京：中信出版社，2011.
5. 宋志平. 问道创新 [M]. 北京：中国财富出版社，2019.
6. 宋志平. 企业迷思 [M]. 北京：机械工业出版社，2020.
7. 宋志平. 共享机制 [M]. 北京：机械工业出版社，2023.
8. 宋志平. 经营 30 条 [M]. 北京：中信出版集团，2023.
9. 李子彬. 我在深圳当市长 [M]. 北京：中信出版集团，2020.
10. 张维迎. 市场的逻辑 [M]. 西安：西北大学出版社，2019.
11. 樊纲. 发展的道理 [M]. 北京：生活·读书·新知三联书店，2002.
12. 吴军. 硅谷之谜 [M]. 北京：人民邮电出版社，2016.
13. 吴军. 智能时代 [M]. 北京：中信出版社，2016.
14. 丹·塞诺，索尔·辛格. 创业的国度 [M]. 王跃红，韩君宜，译. 北京：中信出版社，2010.

15. R. 詹姆斯·布雷丁. 创新的国度 [M]. 徐国柱，龚贻，译. 北京：中信出版社，2014.
16. 阿伦·拉奥，皮埃罗·斯加鲁菲. 硅谷百年史：创业时代 [M]. 闫景立，侯爱华，闫勇，译. 北京：人民邮电出版社，2016.
17. 曼昆. 经济学原理 [M]. 梁小民，梁砾，译. 北京：北京大学出版社，2015.
18. 田涛，吴春波. 下一个倒下的会不会是华为 [M]. 北京：中信出版社，2012.
19. 郑旭. 创业突围 [M]. 北京：中信出版集团，2019.
20. 沃尔特·艾萨克森. 创新者 [M]. 关嘉伟，牛小靖，译. 北京：中信出版集团，2017.
21. 彼得·蒂尔，布莱克·马斯特斯. 从 0 到 1[M]. 高玉芳，译. 北京：中信出版社，2015.
22. 向松祚. 新经济学 [M]. 北京：中信出版集团，2019.
23. 孙陶然. 创业 36 条军规 [M]. 北京：中信出版社，2015.
24. 中共广东省委党史研究室. 广东改革开放决策者访谈录 [M]. 广州：广东人民出版社，2008.
25. 深圳市统计局，国家统计局深圳调查队. 深圳统计年鉴 2022[M]. 北京：中国统计出版社，2022.
26. 王苏生，陈搏. 深圳科技创新之路 [M]. 北京：中国社会科学出版社，2018.
27. 杨广慧. 深圳十年的理论探索 [M]. 深圳：海天出版社，1990.
28. 深圳经济特区研究会，深圳市史志办公室. 深圳经济特区三十年 [M]. 深圳：海天出版社，2011.
29. 戴北方，林洁. 深圳口述史.2002—2012[M]. 深圳：海天出版社，2020.
30. 王京生. 深圳十大观念 [M]. 深圳：深圳报业集团出版社，2011.
31. 沈清华. 商界军校 [M]. 北京：中信出版社，2014.

32. 沈清华.南科大创校记[M].深圳：海天出版社，2021.

33. 陶一桃，魏建漳，等.深圳改革创新之路（1978—2018）[M].北京：中国社会科学出版社，2018.

34. 中华人民共和国科学技术部.中国高新技术产业发展报告[M].北京：科学出版社，1999.

35. 张军.深圳奇迹[M].北京：东方出版社，2019.

36. 钱汉江，钱飞鸣.华强北魔方[M].深圳：深圳报业集团出版社，2018.

37. 陈启文.为什么是深圳[M].深圳：海天出版社，2020.

38. 秦朔，戚德志.万物生生[M].北京：中信出版集团，2021.

39. 中共深圳市委宣传部写作组.深圳的斯芬克思之谜[M].深圳：海天出版社，1991.

40. 深圳市科技创新委员会.深圳创业故事[M].深圳：海天出版社，2018.

41. 深圳市科技创新委员会.深圳创业故事2[M].深圳：海天出版社，2021.

42. 张景安.深圳创新评价[M].北京：科学出版社，2011.

43. 李序蒙，姚泽鑫，汪小娟.大国创新[M].深圳：深圳出版社，2023.

44. 金心异，陈倩，李宁.先行——华为与深圳[M].广州：广东旅游出版社，2021.

45. 张华伟.硅谷之心[M].北京：中国华侨出版社，2017.

46. 何维克.创业从0到1[M].北京：民主与建设出版社，2016.

47. 刘应力.深圳高新区自主创新的基本特征和思路[J].中国高新区，2005(11)：24-26.

48. 李子彬.深圳初步形成社会主义市场经济十大体系[J].上海改革，1997(8)：5.

49. 张维迎.我所经历的三次工业革命[N].经济观察报，2018-01-08（观察家版）.

50. 唐杰."新常态"增长的路径和支撑——深圳转型升级的经验[J].开放导报，2014(06)：11-18.

51. 周溪舞.深圳经济特区初期经济体制改革的回顾[J].中共党史资料，2007(01)：48-62.

52. 钟坚."深圳模式"与深圳经验[J].深圳大学学报(人文社会科学版)，2010，27(03)：27-33.

53. 钟坚.深圳经济特区改革开放的历史进程与经验启示[J].深圳大学学报(人文社会科学版)，2008(04)：17-23.

54. 周路明.深圳民办科研机构探路"源头创新"动力机制[N].21世纪经济报道，2015-03-02.

55. 周路明，沈春蕾.解读深圳创新的路径[N].中国科学报，2019-09-12(006).

56. 周轶昆.深圳经济特区发展历程的回顾与分析[J].改革与开放，2008(04)：8-10.

57. 冯庆.马介璋：我把香港佳宁娜酒楼开到了罗湖[N].深圳特区报，2022-06-01（A12）.

58. 王福谦.深圳人才人事制度改革探索三十年[J].南方论丛，2010(3)：10.

59. 刘建强.蛇口基因 破解平安、中集、招行、万科、华为体内共同的密码[J].中国企业家，2008(08)：52-63+8.

60. 吴徐美，黄子芸.陈升：港青创业的"超级链接人"[N].深圳特区报，2022-07-01（C09）.

61. 打造"中国硅谷"——深圳创新驱动发展情况综述[J].中国科技奖励，2016(11)：52-54.

62. 曾节.深圳科技工业园的宝贵探索和有待解决的问题[J].特区经济，1991(04)：43-44.

63. 王红.深圳行政管理体制改革创新评析[J].经济与社会发展，2008，6(12)：124-127+185.

64. 陶纪明，徐珺，张云伟，等. 深圳制造业创新能力建设经验借鉴与启示 [J]. 科技发展，2016(07)：19-25.

65. 张佳彬. 弹丸小国以色列何以称雄中东 [J]. 世界经济与政治论坛，2002(01)：91-94.

66. 张鸿义. 深圳金融中心建设的总结、评价与展望 [J]. 开放导报，2015(02)：37-44.

67. 深圳市委政策研究室和市科委联合考察组，丁星执. 加强深港科技合作. 推动深圳产业升级——深港科技合作的赴港考察报告 [J]. 特区实践与理论，1990(02)：64-67+76.

68. 陶一桃. 厘清政府与市场的边界是深化改革的关键 [J]. 南方经济，2014(08)：117-119.

69. 王金根. 深圳人才政策的核心价值 [N]. 深圳特区报，2010-07-09.

70. 王丹阳. "我的工厂走出第一代打工妹" [N]. 羊城晚报，2020-05-10（A03）.

71. 欧阳. 深交所二十年风雨路——写在深圳经济特区 30 年华诞之际 [J]. 中国金融家，2010(09)：91-93.

72. 中国航空工业集团有限公司. 中国航空工业深圳非航产业 40 年发展历程 [R/OL].(2024-05-10)[2018-07-31].http：//www.sasac.gov.cn/n2588025/n2641616/c9313910/content.html.